重读
《寻乌调查》《反对本本主义》

是一九三〇年五月间军到寻乌时做的，正是陂头会议（二月七日四军前委与赣西特委的联席会议）之后，汀州会议（六月四军前委的联席会议）之前。关于中国的富农问题我还没有全般了解的时候，同时我对于商业状况是完全的门外汉，因此下大力去调查。寻乌这个县，介在闽粤赣三省的交界，明了了这个县的情况，三省交界各县的情况大概相差不远。对于商业的内幕始终是个门外的人，要决定对待商业资产阶级和争取城市贫民群众的策略，是非做不可的。非常明显，争取贫民一件事，一般同志不感觉它的重要，却始终不能给同志们以行动上的具体策略，尤其是不能把具体工作方法指示出来。这不是由于上级指导机关感觉它的重要了，是什么东西才弄成这种现象吗？我是下决心要了解城市问题的一个人，总是没有让我了解这个问题的机会，就是找不到能有材料的人。这回到寻乌，因古柏同志的介绍，找到了郭友梅和范大明两位老先生，多谢两位先生的指点，使我像小学生发蒙一样懂得一点城市商业情况，真是不胜欢喜。倘能因此引起同志们（尤其是做农村运动和红军工作的同志们）研究城市问题的兴味，于调查研究农村问题之外还加以去研究城市问题，那更是有益的事了。我们研究城市问题也是和研究农村问题一样，要拼着精力把一个地方研究透彻，然后于研究别个地方，于明了一般情况，便都很容易了。倘若走马看花，如某同志所谓"到处只问一下子"，那便是一辈子也不会懂得中国问题的深处。这种研究方法是显然不对的。没有调查，没有发言权。你对于某个问题没有调查，就停止你对于某个问题的发言权，这不太野蛮吗？一点也不野蛮。你对那个问题的现实情况和历史情况既然没有调查，不知底里，对于那个问题的发言便一定是瞎说一顿之不能解决问题是大家明了的，那末，停止你的发言权有什么不公道呢？

杨信礼 ◎ 著

人民出版社

目　录

第一章 《寻乌调查》与《反对本本主义》的写作背景

　　中国共产党自成立以来,就肩负起了为中国人民谋幸福、为中华民族谋复兴的历史使命,艰辛探索争取民族独立和人民解放的道路,领导人民进行艰苦卓绝的斗争。中国是一个半殖民地半封建的东方大国,在中国领导人民进行新民主主义革命,不能照抄照搬马克思主义的词句,也不能照抄照搬别国革命的经验,而是必须运用马克思主义的科学的世界观和方法论深入中国社会进行调查研究,把马克思主义基本原理与中国具体实际创造性地结合起来,正确回答时代和实践提出的重大问题,开辟适合国情实际的中国革命的独特道路。1930 年 5 月,毛泽东对寻乌县做了全面的调查研究,为深入了解城乡经济社会结构与阶级关系、解决土地革命战争的政策策略问题提供了第一手资料。并且在总结调查研究经验的基础上,写了《调查工作》一文,精辟论述了调查研究对于实现马克思主义与中国实际相结合、制定正确的战略策略、引导中国革命取得胜利的极端重要性,为党和红军充分认识调查研究的重要性,学会做调查研究工作,提供了科学的思想方法和工作方法。

一、实现马克思主义中国化,制定正确的战略策略,必须深入实际调查研究

马克思主义揭示了人类社会发展的一般规律和总的趋势,对于各个国家的工人阶级政党领导人民进行革命,具有普遍的指导意义。但马克思主义所提供的只是总的指导原理,而不是解决具体问题的现成的答案和办法。各个国家国情不同,因而这些原理的应用在各个国家也是有所不同的,各个国家的工人阶级政党必须把马克思主义与本国实际相结合,探索符合国情的革命道路。正如列宁所说:"对于俄国社会党人来说,尤其需要独立地探讨马克思的理论,因为它所提供的只是总的指导原理,而这些原理的应用具体地说,在英国不同于法国,在法国不同于德国,在德国又不同于俄国。"①马克思主义只有与各个国家的工人阶级政党领导人民进行的革命和建设实践相结合,才能走向现实,发挥其改造客观世界的作用。同时,马克思主义是实践的、开放的,是在实践中不断获得丰富和发展的。如果把马克思主义的个别词句当作解决现实问题的现成的、万能的灵丹妙药,把马克思主义当作一成不变的僵死的教条,就会窒息马克思主义的生命力,就会给党和人民的事业造成严重的危害。在实践中创造性地坚持和发展马克思主义,是中国共产党人对待马克思主义、对待中国革命实践

① 《列宁选集》第 1 卷,人民出版社 2012 年版,第 274—275 页。

的正确态度。

近代以来的中国,是一个半殖民地半封建的东方大国,各种矛盾错综复杂,经济政治发展极不平衡。这种特殊国情决定了中国革命的极端复杂性、艰巨性和独特性。毛泽东认为,中国革命是无产阶级领导的、人民大众的、反帝反封建的民族民主革命。这里面有一个队伍、一个敌人、一个指挥官。这个队伍就是人民大众,这个敌人就是帝国主义和封建主义,这个指挥官就是无产阶级。而所谓人民大众,主要就是农民;所谓人民战争,基本上和主要的就是农民战争;所谓无产阶级领导,主要就是领导农民。因此,若忘记了农民,就没有民主革命;没有民主革命,也就没有社会主义革命。把农民这两个字忘记了,就是读 100 万册马克思主义的书也是没有用处的,因为你没有力量。要指导中国革命走向胜利,不能靠背诵马克思主义的词句,也不能照搬别国的模式,只能创造性地运用马克思主义,探索适合中国实际的革命道路。为此,就要为马克思主义基本原理同中国革命的实际相结合的必要性进行哲学论证,为实现这种结合提供科学的世界观方法论,对妨碍这种结合、危害中国革命的主观主义特别是教条主义进行哲学批判。

恩格斯说:"马克思的整个世界观不是教义,而是方法。它提供的不是现成的教条,而是进一步研究的出发点和供这种研究使用的方法。"①毛泽东也指出,"辩证法唯物论是无产阶级的宇宙观,同时又是无产阶级认识周围世界的方法和革命行动的方法;它是宇宙观和方法论的一致体"。"世界本来是发展的物

---

① 《马克思恩格斯选集》第 4 卷,人民出版社 2012 年版,第 664 页。

质世界,这是世界观;拿了这样的世界观转过来去看世界,去研究世界上的问题,去指导革命,去做工作,去从事生产,去指挥作战,去议论人家长短,这就是方法论,此外并没有别的什么单独的方法论"。① 毛泽东不仅致力于运用马克思主义基本理论揭示中国革命的客观规律,艰辛探索中国革命道路;而且致力于从世界观方法论的高度解决问题,为中国共产党人认识世界和改造世界提供了科学的思想方法和工作方法。为了把马克思主义哲学基本理论转化为科学的思想方法和工作方法,并为全党同志所掌握、运用,党和毛泽东做了大量艰苦细致的工作。毛泽东认为,我们党作为革命的领导者和组织者,不仅要善于提出任务,还要善于解决完成任务的正确的方法。他说:"我们不但要提出任务,而且要解决完成任务的方法问题。我们的任务是过河,但是没有桥或没有船就不能过。不解决桥或船的问题,过河就是一句空话。不解决方法问题,任务也只是瞎说一顿。……一切工作,如果仅仅提出任务而不注意实行时候的工作方法,不反对官僚主义的工作方法而采取实际的具体的工作方法,不抛弃命令主义的工作方法而采取耐心说服的工作方法,那末,什么任务也是不能实现的。"②毛泽东不仅大力倡导、身体力行进行调查研究,而且善于把马克思主义基本理论转换为思想方法和工作方法,善于把在实践中积累的宝贵经验上升到世界观和方法论的高度来概括、总结、宣传、推广。他的《寻乌调查》和《反对本本主义》,初步阐发了实事求是、群众路线、独立自主这些

① 毛泽东:《辩证法唯物论(讲授提纲)》,《毛泽东著作专题摘编》(上),中央文献出版社2003年版,第29、30页。

② 《毛泽东选集》第1卷,人民出版社1991年版,第139—140页。

最基本的方法论原则,是中国共产党人开启马克思主义中国化历史进程的奠基与开山之作。

二、倡导和力行调查研究,树立"共产党人从斗争中创造新局面的思想路线"

中国共产党最重要的历史经验,就是坚持理论联系实际,把马克思列宁主义基本原理同中国实际相结合。毛泽东在大革命时期写的《中国社会各阶级的分析》和《湖南农民运动考察报告》等著作,初步体现了马克思主义与中国实际相结合的特点。在土地革命战争时期,以毛泽东同志为主要代表的中国共产党人在实践中发展红军、建立根据地、创建红色政权、指挥红军进行反"围剿"斗争,积累了宝贵的实践经验。针对党和红军中把马克思主义教条化、把共产国际决议绝对化、把苏联经验神圣化的倾向,毛泽东总结党领导土地革命战争初步的经验,写了《中国的红色政权为什么能够存在?》《关于纠正党内的错误思想》《星星之火,可以燎原》等著作,科学地回答了在实践中遇到的军事斗争、土地革命、党的建设、政权建设等问题,创造性地阐明了武装斗争、建立政权和土地革命"三位一体"的工农武装割据理论;初步提出了走"农村包围城市,武装夺取政权"的道路。同时,毛泽东高度重视从思想路线的高度总结实践经验,批判错误倾向,分析中国国情,制定正确的战略策略。把解决思想路线、思想方法问题突出地提到全党面前,表现了毛泽东作为思想家、战略家不同于庸俗事务家的远见卓识与高明之处。

1929 年 12 月 28 日,红四军在福建上杭县古田村召开第九次党代表大会。毛泽东在为大会写的决议(《关于纠正党内的错误思想》是决议的第一部分)中,系统总结了自 1927 年以来中国共产党创立红军的斗争经验,提出要用马克思主义教育党员和群众、教育党和军队,确立了马克思主义的建军路线。这次会议进一步确立了党对军队绝对领导的原则,强调党要成为部队的"领导中枢","党对于军事工作要有积极的注意和讨论。一切工作,在党的讨论和决议之后,再经过群众去执行";深刻论述了党的思想建设的原则,强调要用无产阶级思想克服各种非无产阶级思想;阐述了党的组织建设的原则,强调要"厉行集中指导下的民主生活",领导机构要有正确的指导路线,同时要保证党员的充分民主权利,使党员能对党的工作尽量发表意见,提出批评;阐述了党的基层组织建设的原则,强调要重视党支部的作用,健全支部生活,严格党的纪律。毛泽东深刻总结党成立以来特别是党领导武装斗争、建立红军以来的斗争实践经验,强调红军是一个执行革命的政治任务的武装集团,必须服从党的领导,树立无产阶级思想,纠正单纯军事观点、极端民主化、非组织观点、绝对平均主义、主观主义、个人主义、流寇思想、盲动主义残余,除了打仗消灭敌人的军事力量外,还要负担宣传、组织、武装群众,帮助群众建立革命政权以至于共产党的组织等重大任务,要"从教育上提高党内的政治水平"[1]。他主张要使党员的思想和党内的生活政治化、科学化,"教育党员用马克思列宁主义的方法去作政治形势的分析和阶级势力的估

_____

[1] 《毛泽东选集》第 1 卷,人民出版社 1991 年版,第 87 页。

量,以代替主观主义的分析和估量",“使党员注意社会经济的调查和研究,由此来决定斗争的策略和工作的方法"。① 会议决定取消红四军军委,选举毛泽东、朱德、陈毅、林彪、谭震林等 11 人为前委正式委员,选举毛泽东为前委书记。古田会议总结了自南昌起义以来红军的建军经验,划清了红军与旧式军队的界限,解决了如何把以农民和小资产阶级为主要成分的军队建设成为无产阶级革命军队的问题,为党和军队的建设指明了方向。

在新民主主义革命时期,武装斗争、根据地建设、党的建设是紧密相连的。中国共产党及其领导下的红军,除了进行军事斗争、打仗消灭敌人,还要担负起宣传和教育群众、帮助群众建立政权和党的组织的任务。因此,中国共产党不仅要解决好军事路线与军事战略问题,还要制定正确的政治路线和政治战略,解决好土地革命的政策与策略问题。而最根本的是要解决好思想路线与思想方法问题,因为没有正确的思想路线和思想方法,就不能制定和贯彻执行正确的政治路线、军事路线和组织路线。红四军在第九次党代会以后进军闽西,开辟闽西根据地。1930年初,毛泽东、朱德率红四军回师赣南,建立苏维埃政权,开展土地革命,扩大工农武装。在当时,能否正确认识城乡的经济关系与社会结构,处理好城乡的阶级矛盾和阶级斗争问题,关系到土地革命的成败。而要解决好这些问题,就不能一切从本本出发,照抄照搬别国经验,机械地、全盘地服从共产国际的指示,而必须从中国城乡的经济社会结构、阶级矛盾和阶级关系出发,根据

---

① 《毛泽东选集》第 1 卷,人民出版社 1991 年版,第 92 页。

实际情况制定正确的方针政策。为此,就要深入实际调查研究,从实际工作中,从群众实践中,从对于国情的深入把握中,制定在斗争中开辟新局面的正确的政治路线、军事路线和组织路线。正是基于这样的考虑,毛泽东利用红四军开展群众工作和武装斗争的间隙,在做寻乌调查的同时,写了《调查工作》(1964 年收入《毛泽东著作选读》甲种本时改为《反对本本主义》)一文,批判了唯书唯上的本本主义、形式主义以及安于现状、不求甚解的保守思想,指出没有调查,没有发言权,中国革命斗争的胜利要靠中国同志了解中国情况,大力倡导"共产党人从斗争中创造新局面的思想路线"。

三、了解城乡经济社会结构,调整土地革命 政策,解决思想方法与工作方法问题

马克思主义为解决中国革命的理论问题和实践问题提供了科学的观点与方法,但没有也不可能为中国革命提供具体的方案和办法。若机械地、简单地套用马克思主义的词句,照搬别国革命的经验,非但不能引导革命走向成功,反而会导致革命的挫折和失败。要引导中国革命取得胜利,必须运用马克思主义的观点方法观察中国社会,研究中国国情,独立探索符合中国实际的革命道路。面对中国革命的具体问题,若不做调查研究,靠冥思苦想,闭门造车,是想不出解决问题的好方案好办法的;若只看到一点表面、枝节和皮毛,就下结论、发指示、谈政见,也只能把事情弄坏;若遇到困难就打退堂鼓,则是懦夫思想。怎么办?只能深入实际调查研究。如果占有了解决问题的各种必要的材

料,弄清了问题的历史和现状,就能够找出解决问题的办法。毛泽东在领导中国革命的长期实践过程中,不仅大力提倡调查研究,而且身体力行,做了大量的调查研究工作,为制定指导革命斗争的战略、策略和政策提供依据。在大革命时期,为了回击党内右倾机会主义和国民党右派对于农民运动的污蔑,毛泽东调查了长沙、湘潭、湘乡、衡山、醴陵五县,写了《湖南农民运动考察报告》。在土地革命战争的井冈山斗争时期,毛泽东作了宁冈、永新调查,了解农村的阶级结构和阶级关系,总结井冈山斗争和根据地建设的经验。他要求红军每到一个地方都要开展调查研究,并作为一种制度确定下来。他还指导红军政治部制定了统一的调查表格,其中包括群众斗争情况、反动派情况、经济生活情况、农村各阶级占有土地情况等。在开辟赣南闽西根据地的过程中,毛泽东高度注意调查了解所到之处的经济政治情况和阶级斗争状况。1930年春,毛泽东反思自己以往做的调查研究,认为有一个大的缺点,就是偏于农村而不注意城市,对于争取城市的策略问题还没有深切的了解,对于商业状况是完全的门外汉,对于城市贫民和商业资产者的策略始终模糊。而当前"斗争的发展使我们离开山头跑向平地了,我们的身子早已下山了,但是我们的思想依然还在山上"[①]。1930年4月10日,红四军攻占信丰县城,人民群众热烈拥护红军。然而,由于受"左"倾思想影响,将在农村没收豪绅地主财产的政策照搬到城市,没收了城内十多家日用百货和杂货商店的财产,一度造成了商店关门、商人停市,影响了城市商业、手工业的发展,并引起了

---

① 《毛泽东农村调查文集》,人民出版社1982年版,第7页。

市民的不满。毛泽东从中看到城乡情况的不同,决定深入了解城市商业状况,制定适合城市情况的政策。在《寻乌调查》第三章第八节《寻乌城》中,毛泽东表达了为什么对寻乌进行如此深入细致的调查的用意。他说:"对于商业的内幕始终是门外汉的人,要决定对待商业资产阶级和争取城市贫民群众的策略,是非错不可的。非常明显,争取贫民一件事,一般同志不感觉它的重要,高级指导机关感觉它的重要了,却始终不能给同志们以行动上的具体策略,尤其是不能把具体工作方法指示出来。这不是由于不了解城市是什么东西才弄成这种现象吗?我是下决心要了解城市问题的一个人,总是没有让我了解这个问题的机会,就是找不到能充足地供给材料的人。这回到寻乌,因古柏同志的介绍,找到了郭友梅和范大明两位老先生。多谢两位先生的指点,使我像小学生发蒙一样开始懂得一点城市商业情况,真是不胜欢喜。倘能因此引起同志们(尤其是做农村运动和红军工作的同志们)研究城市问题的兴味,于研究农村问题之外还加以去研究城市问题,那更是有益的事了。我们研究城市问题也是和研究农村问题一样,要拼着精力把一个地方研究透彻,然后于研究别个地方,于明了一般情况,便都很容易了。倘若走马看花,如某同志所谓'到处只问一下子',那便是一辈子也不能了解问题的深处。这种研究方法是显然不对的。"①

　　毛泽东决定进行一次深入的城乡调查研究,也是纠正当时党和红军中普遍存在的主观主义特别是教条主义以及极左的思

---

① 《毛泽东文集》第1卷,人民出版社1993年版,第131—132页。

想和做法,调整完善党的土地革命政策,解决科学的思想方法问题的迫切需要。大革命失败后,党的八七会议确定了实行土地革命和武装反抗国民党反动派的总方针。在此次会议之前,中国共产党领导了南昌起义。会后不久,毛泽东等领导了湘赣边界秋收起义,创建了井冈山革命根据地,打土豪,分田地,实行土地革命。1929 年初,毛泽东、朱德等率红四军主力下井冈山进军赣南、闽西,经过艰苦征战,开辟了赣南、闽西革命根据地。到了 1930 年上半年,赣南、闽西大部分已成红色区域,工农民主政府相继成立,根据地和红军的力量有了大的发展。赣西南的地方武装则发展为红六军,闽西的地方武装发展成红十二军。全国革命形势发展迅速,已建立了十几块革命根据地,红军发展到了 10 万人。然而,这个时期党中央的一些领导人机械地贯彻执行共产国际的指示,完全照抄照搬俄国革命的经验,固守城市中心论,否认建立农村革命根据地的意义,在指导革命的过程中犯了严重的"左"倾教条主义的错误,严重阻碍了党对中国革命道路的探索和革命力量的发展壮大。在武装斗争初期,出于对国民党反动派疯狂屠杀共产党人和革命群众的愤怒与仇恨,提出了"杀杀杀,杀尽一切反动派的头颅;烧烧烧,烧尽一切反动派的房屋"的极左口号,把土豪劣绅与他们的子女一起打倒,提出要把小资产阶级变为无产阶级。盲目地乱杀乱烧,不仅激起了敌人的拼死反抗,也使中间力量倒向了敌人一边,并且引起了贫苦群众的不满,因而使领导暴动的党的组织严重脱离群众,陷于孤立境地,败坏了党的形象和革命的声誉,严重危害了革命事业,使党和革命力量遭受了严重损失。而在革命势头与革命力量稍有恢复以后,党内的"左"倾领导者又过高估计革命力量,错误判断中国革命已处于高潮,顽固坚持城市中心论,调动红军攻打敌人坚固设防的大城市,命令党组织发动举行城市武装暴动,幻想通过红军从外部的进攻和党组织从内部发动的暴动,实行革命在一省数省的首先胜利,并会师武汉,饮马长江,取得全国范围的胜利。其结果是,初步恢复的革命力量遭受了严重的挫折和失败。为了克服主观主义特别是教条主义,纠正土地革命中的极左的做法,使革命沿着正确的轨道前进,就必须有正确的思想路线、思想方法与科学态度,必须深入中国革命实际,深入中国社会,了解中国情况。

毛泽东等在领导红军创建赣南闽西革命根据地的过程中,也面临如何正确处理城乡各种阶级关系、制定与调整有关政策的问题。如何正确处理农村中地主、富农、中农、贫农等各阶级的关系,正确分配农村土地?如何正确区分城市中自食其力的工商业者和城市资产阶级?如何正确处理保护城乡工商业、维护城市繁荣与解决红军筹款的关系?要解决这些问题,马克思主义的书本中没有具体的答案,也没有现成的经验可以借鉴,只有到群众中、到实践中、到社会中去寻找解决问题的办法。通过寻乌调查以及总结此次和此前调查研究的经验,毛泽东不仅找到了正确处理城市工商业问题、城市筹款的政策问题以及正确对待富农问题的办法,而且将调查研究的经验做法加以概括总结,将其上升到党和红军如何开展革命斗争的世界观方法论的高度。毛泽东在《关于农村调查》中说:"记得我在一九二〇年,第一次看了考茨基著的《阶级斗争》,陈望道翻译的《共产党宣言》,和一个英国人作的《社会主义史》,我才知道人类自有史以来就有阶级斗争,阶级斗争是社会发展的原动力,初步地得到认识问题的方法论。可是这些书上，并没有中国的湖南、湖北，也没有中国的蒋介石和陈独秀。我只取了它四个字：'阶级斗争'，老老实实地来开始研究实际的阶级斗争。我做了四个月的农民运动，得知了各阶级的一些情况，可是这种了解是异常肤浅的，一点不深刻。后来，中央要我管理农民运动。我下了一个决心，走了一个月零两天，调查了长沙、湘潭、湘乡、衡山、醴陵五县。这五县正是当时农民运动很高涨的地方，许多农民都加入了农民协会。国民党骂我们'过火'，骂我们是'游民行动'，骂农民把大地主小姐的床滚脏了是'过火'。其实，以我调查后看来，也并不都是象他们所说的'过火'，而是必然的，必需的。因为农民太痛苦了。我看受几千年压迫的农民，翻过身来，有点'过火'是不可免的，在小姐的床上多滚几下子也不妨哩！"①"不过，在当时我对于农村阶级的结合，仍不是十分了解的。到井冈山之后，我作了寻乌调查，才弄清了富农与地主的问题，提出解决富农问题的办法，不仅要抽多补少，而且要抽肥补瘦，这样才能使富农、中农、贫农、雇农都过活下去。假若对地主一点土地也不分，叫他们去喝西北风，对富农也只给一些坏田，使他们半饥半饱，逼得富农造反，贫农、雇农一定陷于孤立。当时有人骂我是富农路线，我看在当时只有我这办法是正确的。当然，今天是抗日民族统一战线，不是剥夺地主、富农的所有权，而是减租减息。否则，是不能团结他们抗日的。"②毛泽东重视通过调查研究了解客观实际，反映群众意见，总结实践经验，以制定

---

① 《毛泽东农村调查文集》，人民出版社1982年版，第21—22页。

② 《毛泽东农村调查文集》，人民出版社1982年版，第22—23页。

和调整政策策略。正是通过寻乌调查,毛泽东弄清了城乡的社会结构、阶级关系以及各阶级的经济政治状况,为正确对待富农问题、城市工商业问题以及在城市筹款等政策问题,提供了客观的依据。

四、寻乌调查的条件、过程以及《寻乌调查》与
《反对本本主义》的概要

为了打破湘、赣两省国民党军对井冈山革命根据地的"会剿",1929 年 1 月,毛泽东主持召开柏露会议,决定采取"围魏救赵"的战略以解井冈山之围。1929 年 1 月 14 日,毛泽东、朱德率领红四军主力 3600 余人从井冈山突围,向赣南、闽西挺进。在创建中央苏区的过程中,党和红军执行正确的土地政策,广大穷苦农民政治上得到解放、生活上得到改善,革命热情高涨,积极参军参战、发展生产。但随着赣南、闽西苏区的发展壮大,党内和红军中"左"的思想与做法开始滋长,过高地估计国内革命形势,认为全国群众斗争已经"走向平衡发展的道路",国内已经开始出现直接的革命形势,提出了进攻中心城市、"反富农路线的斗争是深入土地革命的先决问题"、"必须坚决地以斗争的方式肃清富农分子"或者"很久不分配土地"等错误主张和政策,给革命事业带来严重危害。同时,由于没有解决当时亟须解决的富农问题,对中国的工商业状况也还没有全盘的了解,对城市贫民和商业资产阶级的政策也模糊不清,因而在实际工作中出现了一些过火行为,在农村里出现"很久不分配土地"的问题,并把在农村没收豪绅地主财产的政策照搬到城市,没收城市

中小商人的财产,一度造成商店关门、商人停市,引发城市恐慌,影响了城市商业、手工业的发展和群众的生产生活,也引起了城市一般贫民的不满。党内和红军中的一些同志受"左"的思想影响,安于现状,不求甚解,不重视调查研究,照搬马克思主义的本本和共产国际的决议,不能紧密联系中国实际和群众实践,在实际斗争中开辟革命新局面。为了深入了解中国社会的富农问题和城市商业状况,解决好党在土地革命中的路线问题,制定正确的城市工商业政策,很有必要进行一次深入的调查研究工作。

　　毛泽东之所以选择寻乌做调查,一是寻乌位于闽、粤、赣三省交界,东临福建武平、广东平远,南毗广东兴宁、龙川,西连本省安远、定南,北接本省会昌,县城所在地为石溪镇(现为长宁镇),是寻乌政治、经济、文化中心,是与广东东江地区商品流通的集散地与中转站。三省交界各县同为客家聚居地,经济、政治与风俗习惯相近。寻乌具有典型性,了解了寻乌的情况,就可以大致推知三省交界各县的情况,并为了解城镇工商业状况提供有益的资料。二是寻乌受湖南、广东等邻近省份及井冈山革命斗争的影响,群众基础较好,组织较为健全,政权建设较为巩固。早在1926年冬,就有了中共寻乌党小组。1927年秋,建立了中共寻乌支部,并领导了寻乌的革命斗争。1928年3月25日,领导了闽粤赣边农民武装暴动,同年8月成立了中共寻乌县委,领导人民打土豪、分田地,开展土地革命。三是红四军在毛泽东、朱德、陈毅等率领下三到寻乌,推动了寻乌土地革命的发展,建立了苏维埃政权。四是1929年12月的古田会议后,毛泽东、朱德指挥红四军回师赣南,分兵发动群众,深入开展土地革命,形成了比较巩固的赣南根据地。1930 年 5 月 2 日攻克寻乌县城，前委决定红四军分兵在安远、寻乌、平远做发动群众工作。毛泽东利用这个难得的机会，在中共寻乌县委书记古柏协助下，在寻乌做了 10 多天的社会调查，对于寻乌的政治区划、地理交通、商业活动、土地关系、土地斗争状况进行了全面而详尽的考察。古柏是寻乌县人，1906 年生，1922 年到广东梅县中学读书，其间接受马克思主义，1925 年入党，1927 年参与领导梅县武装暴动，1927 年 3 月 25 日领导寻乌暴动，1928 年 8 月至 1930 年 6 月任寻乌县委书记。1929 年 1 月，领导创建赣南红军第 21 纵队，任政委。1929 年 1 月，毛泽东率红四军进军赣南，在大余、信丰、寻乌吉潭连战失利，敌军紧追不舍。古柏亲往寻乌菖蒲向红四军通报敌情，派人当向导，为红四军脱离险境发挥了重要作用。在寻乌调查过程中，古柏陪同毛泽东考察寻乌县城面貌，介绍寻乌政治经济情况和土地革命斗争情况，并将熟知寻乌商业的历史与现状的郭友梅、范大明两位老人介绍给毛泽东。郭友梅是寻乌县城一个杂货店的店主，曾做过两任商会会长。郭大明是苏维埃政府职员，对于土地革命前后城区情况以及城郊居民对于革命的态度有深入了解。毛泽东从郭、范二人那里获得了寻乌调查的大部分资料。为了更准确、全面地掌握情况，毛泽东又召开了一些调查会和调查总结会。古柏按照要求请来各方面的代表人物，并始终陪同调查。参加调查会的人员中有一部分是寻乌县的区乡干部，另外还有一个穷秀才、一个破产了的商会会长、一个在旧时知县衙门管钱粮的官吏，共 11 人。通过十多天的调查研究，毛泽东获得了十分丰富的材料。1931年初，毛泽东将寻乌调查的材料整理成有五章 39 节共 7 万多字的《寻乌调查》。

毛泽东在土地革命战争时期在中央苏区做的调查,有寻乌调查、兴国调查、永新等地对分田后富农问题的调查、吉水东塘等地方的村乡调查、关于赣西南土地分配调查、关于江西土地斗争中的错误在吉安调查、吉水木口村调查、兴国长冈乡调查、上杭才溪乡调查等。在这些调查中,其他材料在延安整风期间就作为学习材料结集出版过,《寻乌调查》直到1982年才收入中共中央文献研究室编辑的《毛泽东农村调查文集》,由人民出版社出版。中共中央文献研究室编辑、1993年由人民出版社出版的《毛泽东文集》第1卷中,收录了《寻乌调查》。《寻乌调查》涉及寻乌的商业情况、旧有的土地关系、土地斗争等方面,包括地理位置、历史沿革、行政区划、自然风貌、水陆交通、土特产品、商业往来、商品种类、货物流向、税收制度、人口成分、土地关系、阶级状况、剥削方式、土地斗争等内容,是对于当时寻乌的全景式透视和全领域描述,是寻乌之经济、政治、文化、社会、人文等诸方面的百科全书,极具历史性、叙事性、文学性和画面感,而在这些生动有趣、细致入微的叙述、刻画中,寻乌的经济社会面貌、社会人生百态、土地革命情况跃然纸上,为深刻了解城乡问题和矛盾,正确制定和调整党和红军的土地革命政策,提供了客观而翔实的事实基础。土地革命是农村土地的重新分配和农村经济社会关系的重新调整,它使农村各阶级、阶层的经济政治地位发生了深刻变化。要搞好土地革命,关键是制定正确的土地政策;而要制定正确的土地政策,关键是正确划分农村阶级与阶层。在土地革命中之所以出现了一些"左"的偏差,根本原因是在阶级成分划分上出了问题,把一些人的成分拔高了,扩大了斗争面,因而将一些本来可以依靠和团结的力量推到敌人那边去了。正是由于寻乌调查，毛泽东弄清了农村中富农与地主的问题，提出解决富农问题，不仅要抽多补少，而且要抽肥补瘦，这样才能使富农、中农、贫农、雇农都过活下去。假如对地主一点土地也不分，叫他们去喝西北风，对富农也只给一些坏田，使他们半饥半饱，逼得富农造反，贫农、雇农一定陷入孤立。也正是由于寻乌调查，找到了正确对待城市工商业者的办法，既解决了红军的筹款问题，又团结了工商业者，维护了城市的繁荣和居民的正常生活。

通过寻乌调查，毛泽东深感调查研究对于了解情况、把握实际，以正确的路线、政策、策略指导革命，对于克服主观主义特别是教条主义、形式主义以及安于现状、不求甚解的保守思想，对于在群众斗争实践中总结经验、认识规律、开创革命新局面具有极端的重要性。他深刻总结寻乌调查的经验，进而深刻总结中国共产党领导中国革命之正反两方面的历史经验，将这些经验上升到了世界观方法论的高度来概括、梳理、阐述，在进行寻乌调查的同时，写下了《调查工作》这篇短文，明确指出"没有调查，没有发言权"①，"调查就像'十月怀胎'，解决问题就像'一朝分娩'。调查就是解决问题"②，中国革命斗争的胜利要靠中国同志了解中国情况，"离开实际调查就要产生唯心的阶级估量和唯心的工作指导，那末，它的结果，不是机会主义，便是盲动主义"③。认为共产党的正确而不动摇的斗争策略，决不是少数

① 《毛泽东选集》第1卷，人民出版社1991年版，第109页。
② 《毛泽东选集》第1卷，人民出版社1991年版，第110—111页。
③ 《毛泽东选集》第1卷，人民出版社1991年版，第112页。

人坐在房子里能够产生的,它是要在群众的斗争过程中才能产生的,这就是说要在实际经验中才能产生。因此,我们需要时时了解社会情况,时时进行实际调查。他批判唯书唯上的教条主义和形式主义以及安于现状、不求甚解的保守思想,大力倡导"共产党人从斗争中创造新局面的思想路线"。

《调查工作》这篇短文当时由闽西特委翻印,在红四军和中央苏区广为流传。由于战事频仍,很多资料难于保存,这篇文章也在反"围剿"中散失了。毛泽东本人非常珍爱这篇文章,一直为它的遗失而遗憾。1957年2月,福建省上杭县茶地公社官山大队(现为茶地镇官山村)农民赖茂基把珍藏多年的一本油印的《调查工作》献给当时福建龙岩地委党史办公室。1958年11月,中央革命博物馆(中国革命博物馆)到龙岩地区征集文物时看到这本小册子,决定收藏此件。1959年8月,由龙岩地区文教局邮寄到北京,存入中央革命博物馆。1961年1月,毛泽东秘书田家英到中央革命博物馆借到此件并交给毛泽东。毛泽东非常高兴,说失散多年的"孩子"终于找回来了。1961年3月,中共中央把它印发给各中央局和各省、市、自治区党委。毛泽东特地为它写了一段说明:"这是一篇老文章,是为了反对当时红军中的教条主义思想而写的。那时没有用'教条主义'这个名称,我们叫它做'本本主义'。写作时间大约在一九三〇年春季,已经三十年不见了。一九六一年一月,忽然从中央革命博物馆里找到,而中央革命博物馆是从福建龙岩地委找到的。看来还有些用处,印若干份供同志们参考。"印发前,毛泽东把《调查工作》改名为《关于调查工作》。1961年3月13日,毛泽东在广州召开的中共中央中南局、西南局、华东局负责人以及这三个地区所属省市自治区党委负责人参加的工作会议上说:"今年一月找出了三十年前我写的一篇文章,我自己看看觉得还有点道理,别人看怎么样不知道。'文章是自己的好',我对自己的文章有些也并不喜欢,这一篇我是喜欢的。这篇文章是经过一番大斗争以后写出来的,是在红四军党的第九次代表大会以后,一九三〇年写的。过去到处找,找不到。这篇文章请大家研究一下,提出意见,哪些赞成,哪些不赞成,如果基本赞成,就照办,不用解释了。文章的主题是,做领导工作的人要依靠自己亲身的调查研究去解决问题。"①1961年3月23日,毛泽东在广州中央工作会议上的讲话中,又逐节讲解了文章的内容。第一节讲没有调查,没有发言权。第二节讲调查就是解决问题。第三节讲反对本本主义。第四节讲不调研的危害。第五节讲调研的纵断法和横断法。第六节讲中国革命斗争的胜利要靠中国同志了解中国情况。第七节讲了调查的技术,也就是调查的方法。毛泽东强调指出,正确的策略只能从实践经验中产生,只能来源于调查研究。调查研究是长期的,一万年还是要进行调查研究工作。1964年6月,《调查工作》收入《毛泽东著作选读》甲种本,毛泽东把它的题目改为《反对本本主义》,写作时间确定为1930年5月,人民出版社同时出版了单行本。1991年出版的《毛泽东选集》第1卷,收录了这篇文章。《反对本本主义》作为毛泽东对于调查研究经验的哲学总结,是他最早的专门讲思想方法和工作方法的著作,其中蕴含了实事求是、群众路线、独立自主等中国共产党人的科学世界观方法论的理论起点和生长点。进行寻

---

① 《毛泽东文集》第8卷,人民出版社1999年版,第252—253页。

乌调查和写作《反对本本主义》是互为前提、相互引发的关系，寻乌调查是写作《反对本本主义》的重要实践基础，写作《反对本本主义》则是寻乌调查的经验总结和哲学概括；《寻乌调查》是通过经济政治社会万象而展现的《反对本本主义》，《反对本本主义》则是《寻乌调查》的理论升华与逻辑再现。

第二章 《寻乌调查》的基本
内容与显著特点

1929 年下半年至 1930 年上半年间,党内和红军中存在的
"左"的错误有了新的发展,主张在农村实行烧杀政策,把土豪
劣绅和他们的家属子女不加区别地一律斗争、打倒,有的地方搞
"地主不分田""富农分坏田",使他们的生活处于极度困难的境
地,甚至主张把小资产阶级变为无产者,强迫他们革命。在城
市,主张没收中小商人和工商业兼地主的资产,影响了城市工商
业发展。在寻乌调查中,毛泽东详细了解寻乌乡村的阶级阶层
结构和经济政治社会关系,了解寻乌城的工商业状况,为制定和
调整土地革命政策提供了事实依据。在寻乌调查和整理成文的
《寻乌调查》中,蕴含和体现了毛泽东关于调查研究的科学的观
点、方法和态度。

一、全景式展现寻乌县的经济政治文化状况

毛泽东做的寻乌调查历时 10 多天,主要采取开调查会、调

查总结会等形式,获得大量材料,并经过交流、讨论、问答来丰富材料。参加调查会的人员,有县商会的会长、杂货店主、铸铁工人、县署钱粮办事员、乡苏维埃委员、小学教师、区苏维埃政府主席等。毛泽东在《寻乌调查》开头说,在全部工作上帮助我组织这个调查的,是寻乌党的书记古柏同志。在材料上与我以大量供给的,是郭友梅(杂货店主,曾任县商会长)、范大明(贫农,县苏职员,城区人)、赵镜清(中农,做过铸铁工、小商,在陈炯明部下当过兵做到排长,现任县苏委员)、刘亮凡(县署钱粮兼征柜办事员,现任城郊乡苏维埃主席)四人,他们都是经常到调查会的。此外李大顺(贫农,曾任区苏委员)、刘茂哉(老童生,开过赌场,做过小生意,原是小地主,降为贫民,曾任县革命委员会委员,现任区苏委员)两人,也供给了一部分材料,间或到我们的调查会。还有刘星五(农民,做过小生意,乡苏委员,城区人)、钟步赢(梅县师范生,区政府主席)、陈倬云(自治研究所毕业,做过缝工,做过小生意,当过小学教师)、郭清如(秀才,赴过乡试,做过小学教师)四人,到过一两次调查会,稍微供给了一点材料。毛泽东和这十一人开调查会,并做主席和记录。毛泽东在次年春天写的《寻乌调查》,就是在此次调查获得的材料的基础上整理而成的。归结起来,主要有以下几个问题。

(一) 关于寻乌的政治区划和交通状况

在《寻乌调查》的第一、二章中,毛泽东简要概述了寻乌的行政区划和交通通讯状况,为深入了解寻乌的经济社会状况提供了一个自然地理与社会历史的背景。寻乌县位于闽、粤、赣三省交界,其经济政治社会状况具有代表性,如果明了这个县的情况,就能够大致把握三省交界各县的情况。

关于寻乌的政治区划。寻乌全县分为七区,七区中包括四厢十二堡。城区,分东西南北四厢,是全县的政治中心;仁丰区,即篁乡堡,公平圩、菖蒲圩是本区的两个政治中心,各设一个局;双桥区,即双桥堡,内分十三段,以留车为政治中心;南八区,分为南桥、八富两堡,以牛斗光为政治中心;兼三区,分为项山、腰古、滋溪三堡,以吉潭为政治中心;澄江区,分为寻乌、大墩、桂岭三堡,以澄江圩为政治中心;三水区,分为三标、水源两堡,以三标圩为政治中心。

关于寻乌的交通。毛泽东概述了寻乌的水路、陆路、电报、邮政以及陆路交通器具等情况。关于水路,寻乌水从桂岭山盘古隘一带山地发源,经澄江、吉潭、石排下、车头、留车,流入龙川,下惠州。寻乌水是东江的上游,船可以通到澄江。沿河的澄江、吉潭、留车三个圩场最大,吉潭更是首屈一指。另由石排下可以通船到城区之河岭(城南十里)。关于陆路,以石排下为中心,分为四条大路:一条经过吉潭、澄江、盘古隘通筠门岭,是兴国、于都、会昌通广东的大路;一条经过县城、三标、太阳关通安远城,是信丰、安远通梅县的大路;一条经过珠村、牛斗光到平远之八尺,是会昌、安远两方通梅县的大路,即会昌、安远两条路均到石排下集中,共同通梅县的大路;一条经过车头、留车、荒塘肚到兴宁之罗浮、罗冈往兴宁、五华,是寻乌下惠州的大路。另外还有几条小路:一条从澄江通安远挖补界之罗塘,再由罗塘南往下坝,北往门岭;一条从吉潭经小田、船肚、书园往平远;一条从县城经大炉下、滋溪、剑溪、礼輋、赖地往武平;一条从县城经上坪通安远南乡之胡山,再由胡山北往安远城,西往太平、鹅公圩;

一条由县城到新圩,再由新圩经公平圩、两广亭,往定南之鹅公圩,再南经鹅公圩,西往定南城,西经鹤子圩往信丰。由新圩经菖蒲、隘排口往龙川城;由菖蒲、隘排口通兴宁城。从寻乌城出发,往门岭90里,往武平180里,往梅县240里,往兴宁240里,往安远110里,往龙川310里,往定南(经上坪、胡山、太平、鹅公圩)160里。关于电报,过去电报局设在吉潭,1922年移到县城。电线由吉潭通寻乌城,通筠门岭,通平远。关于邮政,寻乌县城是三等邮局,一路走吉潭、澄江通门岭;一路走牛斗光通八尺,再由八尺通梅县,另由八尺分一路通平远;一路走三标通安远。澄江、吉潭、牛斗光三处有"代办所",三标、石排下两处有"代收所"。旧历二、五、八走门岭,一、三、五、七、九走八尺,二、四、六、八、十走安远。赣州的信走安远,送于都、兴国的信走门岭。县城邮局通常可以汇款200元以内,500元以内须先期交涉。在陆路交通中,无论大路小路,都没有车子。陆路运输工具大多数是人的肩膀,其次是骡马。县城通梅县的大路上骡马很多,通门岭、县城通吉潭两条路也有,此外没有。运输的骡马中骡多马少,但都叫作"马子",用马子驮的货物以盐和豆两门为大宗。

(二) 关于寻乌的商业情况

对于寻乌的商业情况,一是调查了从门岭到梅县、从安远到梅县、从梅县到门岭、从梅县到安远与信丰经寻乌的生意以及惠州来货,这是进口或通过寻乌的货物的情况。毛泽东详细了解和记录了各类货物的来源、数量、金额以及进口或通过寻乌转运到其他地方销售的运输方式、运输路线。比如从门岭(即筠门

岭圩)到梅县的生意。1933 年 7 月,江西革命根据地由会昌县
南部和寻乌县北部及其附近地区析置筠岭县,又称门岭县,治所
在筠门岭圩,1934 年 5 月废置。从石城、瑞金来的,米和豆子为
大宗,值几十万元。从兴国来的,茶油为大宗,米也有,但量少。
石城、瑞金的米到门岭,大部分经罗塘、下坝、新铺往梅县,每天
有 300 担左右。米走寻乌通往梅县的很少。由寻乌通过的是油
豆两大宗。豆子担数比油多一倍,每担有 5 斗、3 斗的不等。价
值每斗小洋一元五毛。每圩(3 天一圩)用船载的有 5 船,每船
14 担,每担(以 4 斗计)值 6 元,每圩共值 420 元,每年 100 圩共
值 42000 元。另还有肩挑,每圩有 20 担,每年 2800 担共值
16800 元。两项共值 58800 元。澄江圩每圩从门岭来的油约有
4 船(门岭肩挑到澄江下船),每船装油 12 担,每担约值小洋 30
元,每年以 100 圩计算,约值 15 万元。

　　二是调查了寻乌的出口货物和寻乌的重要市场情况。寻乌
的出口货物主要有米、茶、纸、木材、香菇、茶油。毛泽东详细了
解了这些货物在寻乌的产地、数量、品质、价格、销售地以及每种
货物的价值和各种货物的总价值。寻乌出口的六种货物的价
值,米 28.8 万元,茶 7 万元,纸 4.8 万元,木 1 万元,香菇 1 万
元,茶油 0.375 万元,总共 42.975 万元。

　　在寻乌的几个重要市场中,吉潭第一,盐、米、油、豆是大宗。
牛斗光第二,盐、米略少于吉潭,油、豆与吉潭等。留车第三,布
匹是最大宗,由兴宁进口;油、豆次之。县城第四,牛行是第一门
生意;第二是油、盐、米行;第三是布匹。澄江第五,油、豆、盐在
这里过驳,是大宗;米次之;鸦片亦是大宗,从兴宁、于都来。石
排下第六,是油、盐、米、豆的总口岸,但多属通过,只盐、米有些

买卖。鸡、猪、牛亦是通过。此外,如岑峰、公平、篁乡、三标等处,都属普通小圩场。

三是详细调查了寻乌城的商业状况。为了制定正确对待商业资产阶级和城市贫民的政策策略,毛泽东对于寻乌城的市场做了深入的调查分析。他说,从前寻乌城的生意,比现在寻乌城的要大一倍。寻乌城作为一个商品集散地和中转站,生意发达。自从梅县的洋货生意和兴宁的布匹生意发展了,便把赣州的土制货色的生意夺了去,东江以至平远县的八尺,以及寻乌县南半部的留车,都不到寻乌城办货了。寻乌城是一个手工业商品和资本主义商品交战表演了剧烈的荣枯得失的地方,至今仍是不定期的店铺交易和定期的圩场交易并行,因而值得注意和研究,因为它能够提供很好的资料。

为此,毛泽东详细了解了寻乌城内各种货物种类、店铺分布、经营品种、专卖经营、商品成色、货物来源、市场价格、销售方向、年度贸额、荣枯演变、店员制度等情况,同时还调查了店主的出身、发家经历、性格特点、政治态度、资本多寡、势力大小、家庭人口、营业状况、店铺变化等,涉及的店铺达90多家。调查的内容非常详尽,调查的货物门类或行业、生意包括盐、杂货、油、豆、屠坊、酒、水货、药材、黄烟、裁缝、伞、木器、伙店、豆腐、理发、打铁、爆竹、打首饰、打洋铁、修钟表、圩场生意、娼妓、同善社(一种会道门组织)等,并对其中的每一门类又作了详尽的分类调查。例如对于盐这一寻乌城最大的生意,就做了详细的了解和记录:盐的大部分销往安远、信丰,小部分在城区、三标销售。因为它是日用品,所以是城里生意的第一大宗。城内有五家盐店,每家每年多的做得两万元生意,少的也做得六七千元生意,五家一年可共做 10 万元生意。盐分潮盐、惠盐。潮盐好但贵,每元(小洋)能买 10 斤到 11 斤。潮盐色青黑,清洁能防腐。惠盐色白,但质差味淡,因之价也较贱,每元能买十六七斤。寻乌的盐,历来是潮盐多,惠盐少。开潮盐行的,本地籍有汇通、新发昌两家,平远籍有韩祥盛一家,万安籍有周裕昌一家,泰和与本地合开万丰兴一家。毛泽东还对各盐行的本金状况、店主及其家庭成员状况以及是否雇工做了了解和记录。比如汇通店主钟周瑞是个地主,盐店开在东门城内,家住在南门城外。有 220 石谷田,每年收获两季,每季出谷 220 担,一季完全交租,一季农民得着。他家里有个老婆,三个儿子,三个儿媳妇,一个童养媳,连他自己共九个人吃饭,没有雇店员,他自己指挥他的儿子、儿媳妇做事,是城里第一个"资本家"。

再如杂货,大的 10 多家,连同小的共十六七家杂货店。毛泽东记录了 13 家大一点的杂货店店主的名字,其中黄裕丰以黄烟、纸张为主要生意,其他都是以布匹为主要生意。次于布匹就是洋货生意,毛泽东详细列举了 131 种"洋货",并标出了销数较多的货物,说明了各种货物的产地来源。布匹是杂货店里的主要生意,有土布、竹布、竹纱、绸缎、呢绒、夏布。土布是中国人用洋纱制造,从兴宁来。竹布、竹纱都叫洋布,从香港走梅县来。绸缎中华丝葛、纺绸从杭州走赣州、梅县两路来。全城布匹生意每年约值 10 万元,销地是城区和三标。杂货店里除布匹、洋货两个大宗外,还附带出卖黄烟、糕饼和香纸蜡烛,也有搭卖零油零盐的。城内杂货生意,前清时候每年总计 15 万元上下,现今 12 万元上下。

为了更具体地了解杂货店的情况,毛泽东还对几家杂货店做了列举和分析。最大的杂货店的店主陈志成,兴宁人,在县城、吉潭、澄江各开一间店。县城这一间本钱 3000 元,自己只有千把元,其余是借来的。3000 元每年利息要 900 元,除了工钱、伙食等项开销,每年以赚得利息为止。第二家要算纶泰兴,三个份子合成,本钱 2000 元。除了开销,每年赚得三四百元。第三家算义泰兴,三个份子,吊多钱本(即千多元本),每年赚得一两百元。第四家,罗义成,一人开,千多元本,每年能赚四五百元。带两个徒弟,家眷在兴宁没有来。郭怡和是本钱最小的杂货店,百多块钱本,卖些黄烟、纸煤、蛋、自来火、带子、红索子(红绳子)、丝线、综条(镶鞋口用)、笔墨、毛巾、洋纱巾、骨扣等。店主郭友梅和他一个老婆,每年穿衣吃饭缴费百多元,生意赚项仅够生活开销。他是万安人,12 岁到寻乌,现在 59 岁了。他未来前,他的叔父早就在寻乌做了 60 年生意,连他到今共做了百十年了,历来做的是杂货布匹。光绪二十五六年生意最盛时,有本 3000 元,从外边缴(商家赊借货物叫作"缴")到五六千元,自己缴给人家也有四五千元,故那时虽只 3000 元本,却做得 2 万元上下的生意,是寻乌城里第一家大商店。从民国十四年到十六年(1925 年到 1927 年),郭友梅做过两任商会长。

毛泽东调查了杂货店的店员制度,分析其中的阶级关系,认为这种阶级关系是比较模糊的。杂货店的学徒三年出师后,照规矩要帮老板做一年。帮工一年将要过去的时候,能干的老板继续留他做;不能干的老板便辞歇他,他就要另找生意。当他调换了一个新的店家,地位越发高了一些,衣服也穿得越发好了一些,薪俸也逐年加多起来,成了令人尊敬的"先生"。头一年四五十元,第二年 50 多元至 60 元。光绪年间生意好时,"先生"

的薪俸最高有到 120 元的,但现在因为生意零落,最高薪俸不过 80 元了。忠实可靠而又精明能干的"先生",老板把生意完全交给他做,自己回到家里去住也是有的;赚了钱分红利给"先生",赚得多分三成,赚得少分两成,再少也要分一成。靠不住的"先生",是不能把生意交给他做的。如果学徒出师,帮助老板做满一年工,就成为"先生","先生"既拿薪俸又分红利。

再如水货,水货店里的东西很多,有咸鱼、海带、糖、豆粉、猪皮、闽笋、鱿鱼、豆豉、面灰、洋蜡、玉粉、盖市(鱿鱼里的一种)、菜莆、虾壳、胡椒、酱油等,咸鱼是第一大类,桂花鱼、青鳞子、海乌头、海鲈、剥皮鱼、石头鱼、金瓜子、黄鱼、金线鱼、圆鲫子、大眼鲢、拿尾子、鞋底鱼、角鱼子,都是咸鱼类。毛泽东对于一些货物的来源、销量、销售对象、价格甚至品质、用途以及生产、加工和食用方法等做了了解和说明。

同时,毛泽东剖析了寻乌城的人口成分和他们在政治上的地位。寻乌人口共计 2684 人,按职业划分,各业人口数以及占总人口的比重分别是:农民 1620 人,占 60%;手工业者 297 人,占 11%;游民 270 人,占 10%;娼妓 162 人,占 6%;商人 135 人,占 5%;政府机关 100 人,占 4%;地主 78 人,占 3%;宗教徒 22 人,占 1%弱。从农民和小手工业者共占 71%来看,寻乌城是一个以农业手工业为主体的农业手工业城市。所谓手工业者,包括各业手工工人和手工业主,商店的店员也算在内。所谓宗教徒是耶稣教 10 人、天主教 3 人、斋公 6 人、和尚 3 人,共 22 人。本城纯粹地主 12 家,共约 78 人。商人兼地主 5 家,算在商人里面。商人是指盐行、杂货布匹店、油行、豆行、水货店、药材店、火店等,共 135 人。娼妓 30 余家,三十几个妓女,却养活 162 人。

不工不农不商,专门靠赌博敲诈、为统治者当走狗吃饭的流氓的人数竟超过商人一倍,和手工业者几乎同等。若把游民和娼妓合计,便等于商人和手工业者的合计,表明失业群众之多。所谓政府机关 100 人,是指新的县苏维埃、城区苏维埃两个机关 40人,加上县苏赤卫队 60 人。在旧时代,占人口总数 87%的农民、工人、游民和娼妓是被统治者,那仅仅占人口 13%的地主、商人和耶稣教天主教的传教士是统治者。商会虽然没有多大权力,商人中却有几个人参加统治全县的县政府。但他们也不是完全代表商业资产阶级说话,而是接受地主领导并帮着地主做事。毛泽东还对几个能够向政界"话事"、在政界有影响的商人以及收租的 12 家地主的经济状况、思想倾向和政治态度与地位做了调查和说明。如豆行老板何子贞,用个假名出张帖子拿给别人去开。他自己一面教书,一面当公安局局长,又当警察队队长,又当国民党委员。他父亲承包牛岗税,剥削牛商。他初回寻乌表现的是资产阶级意识,颇有新派之称,后来便与地主妥协了。现逃。水货店宝华祥的老板黄光甫,是商会的文牍,能到衙门话事。现逃,店没收。伙店老板陈登棋,初当法警,升靖卫队长,跑衙门,现逃。杂货店主陈志成,虽没做官,却事事与反动派同谋,有会必与。现逃,店没收。在收租的地主中,何德新,从前收租五六百石,现收百石,七八个人,仅够开销,乡人和衙门有交涉时要请他话事。何成治,收 300 多石,人少,有 300 石出卖,是城内第一个大地主。何成治死,寡妇当家,买个儿子不能话事。刘段轩,只收几石谷。中山派,与何子贞打官司打穷了。他的儿子还在赣州班房里。他的儿子是赣州第四中学毕业,新的城东小学校长。范老八,100 多石,有多余。他哥哥开顺昌老店,他在家收租,不走衙门。此次派款300元。范家声，100多石，有多，十五六岁，中山学生，被何子贞罚款。此次又被苏维埃派款1000元。张三玉，百多石，有多，寡妇管家，不出面。邝四嫂，几十石，有多，一个儿子，一个孙子，不反动。吴老四，已死，留个寡妇，一个儿子，一个孙子，百多石租，有多，不话事。吴老四光绪年间坐县署征收柜，全县钱粮由他过手。范明才，先前开杂货店，歇了10多年了，收80石，稍有多。民国初年当保卫团总，是劣绅，好嫖，好赌，现跑了。何祥盛，摆摊子出身，做水货生意发财，"三二五"暴动被罚款，生意关门。他儿子何家常，买来的，梅县东山中学毕业，"三二五"暴动领袖之一，共产党员。何学才，何子贞之父，县衙刑房科写口供，后做堪舆，承包牛岗税，买了几十石谷田，是个大劣绅。在12家纯粹的中小地主中，何德新、范明才、何学才三人是积极反动分子，刘段轩、范家声两人是同情革命的，何祥盛的儿子何家常是共产党员，其余六家是所谓"只顾发财不管闲事"的。

　　商人而兼地主的有五家：其中的钟汇通，寻乌城第一家盐行，220石租，有百石余剩，跑衙门，话事情。骆晋丰，分成四家，共六七千元。老二最富，有二百五六十石租，老实，不话事。老大死了，十多石租，糊口不够。老三有三四十石，糊口而已。老四是前商会会长、同善社主任教员，也只几十石，仅糊口。荣春祥，几十石租，全部储蓄着，做生意吃饭，不话事。温荣记，80石，全存着，做生意吃饭。第三个儿子温锡纯与新寻派勾结。林笔利，水货生意，100多石，稍有多，不管闲事。其中钟汇通与温荣记是反动派，其余都是所谓"不话事"的。五家中钟汇通、骆晋丰两家是中地主，其余三家是小地主。

(三) 关于寻乌的旧有土地关系

在寻乌调查中,毛泽东详细调查和记录了寻乌的旧有土地关系,其中包括农村人口成分、旧有田地分配、农村的地主、富农、贫农、山林制度、剥削状况、寻乌文化等。

1. 关于农村人口成分和旧有田地分配。收租 500 石以上的大地主占 0.045%;收租 500 石以下 200 石以上的中地主占 0.4%;收租 200 石以下的小地主占 3%,其中破落户占 1%,新发户占 2%;有余钱剩米放债的富农占 4%;够食不欠债的中农占 18.255%;不够食欠债的贫农占 70%;各种工匠、船夫、专门脚夫等手工工人占 3%;无业的游民占 1%;长工及专门做零工的雇农占 0.3%。关于旧有田地分配,公田占 40%,地主占 30%,农民占 30%。

2. 关于农村的地主。有公共地主和个人地主两大类,后者分为大地主、中地主和小地主。

在公共地主中,有祖宗地主、神道地主、政治地主。祖宗地主是由死者后人从家产中抽出一份在家族祠堂中为他立"公",或在其生前自己留出田产立"公",祖宗地主的土地是由凑份子形成的公田。祖宗地主的公田占全部土地的 24%,占全部公田的 60%。寻乌公田多,各种公会多。公田一经成立,就年年收租。租除祭祖用费外,就把多余的谷子粜给贫民,把钱积起来。积得若干年成一笔大款,便购买田地。如此下去,公田就渐渐增多起来。但这积蓄增多的在全部款子中只占去一部分,还有一部分是由他的子孙均分了去。分的时间和方法,就是过年过节时从祠堂里分谷分肉。但有少数公堂谷肉不是平分而是轮分,名义叫作"轮收",又叫"管头",轮流替祖宗收租的意思。租收了,每年开支一小部分在祖宗的祭祀上,大部分落在管头的荷包里。这样做正是公堂经济存在的根本原因。"当他那个祖宗还没有死,把家产分拆给儿子们的时候,为了怕他的子孙日后把分得的一点田产变卖了弄得没有饭吃,就从田产中挖出一部分不分,作为公田,永不变卖"。① 一面有了他死后的祭费,一面他的穷困的子孙也得了周济,这叫作"留出后路"。凡那祖宗生前没有立起会的,祖宗死后,子孙们只要稍为富裕也必定为他立会,出名叫作祀祖,其实是为了自己。所以轮流收租名则是轮流替祖宗收租,实则是轮流替自己收租。那些贫苦子孙往往闹着要分公田,同时富裕部分的子孙却反对分公田,成为一种氏族内部的阶级斗争。那些穷苦人闹着要分公田也不是要分了田去耕种,他们是要分了田去变卖,得钱还高利债或买明天的早饭米。

神道地主,有神、坛、社、庙、寺、观六种。神道方面的土地占全部土地的8%,占全部公田的20%。"神"是指各种各色的神,许多都有会,但没有庙,有一部分立了"坛"。不论神、坛,凡有会都有公田,出钱弄这种神会的都是富农地主。神会的产业95%是田地,5%是谷子和钱。这种田、谷、钱叫作"会底"。其目的一是为神,因为神能保佑他们人畜清泰、财丁兴旺;二是吃东西,神诞那一天吃一顿,过年过节还有肉分,但要斗了份子的才有吃有分。"社"是与"神坛"有别的一种"社坛",每个村子有一个,以保佑禾苗没有虫子食、牛猪六畜不至于遭瘟,保佑人们得到康健。每个社都有会,从2月起到10月止,每月都开会。

---

① 《毛泽东文集》第1卷,人民出版社1993年版,第177页。

开会那天同社的人每家来一个,不分贫富,一概有份,杀猪买酒,大吃一顿。吃过之后,开堂议事。"庙"是有屋子,而屋子里面有菩萨。庙有个庙祝,土名叫作"庙老",服侍菩萨,招扶香灯。庙多少有庙田,也有无田的庙。有庙田的,庙老吃庙田的租;无庙田的,庙老伙食从群众中捐钱谷。庙有城隍庙、关帝庙等。庙的性质,是所谓"有功德于民则祀之"的意思。神坛是地主需要的,社坛是农民需要的,庙是地主、农民共同需要的。庙的田产很少,租人不够香纸费及庙老用,所以不是严重剥削所在。"寺"是和尚的巢穴,是剥削厉害的地方。寺产都是大地主"施"出去的,施了田的大地主叫作"施主"。佛教是大地主阶级利用的宗教,大地主为了"修子修孙修自己",所以施田给和尚。道士斋公的叫作"观",观的田产来源和剥削状况与寺无二样。

政治地主分为两类:一是考棚、宾兴、孔庙、学租一类,属于教育性质的;二是桥会、路会、粮会一类,属于社会公益性质的。

考棚田来源于前清时候修建考棚,大地主捐了许多谷子,建筑余款置买田地,作为考棚年修经费。县城的考棚田收得650石租,经手的豪绅"吃油饼"吃去180石,交出470石与考棚。宾兴田也是由地主捐起,散在全县各堡,多数仍由原主管理,年交收获的五成与县城宾兴祠。宾兴祠在各堡设有分局掌管田产。田产的用途是作为乡试、会试的路费以及中了举人、进士的奖赏。县宾兴祠年可收千五六百石谷租。乡试(省考)每三年一次,每届寻乌试考的100多人,每人路费24元,中了举的有花红百多元。科举废后,凡在赣州第二师范毕业的,每人发参观费30元,去江浙一带参观。此外,往外国留学的也曾津贴过一回,一个留学日本的给了360元。县城办简易师范及高等小学,就是用的宾兴祠的经费。建筑学宫也是地主捐钱,后头祀孔经费又捐了1000多元。学租是各姓地主捐集,以奖励本姓考功名的子弟。总计教育方面的土地占全部土地的4%,占全部公田的10%。

公益性质的桥会、路会、粮会的土地数量也不少。不但大桥、长桥有会,村落小桥也往往有会。有会就有田,都是地主、商人捐起的,目的是修理桥梁。起始钱少,逐年放债堆积起来成了大数,置买田地。每年12月算数、敬桥神,名之曰"做桥会",捐主都来吃一餐,吃了之后还分猪肉,所以桥会实在是个剥削机关。路会不多,会田也少,每个路会不过收七八石谷。粮会也少,全县不过几个。粮会的作用是代替一族人完粮,抵制政府向族内各家迫粮。各方敲榨,各人不利,故斗钱成立粮会,或由各小公出钱斗成。有了粮会,法警只找粮会一处,免得各家受害。总计公益方面的土地,占全部土地的4%,占全部公田的10%。

在个人地主中,有大地主、中地主和小地主。个人地主土地中又以收租不满200石的小地主土地占大多数,收租200以上但不满500石的中地主土地次之,收租500石以上的大地主土地最少。

全县共有收租在1000石以上的八个头等大地主,如城区的刘土垣,篁乡区的罗含章,南八区的谢杰、邝文荣,双桥区的梅洪馨,兼三区的潘明征,澄江区的林朝官、王菊圆。其中最大的是潘明征,连田地、房屋、山林、牲畜及他在吉潭圩上开的药店、杂货店,共计价值30万元,田地收租10000石左右。他是全县豪绅的领袖。民国初年他的三儿子潘梦春做过县财政课长(国家财政),民国六七年他的大儿子潘奕仁做过三年县财政局长(地

方财政)。民国十三四年潘梦春又做全县保卫团总公所长,统
辖七区保卫团,全县实权都在他手里。民国十五年国民党势力
来,他就失势,但他立即和原来带资产阶级色彩的、这时已经和
地主妥协了的新寻派结合,当上了国民党县党部委员。1930年
3月,豪绅们把县长胡泽凡推倒,他就上台做县长,红军到来他
才跑往武平。他有70多支枪,被武平钟少奎收编去了。刘土垣
是第二个大土豪,但不活动,是个中学毕业生,在县里没有权。
谢杰,江西陆军学校毕业,做过赖世璜的师长。现在上海组织什
么赣南钨矿会,争钨矿自办加入改组派,组织"江西自救会",出
版《自救日报》,反对蒋介石,对于"剿共"呼号甚力。王菊圆,赣
州第四中学毕业生,澄江方面很有势力,和流氓很要好,取得一
班流氓对他的拥护。

寻乌1000石以下500石以上的大地主有12个。其中有的
老实,有的反动,有的投机。如西厢田背的曹善成,收500石,祖
父发的财,是个"老税户"。西厢图合的丘树烈,收500石,无大
用。东厢的曹愿森,收500石,本城高小毕业,在东厢有权。北
厢长举的黄甲宾,收700石,国民党员。何子贞想利用他,他不
出来。现在投机,向农民表示好意,要枪交枪,要钱出钱,认为国
民党没有用,出了钱不能保命,出到苏维埃还可保命。三标鸭子
墓的谢善德,收500石,读老书的,是个"山老鼠"。水源坳背的
王佛盛,收500石。儿子王维藩,北京朝阳大学毕业,国民党员,
在外未归。澄江的蓝绍宗,收500石,蓝死了,寡妇当家。古潭
的曹国栋,收600石,从前称万户,造房子用掉一些,高小毕业,
与潘梦春合作。双桥区桂石下的易展良,收500石以上,开头反
动,田快被分掉,又罚去千多元,穷了,不反动了。双桥区丹溪的

赖鹏池,称万户,收 500 石以上,前清附生,老实得很,辫子还留着,但不反动。南八区鸡子叫的邝明经,收 600 石,他的四弟当白军营长,反动,全家走尽。廷岭的陈万保,收 600 石,做猪贩,做烟土贩,开杂货店。他自己不反动,他的老弟是新寻派,和他共家,很反动。以上头等大地主 8 个,二等大地主 12 个,共20 个。

毛泽东解释说,之所以要把这些大地主逐一列出来,"为的要研究这个阶级的政治作用,不列出来便没有充实的例证"①。由于中地主的政治作用不但和小地主大有分别,和大地主也显然有分别,毛泽东在地主阶级中分出中地主,将城区、三水区、澄江区、兼三区、篁乡区、双桥区、南八区等全县七区的 113 个中地主悉数列举出来,其中包括这些中地主的收租数量、教育程度、担任军政与社会职务以及不问世事、老实、不管用、不反动、反动、不甚反动、十分反动、很反动、反动之极、反革命、反动派、反动首领、以前反动现在不反动、以前不反动现在反动、本人反动、全家反动以及本人或家人参加革命、赞成革命等政治态度等情况。如城区西厢图合的丘伟伍,收 400 石,日本帝国大学皮革科毕业,在赣州贫民工厂做工程师半年,民国十一年回寻乌做教育局长,进国民党,新寻派领袖之一,为新寻派计划,是个厉害的东西,红军到寻乌,同谢嘉猷一路跑了。黄甲奎(北厢长举),收300 多石,平远中学毕业,寻乌国民党指导委员,新寻派分子(新寻学校教员),积极反动。骆松盛(北厢长举),收 300 石,城内开骆晋丰杂货店,不积极反动。何挺拔(北门城外),收 300 多

---

① 《毛泽东文集》第 1 卷,人民出版社 1993 年版,第 184 页。

石,平远中学毕业,国民党干事,新寻派主要人物,努力于反革命。刘佛荣(小东门外),收300石,不反动,做医生。

关于大中地主对于生产的态度和政治思想,毛泽东在调查中了解到,收租200石以上的中等地主与收租500石以上的大地主,他们对于生产完全坐视不理,既不亲自劳动,又不组织生产,完全以收租坐视为目的。虽然每个大中地主家里都多少耕了一点田,但其目的不在生产方法的改良和生产力的增进,不是靠此发财,而是因为人畜粪草弃之可惜,再则使雇工不致闲起,除开做杂事外,便要他耕点田。地主占有土地主要是为了通过出租获取地租,并不关心出租出去的土地是否得到改良,耕种土地的生产工具是否改进,地主阶级对于社会生产力的发展已没有促进作用。

毛泽东对于大中地主的政治思想也做了了解和说明。他指出,根据寻乌的状况,大中地主的生活分为三种情形:第一种是新的,即接受资本主义影响多的。他们的生活比较奢华,看钱看得松,什么洋货也要买,衣服穿的是破胸装,头也要挥一个洋装。派遣子弟进学校也颇热心,或者自己就是中学等类学校毕业的。这种人在地主阶级中比较少,而且是在接近河流、接近市场的地点才有的,多半他本身就兼商人。第二种是半新不旧的。他们赞成一点"新",但随即就批评"新"的坏处。他们也办学校,也做教育局局长,但他们办的学校是专制腐败的,做教育局局长是为了拿到一种权、得到一些钱,而不是为了什么"开通民智,振兴教育"。但历来的教育局局长多半是他们做,第一种人太新了是做不到手的。他们的生活介在节俭与奢华之间。他们的人数在大中地主中占大多数。守旧是地主的本性,这第二种人之所以也要半新不旧地随和一下子时势，完全是为了争领导权。若不如此，领导权就会完全被民权主义派即所谓"新学派"的人争取了去，所以他们有摇身一变的必要。由于他们的经济关系还是在一种封建剥削的状况中，因而仍充分表现地主性，那种革新只是表面的。第三种是完全封建思想封建生活的，他们的住地是在与河流及市场相隔遥远的山僻地方。他们始终希望恢复科举，完全是帝制派，欲以帝制主义来打倒民权主义，恢复他们的政治领导，挽回那江河日下的封建经济的崩溃形势。大中地主阶级中新的占 10%，半新的占 70%，全旧的占 20%。所谓新，是说他们走向资本主义化，不是说他们革命。大中地主阶级的全部都是反革命。大中地主阶级的新旧，不仅是以地域的原因而形成，还有以年龄的原因而形成的。一家之中，老年人多半守旧，少年人多半维新，中年人多半半新不旧。这种年龄的原因实质上就是时代的原因，老年人受旧制度熏染最深，同时已行将就木，也无能力讲新，所以只得守旧。少年人受旧制度熏染浅，同时不维新没有出路，所以他们比较不顽固些。中年人则介于二者之间。

毛泽东还详细调查了小地主的情形。在寻乌，大地主（租 500 石以上的）占 1%，中地主（租 300 石以上的）占 19%，小地主（200 石租不满的）数目更多，占地主总数的 80%。大地主人数很少，在全县不显特别作用。中地主是全县权力的中心，他们的子弟许多是进中学校的，县政权如财政局、教育局、保卫团等也是他们抓到的多，特别是祠堂蒸尝费用几乎全部在他们掌握之中，小地主及富农是很难过问的。但是小地主在地主阶级中是占着绝对大多数，而且显出下面的特点：其一，做小生意的多，比中地主更商业化。其二，特别表现小地主商业化的，是他们几乎全部派遣子弟进学堂学习,接受新文化比哪一个阶级都快都普及。他们没有权力,在全般政治生活中受中地主阶级统治。"他们革命的要求在初期革命运动中却表现很迫切,革命的活动亦很猛进"①。小地主阶级之所以能够迅速、普遍地接受资本主义文化即民权主义的革命文化,他们的革命要求与活动之所以迫切猛进,完全是因为他们这个阶级的大多数在经济上受资本主义侵蚀和大中地主把持的政府机关压榨(派款),破产得非常厉害。由小地主与大中地主这两个阶层的斗争,"引导到农民阶级与地主阶级的斗争,即代表中等地主而多少带了资本主义倾向的新寻派,日益与大地主妥协结成反革命战线,而代表小地主带着革命民权主义倾向的合作社派,日益接受无产阶级意识的指导,与贫民阶级结合起来,形成近来的土地革命斗争"②。

毛泽东指出,寻乌的小地主包含两个部分:一是从所谓"老税户"传下来的,这一部分的来源多半是由大中地主的家产分拆,即"大份分小份",由大中地主分成许多小地主。这部分的人数在整个地主阶级中占32%。依据他们的经济地位,其政治态度又有三种区别:一是年有多余的,人数占地主阶级总数的0.96%,他们在斗争中是反革命的。二是一年差过一年、须陆续变卖田地才能维持生活、时常显示着悲惨的前途的。这一部分人数很多,占地主阶级全部的22.4%,很有革命热情。三是破产更厉害、靠借债维持生活的。这一部分占地主阶级全部的8.64%,他们也是革命的,有很多人参加了寻乌的实际的革命斗

① 《毛泽东文集》第1卷,人民出版社1993年版,第195页。
② 《毛泽东文集》第1卷,人民出版社1993年版,第195—196页。

争。老税户破落下来的小地主,其第二、第三部分一般说都是参加革命的。

在小地主中,除老税户部分外,另有一个占地主全数 48%的不小的阶层是"新发户子"。其来历与从老税户破落下来的阶层恰好相反,是由农民力作致富升上来,或由小商业致富而来。他们把钱看得很重,吝啬是他们的特性,发财是他们的中心思想,终日劳动是他们的工作。他们一面自己耕种,雇长工帮助的很少,雇零工帮助的很多;一面又把偏远瘦瘠的土地租给别人种而自己收取租谷。他们的粮食年有剩余,并且有许多不是把谷子出卖,而是把谷子加工做成米子,自己挑了去大圩市,甚至去平远的八尺等处发卖,以期多赚几个铜钱。他们又放很恶的高利贷,很多是"加五"即 50%的利息。还有更凶的"月月加一"利,即见月还利 10%,一年便对倍有过。这班新发户子看钱既看得大,更不肯花费钱米抛弃劳动送他们子弟去进学堂。所以他们中间很少有中学生,高小学生虽有一些,但比破落户阶层却少很多。有人将这种新发户子的小地主叫作"富农"或"半地主性的富农"。"这种半地主性的富农,是农村中最恶劣的敌人阶级,在贫农眼中是没有什么理由不把它打倒的。"①就整个阶级而言,地主是阻碍生产力发展的,是土地革命的对象。但对这个阶级中的不同阶层、不同人等不能一概而论,有一部分小地主是愿意革命的,有的还有较高的革命热情。在红四军到来之前,在寻乌领导当地革命斗争的人中,有的就是出身于这类小地主家庭。

3. 关于富农。这里说的富农,是比较富裕的自耕农或中

———

① 《毛泽东文集》第 1 卷,人民出版社 1993 年版,第 198 页。

农,"半地主性的富农"则叫小地主。对于富农,许多人不主张在斗争中打击他们,理由是他们没有半地主性,他们的全部出产都是亲自劳动而不是剥削他人来的。其实在贫农眼中,他们仍是一种特殊阶级。他们除不租田给人耕种外,一样是高利盘剥者,因为他们有钱余剩,他们有多余的土地。这与半地主性的富农一致,而与自足的中农不同。因此,土地斗争一发展到群众的行动,便有大批贫农唤着"平田"和"彻底废债"的口号,就是对付这种富农的。共产党如要阻止贫农的行动,那么贫农就非恨共产党不可了。因此可知,不但打倒半地主性的富农是没有疑义的,而且平富裕自耕农的田,废富裕自耕农的债,分富裕自耕农的谷,也是没有疑义的。必须这样才能争取广大的贫农群众。这是农村斗争的重要策略之一。只有富农路线的机会主义者,才会站在这个策略的反对方面。

4. 关于贫农。一般地说,因受剥削而不够食的叫作贫农,但贫农并不是一个经济地位完全相同的整一的阶级,而是有四个不同阶层。一是半自耕农。他们是不够食的,因为他们的土地不够使用,须从地主那里租一部分土地,但完了租去,自己又不够食了。但他们在贫农群众中是最好的,因为他们不但有牛、有犁耙,多少有些活动本钱,自己还有一部分土地。这个阶层占农村全人口的 10.5%,在贫农全数中则占 15%。二是佃农中之较好的。他们有牛、有犁耙,也多少有些活动本钱,但没有一点土地。他们比半自耕农穷,但比其他部分的贫农要好些。这个阶层占农村全人口 42%,占贫农人口 60%,是农村中一个最大的群众。三是佃农中之更穷困的。他们同样无土地,虽有犁耙,大多陈旧破敝;虽也有几个本钱,但是很少。其特点是不是每家有牛,而是几家共有一头牛,或有一头牛,却不是他自己的,而是地主为了节省饲养费交给他饲养的,他只能在一定条件下使用一下子这头牛的劳力。这一个阶层占农村全人口 10.5%,占贫农全人口 15%,与半自耕农数量相等。四是佃农中之最穷的。没有土地、本钱、牛力,农忙时节,等别人把田耕过了,然后借或租了牛来,耕那数亩用重租租来的瘦田。这一个阶层占农村全人口 7%,占贫农全人口 10%,是一个并不很小的群众。

5. 关于山林制度。在寻乌的山地中,一姓公山占 15%,一乡公山占 5%,私山占 10%,离人家远开发不到任其荒废的所谓"荒山"占 70%。寻乌的山林制度有两种。一是公有山林制度。其中又有两种:一种是家族公有,实行公禁公采制度;另一种是地方公有,多半以村为单位,由村内各姓人等公举禁长,严禁私采,定期开山。二是私有山林制度。这些山的香菇山、茶子山、茶叶山、竹山、杉山等生产品能变卖,出息较大。大概是大地主占一半,小地主(新发户子)及富农占一半。

6. 关于剥削状况。寻乌的剥削方式,大致有地租剥削、高利剥削和税捐剥削三种方式。

地租剥削有:(1)见面分割制。见面分割与量租,都是寻乌县的收租制度。见面分割是禾熟时地主与农民同往禾田,农民把谷子打下和地主对分,双方各半,地主部分要农民送到他家里。(2)量租制。量租制是"早六番四"。因为早子价较贵,收获量也更多,交租六成才不便宜了佃农;番子价较贱,收获也较少,故交四成。原来见面分割占全县 40%,量租占 60%。近来见面分割的加多,量租的减少,各占 50% 左右。(3)"禾头根下毛饭吃"。说的是刚打下禾交过租就没有饭吃了,这种情形寻乌简直占 40%。这是由于打下的粮食交了租,还了借过地主的谷子再加上加五利,还要买好东西招扶地主。自己再买上一点油盐,春上一点米子,立秋刚到,就没饭吃了。(4)批田。寻乌地主把田批与农民通通要写"赁字",五年一小批,七年一大批。赁字上面写明的是:田眼,写明田的所在及界址;租额,写明见面分割制还是量租制;租的质量,写明要"过风精燥",不得少欠升斗,如违转批别人;田信,写明每年或每两年交一只鸡公。赁字只农民写交地主,地主不写交农民。(5)批头、田信、田东饭。批头分"批头钱""批头鸡公"两种。批头钱,每石租普通单批(五年一批叫单批)一毛,双批(十年一批叫双批)二毛,也有三毛的如筼乡等处,均批田时交清。批头鸡公不论批田多少总是一只,也是批田时交。单批转到双批,即五年转到十年,批头钱、批头鸡公一样照交。田信鸡每年一只,赁字上写明是"鸡公",因为鸡公(阉鸡)比鸡婆较大,但农民还是送鸡婆的多。双桥区有田东饭,每年请地主吃一次。别区很少。(6)谷纳、钱纳。送租,全县 80%送谷子,20%折钱。(7)铁租、非铁租。非铁租占全县 80%,水旱天灾,面议减少,但每石租只减少一斗到二斗。铁租是在赁字上载明"半荒无减",在全县占 20%。(8)借谷。许多农民把租交过,把债还清,就没有饭吃了。地主们收了那些租不肯出卖。过年了,农民急于得点谷子,地主把谷放出一部分,但不是卖而是借。因为借谷的利息是半年加五,比卖谷得利更多。(9)劳役。劳役制度全县都没有了。地主有紧急事如婚丧等类,也常常求佃户替他做事。地主带耕一点田地,农忙时候,也常常求佃户替他做工。但通通是出工钱的。(10)土地买卖。民国十四年(1925 年),全县把田出卖的有 600 家,每 50 家中有一家破产。至于典当,更多于卖绝。寻乌近年每年有2%的人家破产,有5%的人家半破产。

高利剥削有:(1)钱利。钱利三分起码,也是普通利,占70%,加四利占10%,加五利占20%。大地主、中地主、公堂、新发户子(发财的小地主及富农)都有钱借。以借额论,中地主占50%,新发户子占30%,大地主及公堂占20%。以起数论,新发户子最多,占75%,中地主占20%,大地主及公堂占5%。以借债人论,加五利(年利五分,每100元利50元)、加一利(月利一分,每100元年利120元)差不多通通是贫农借的;加三利(月利三厘,每100元年利36元)也有,但极少。贫农的借主多半是新发户子;中等地主的钱多半是借给那些小地主中之破落户及正在走向破产路上的农民,他的目的也是在于吞并土地;大地主及公堂的钱很少借给人家的,因为大地主的目的在享乐而不在增殖资本,一小部分商业化的大地主拿了钱去做生意。因此,也就无钱借与别人。(2)谷利。谷利比钱利重得多,是富农及殷实中小地主剥削贫农的一种最毒辣的方法,六个月乃至三个月利息加五,是高利贷中很厉害的。(3)油利。油利是所有借贷关系中的最恶劣者。所谓"对加油",就是借一斤还两斤,以九月打油时候为标准,九月以前一年之内不论什么时候借的,一概对加利。(4)卖奶子。破产的农民把儿子变卖得些钱,一面还清债主的账,一面自己吃饭。毛泽东感慨道:"旧的社会关系,就是吃人关系!"①(5)打会。打会的目的是互相扶助,不是剥削。如为了娶媳妇、做生意等,就邀集亲戚朋友打个会。但月子会、

① 《毛泽东文集》第1卷,人民出版社1993年版,第218页。

隔年会、四季会,因为标利很重,结果变成剥削农民。会有长年会、半年会、月子会、四季会、隔年会五种。

税捐剥削有:(1)钱粮。其中有地丁(即田赋,又叫忙银),全县1424两,每两还正税大洋三元,附税二角四分;官租,政府收官租不收地丁,共计940多两;地丁、官租二项合计银2360余两,每两折三元二角四分大洋,也不过7640余元,由于沙冲水破、逃亡孤绝、贫苦拖欠几种原因,每年有两成收不到手,实际只能收6112元左右。(2)烟酒印花税。寻乌的烟酒印花税,每月小洋各60元,共120元,一个赣州的商人承包,在北门内设个税局。每月120元包税,实收可得200元,赚80元。(3)屠宰税。每月80元税额,实收150余元,赚70余元。包商也是赣州人。(4)护商捐。国民党经费、靖卫团经费都从此出,公安局没钱用也要拨一份给它。名字叫作"护商捐",实则商民恨得要死。(5)牛捐。县城一处,每年1700多元,由三四个股东承包,一人出面办理。1700多元捐额,实际则收2400元,归财政局管理支配。(6)赌博捐。名字叫作"公益捐",包括赌摊与花会,由财政局派征收员管理征收。(7)财政局总收入。财政局的收入是牛捐(年1700多元)、护商捐(年24000元)、考棚租(2000元左右)、宾兴租(以谷折钱计3000元左右)、孔庙租(300元左右)等,共计年收3万元左右。其用途是国民党县党部、靖卫队、财政局、建设局、教育局、清乡局、公安局、新寻学校、普化学校的开销,总而言之是豪绅及其走狗嫖赌、食着、鸦片烟的用费所从出。(8)派款借款。由县署分摊到各区、各村、各圩,凡有一石谷田以上的、小商100元资本以上的均要派到。凡操到政权的豪绅地主大商、从县到乡各级机关的办事人均不出钱,对他们的亲戚朋友也为之设法酌减。于是款子都派在那些老实的弱小的地主、富农、商人身上。

7. 关于寻乌的文化。毛泽东对寻乌人口的识字率、受教育程度、教育机构等做了详细的了解和说明。女子几乎全部不识字,全县女子识字的不过 300 人。男子文化程度并不很低,南半县文化因交通与广东的影响比北半县更加发达。依全县人口说,约计不识字 60%,识字 40%,识字 200 个 20%,能记账 15%,能看三国 5%,能写信 3.5%,能做文章 1%。初小学生 5000 人,占人口总数的 5%,高小学生 8000 人,占 8%,中学生 500 人,大学生 30 人,出洋学生 6 人,秀才 400 人,举人 1 人。全县初小每区不出 10 个,七区共 70 个,每个以 50 人计共 3500 人。此外半新不旧的初小,有其名无其实或者连招牌也没有挂的有 80 个,学生约 1500 人。两项共 5000 人上下。高小每区至少一个,全县经常有高小 13 个,最盛时期有 18 个。普通每校有 100 学生。高小学生大部分是小地主子弟,大地主与富农子弟各占小部分。本县有四个中学,但都短命,中学生大多数是在梅县、平远、赣州三处中学读书,每处各一百名左右,全部都是地主子弟,其中也是小地主占大多数。大学生中大多数出于大中地主阶级,小地主只占着 5 个。南半县土地斗争胜利,每个乡苏维埃至少办了一个列宁小学校,每校学生四五十人。学校及学生数比旧时国民学校增多一倍。高小因无经费也没有教员还没有办起来。

(四) 关于寻乌的土地斗争

对于寻乌的土地斗争,毛泽东列举了分配土地的方法、分配土地的区域标准等 17 个问题。

关于分配土地的方法,主要的是照人口平分。在土地斗争初起之时,由于没有成法可援,寻乌县革命委员会(县政府)提出了四个办法,要区乡苏维埃召集群众代表开会讨论,任凭选择一种。这四个办法是:(1)照人口平分;(2)照劳动力状况分配,劳动力多的多分,劳动力少的少分,即 4 岁以上、55 岁以下为一劳动单位分全田,4 岁以下、55 岁以上分半田;(3)照生活财源多寡分配,如做手艺的少分,无他职业的多分;(4)照土地肥瘦分配,肥的少分,瘦的多分。多数地方采取了第一个办法,按照人口数目,不分男女老少,不分劳动能力有无、大小,以人口除田地的总数平分,得到多数群众的拥护。照这个办法来分配的土地,占全分配区域 80%。有些地方是 4 岁以下的不分;4 岁以上直到老年,不会劳动的分五成或七成,其余分十成。有些地方是照人口平分之后,不会劳动的因为无力耕种退回田之一部分于苏维埃,由苏维埃补给有劳动力的人耕种。结果成为有劳动力的多分,无劳动力的少分,与县政府提出的第二种办法差不多。还有的地方不是农民自动退田,而是政府在平分之后发现一些人得了田无力耕种,就命令他们退回一部分。要农民退田,他们也没有什么怨言。但若硬要退肥田,而不准他们退瘦田,他们就不喜欢。此外,还有大田乡的自由耕种,愿耕多少就耕多少。这是因为大田乡经过白色大屠杀,杀死壮丁近百、老小数十,又有二三十人当赤卫队,或往外县做革命工作,有许多田无人耕种,所以只得任人取耕,全不限制。另外,毛泽东也谈到其他生产、生活资料的分配。如山林分配问题,全县对于山林,除牛斗光一个乡外,均没有分配,仍由原耕作人经营,名义上全归苏维埃公有,耕种人向苏维埃纳地税。池塘分配问题,所有权归苏维埃,使用权归农民,由池塘的邻近人家轮流管理,每年更换一家。房屋分配问题,没有分,但准许屋少的或被反动派烧了屋的搬进屋多的人家去住。双桥、南八两区被敌人烧屋很多,那些烧了屋的人都搬进附近地主富农家里去住,搬进中农贫农家里去住的也有。现在一般被工农占住的人家心里是不满的,解决这个问题只有由现在的"临时借住"改变为"据为己有",把地主的房屋也完全照地主的田地一样加以分配,这也是动摇封建基础争取贫农的一个策略。

关于分配土地的区域标准。农民反对用大的区域为单位分配土地,欢迎用小的区域为单位分配土地。理由有二:一是怕把自己区域的土地分出去。他们反对以区为单位分田,也不赞成以乡为单位分田,而是衷心愿意以村为单位分田,使他们本村的田完全为本村所得。寻乌土地分配虽有 85% 是以乡为单位分的,但多数农民对此并不热烈拥护,只是不积极反对。因为一乡之中村与村的土地数量虽有参差但不悬殊,照乡为单位分,他们在经济上所受的损失甚小。那些村与村的土地数量相差很厉害的地方,或者村的区域很大差不多等于别处一个乡的地方,他们就坚决反对以乡为单位,这样的地方则均以村为单位分配。二是不赞成移民。对于区或乡之间移民都不赞成。原因是有的认为"上屋搬下屋,都要一箩谷",搬家要受损失。有的迷信风水,以为祖宗坟墓所在,抛去不利。"农民相信风水是于他们的生产有利的。摸熟了的田头,住惯了的房屋,熟习了的人情,对于农民的确是有价值的财宝,抛了这些去弄个新地方,要受到许多不知不觉的损失。"①还有因为地理的、经济的原因,交通便利、商业发达地方的农民,就不肯移到闭塞的地方。"那种以为农民的地方主义是由于农民的思想陈旧,即承认是心理的原因,不承认是经济的原因,是不对的。"②而"以乡为单位"说的是人口单位,不是土地单位。甲乡的人在乙乡耕了田,乙乡的人也在甲乡耕了田,一乡的人在他的邻近各乡都有土地耕种关系。区与区、县与县、省与省的交界,农民都是互相交错地耕种土地。所以一乡的人拿了他们原在本乡及邻乡耕种着的土地,总合起来平均分配,即"原耕总合分配"。关于土地分配的程序,是先调查清楚土地总量和人口总数,算清人均应分土地量,照每人应得的数目实行抽多补少,确定每家田地的区划。"实际的斗争就是在抽多补少里头。这种斗争是农民对地主富农的斗争,抽多的不愿抽肥,补少的不愿接瘦,要调配妥当。"③关于土地分配的基本方式和原则,就是一个"平"字。这个"平"字包括了没收和分配两个方面的含义。各乡分田会议讨论的问题是,以乡为单位还是以村为单位,按人口标准分配还是按劳动力标准分配,鱼塘、园、坝怎样分配。以人口总数除土地总数的平田主义最直截了当,最得多数群众拥护。在土地分配过程中,也有抵抗平田的人。少数地主反对没收他的田地,有的富农小地主不肯拿出肥田好田,拿出的只是些坏田。县政府或派人下来,或召集群众大会,才强迫富农小地主照办。"没收富农与否,群众认为是不成问题的。群众中成为问题的,就是一个肥瘦分配的斗争,这是土

① 《毛泽东文集》第 1 卷,人民出版社 1993 年版,第 232 页。
② 《毛泽东文集》第 1 卷,人民出版社 1993 年版,第 232 页。
③ 《毛泽东文集》第 1 卷,人民出版社 1993 年版,第 234 页。

地斗争的中心,也即是富农与贫农的斗争。"①

关于暴动在莳田即栽种之后怎样处理土地,有三种处理法。第一种是上档(又叫"早子")归原耕,下档(又叫"番子")归新户。第二种是新户帮钱给原耕,上档亦归新户得谷。第三种是不论上下档谁分了谁就去收获。关于非农民是否分田,流氓在县城方面,略有耕种能力的准许分田,毫无耕种能力的不分;在县城以外各区,因流氓人数少,一概分田。工、商、学无可靠收入的准许分田,县城及大市镇有可靠收入的不分,不足的酌量补足一部分。红军士兵和革命职业者,不但分田,而且苏维埃动员农民替他们耕种。地主在乡居住的准许分田。僧尼、道士、传教士要改变职业,即不做僧尼、道士、传教士了,方许分田,否则不分。算命及地理先生无规定,因为很少,大概都是分田的。关于废债问题,分为债与账两项。债是废除二分利以上的高利贷。该欠商人的叫作账,民国十七年元旦以前的不还,以后的要还。关于土地税,1929 年收了抗租所得税,每抗租一石,收税二斗,在双桥、南八两区实行了。1930 年 2 月,县革委扩大会规定不分等第普遍收土地税 10%,税率与抗租所得税相等。5 月,县苏维埃大会采用赣西苏维埃颁布的累进税法。

关于土地斗争中的妇女,寻乌的女子与男子同为劳动主力,她们在耕种上尽的责任比男子还要多。她们是男子经济(封建经济乃至初期资本主义经济)的附属品,没有政治地位,没有人身自由,她们的痛苦比一切人大。妇女喜欢并勇敢地参加土地斗争,因为土地斗争的胜利激发了她们个人的自觉,

---

① 《毛泽东文集》第 1 卷,人民出版社 1993 年版,第 236 页。

可以解决她们没有人身自由的束缚。未结婚的青年群众中，差不多不论哪个阶级都拥护婚姻自由的口号。贫农阶级已结婚的成年男子，一般说来是反对离婚自由的。成年农民男子们之所以反对离婚自由，是为了劳动力。农民男子并非反对女子解放，特别是贫农雇农阶级在他们整个阶级解放完成了之后，很快就会给予女子以完全的解放。"他们之所以惧怕跑掉老婆，乃是在土地斗争尚未深入的时候——他们还没有充分看见推翻封建剥削以后的成果的时候所发生出来的一种思想。只要土地斗争一深入，他们对于婚姻问题的态度就要大大改变了。"①

二、寻乌调查以及《寻乌调查》报告的特点

毛泽东做的寻乌调查以及他于次年整理的《寻乌调查》报告，具有鲜明的特点。

（一）坚持实践导向和问题意识，通过调查研究找到解决问题的办法

毛泽东在《寻乌调查》的"前言"中说："寻乌调查是一九三〇年五月四军到寻乌时做的，正是陂头会议（二月七日四军前委与赣西特委的联席会议）之后，汀州会议（六月四军前委与闽西特委的联席会议）之前，关于中国的富农问题我还没有全般了解的时候，同时我对于商业状况是完全的门外汉，因此下大力

---

① 《毛泽东文集》第 1 卷，人民出版社 1993 年版，第 243 页。

来做这个调查。"①在土地革命战争初期,我们党对于如何开展土地革命,制定了一些方针政策,取得了一些成效。但对于农村的富农问题和城市的商业问题,并不十分清醒,因而导致一些政策措施失误。1930年2月上旬,毛泽东在江西省吉安县陂头主持召开红四军前委、红五军红六军军委以及赣西特委联席会议,确定赣西南党组织的主要任务是扩大苏维埃区域、深入土地革命和扩大工农武装。在土地革命问题上,否定了按劳动力标准分配土地的主张,肯定了按人口标准分配土地的办法。而按人口标准分配土地有什么问题,如何解决这些问题? 如何处理富农问题和城市的商业问题? 毛泽东进行寻乌调查,就是为了弄清土地革命中存在的问题,弄清富农和商业现状,调整土地政策,并制定对于中间阶级和中小工商业者的正确的政策。毛泽东既调查了寻乌的农村,也调查了寻乌的城镇,详细了解了寻乌的商业、旧有土地关系、土地斗争情况,以及寻乌城镇的商业和手工业、农村的地主和富农的状况。通过寻乌调查,毛泽东深刻认识到,对于地主要给予生活出路,对于富农应在经济上限制而不是彻底消灭,提出了不仅要抽多补少、还要抽肥补瘦的土地分配方案;进一步弄清了城市商业状况,深化了对于城市和乡村关系的认识。1930年6月,毛泽东主持召开了红四军前委和闽西特委联席会议,讨论了政治、经济、军事等问题。在土地分配问题上,除了肯定原来的"抽多补少",又增加了"抽肥补瘦",完善了土地革命的政策。毛泽东后来在《关于农村调查》中说,在做了寻乌调查后,"才弄清了富农与地主的问题,提出解决富农问

---

① 《毛泽东文集》第1卷,人民出版社1993年版,第118页。

题的办法,不仅要抽多补少,而且要抽肥补瘦,这样才能使富农、中农、贫农、雇农都过活下去。假若对地主一点土地也不分,叫他们去喝西北风,对富农也只给一些坏田,使他们半饥半饱,逼得富农造反,贫农、雇农一定陷于孤立。当时有人骂我是富农路线,我看在当时只有我这办法是正确的"①。而对于"贫农与雇农的问题,是在兴国调查之后才弄清楚的,那时才使我知道贫农团在分配土地过程中的重要性"②。

（二）运用科学的方式方法,使调查研究深入扎实取得实效

第一,选择具有典型性的调查对象。毛泽东之所以选择寻乌做调查,是因为该县"介在闽粤赣三省的交界,明了了这个县的情况,三省交界各县的情况大概相差不远"③。调查了寻乌,对于赣南、闽西的基本情况就有了大致的了解。毛泽东对于寻乌基本情况进行摸底,拟定调查纲目,先后邀请郭友梅、范大明、赵镜清、刘亮凡等对寻乌的历史和现状比较熟悉的 11 人开调查会,其中有苏维埃干部、教师、商人、农民、工人和士兵等。毛泽东主持调查会,按照调查纲目发问,开展讨论交流。毛泽东还到中共寻乌县委、县苏维埃政府、木工店、商会等地实地调查,同农民一起劳动,在劳动中和休息时进行调查,广泛了解情况、收集信息,掌握丰富的资料。

第二,开展深入细致系统全面的调查。寻乌调查不是"走

① 《毛泽东文集》第 2 卷,人民出版社 1993 年版,第 379 页。
② 《毛泽东文集》第 2 卷,人民出版社 1993 年版,第 379—380 页。
③ 《毛泽东文集》第 1 卷,人民出版社 1993 年版,第 119 页。

马观花"、浮光掠影式的调查,而是"下马看花"、深入细致的调查。毛泽东对于寻乌的交通与商业、旧有土地关系和土地斗争以及大地主、中地主、小地主和富农的经济状况和政治态度的调查与描述,可谓细致入微、活灵活现。毛泽东具体调查了从门岭到梅县、从安远到梅县、从梅县到门岭、从梅县到安远与信丰经寻乌的生意情况,以及惠州来货、寻乌的出口货、寻乌的重要市场等情况,详细调查了寻乌城市场各种货物的种类、店铺分布、经营品种、专卖经营、商品成色、货物来源、市场价格、销售方向、年度贸额、荣枯演变、店员制度等情况。关于寻乌的旧有土地关系,毛泽东从农村人口成分、旧有田地分配、公共地主、个人地主、富农、贫农、山林制度、剥削状况、寻乌文化等9个方面作了详细调查。其中,对寻乌8个头等大地主、12个二等大地主、113个中地主的具体情况一一进行了分析。关于寻乌的土地斗争,毛泽东从分配土地的方法、山林分配、池塘分配、房屋分配、分配土地的区域标准、城郊游民要求分田、留公田、分配快慢、抵抗平田的人、非农民是否分田、废债、土地税、土地斗争中的妇女等17个方面进行了深入调查。

第三,坚持从实际出发、实事求是,从事实中得出结论。毛泽东做寻乌调查,不是带着条条框框、先入之见搞调查,不是为了证明原有政策办法的正确性去挑选、拼凑事例材料,而是深入实际、直面问题、客观考察、实事求是。为了弄清寻乌的剥削状况,毛泽东调查了解了地租、高利贷、税捐三种剥削类型和23种剥削方式,为在土地革命过程中正确处理阶级阶层关系、制定和调整政策策略提供了依据。同时,毛泽东也不掩饰寻乌调查的不足之处,他在次年整理的《寻乌调查》中承认"有个大缺点",

"就是没有分析中农、雇农与流氓。还有在'旧有土地分配'上面,没有把富农、中农、贫农的土地分开来讲"①。

第四,采取合适的方式方法。毛泽东不仅注重开调查会,同时还亲自深入实际、深入群众作现场调查,例如到中共寻乌县委、县苏维埃政府、县商会、木工合作社进行调查。此外,他还带领红军士兵和农民一起下田劳动,进行访问式调查。毛泽东在寻乌做调查的形式多样,开调查会是寻乌调查的主要方式,调查会有三种形式:即专题调查、会议调查、总结调查。毛泽东作调查非常恭谨勤劳,既做主席,又作记录,并且与到会者展开同志式的讨论。

（三）调查研究要有恭谨勤劳、不耻下问的正确态度

毛泽东认为,做好调查研究要有"甘当小学生"的正确态度,并对此作了精辟论述。他说:"要做这件事,第一是眼睛向下,不要只是昂首望天。没有眼睛向下的兴趣和决心,是一辈子也不会真正懂得中国的事情的。第二是开调查会。东张西望,道听途说,决然得不到什么完全的知识。……因此,没有满腔的热忱,没有眼睛向下看的决心,就没有求知的渴望,没有放下臭架子、甘当小学生的精神,是一定不能做,也是一定做不好的。必须明白:群众是真正的英雄,而我们自己则往往是幼稚可笑的,不了解这一点,就不能得到起码的知识。"②毛泽东做寻乌调查没有架子、平等待人、虚心求教,与调查对象交朋友。他在

---

① 《毛泽东文集》第1卷,人民出版社1993年版,第119页。
② 《毛泽东选集》第3卷,人民出版社1991年版,第789—790页。

《关于农村调查》中说："我在兴国调查中,请了几个农民来谈话。开始时,他们很疑惧,不知我究竟要把他们怎么样。所以,第一天只是谈点家常事,他们脸上没有一点笑容,也不多讲。后来,请他们吃了饭,晚上又给他们宽大温暖的被子睡觉,这样使他们开始了解我的真意,慢慢有点笑容,说得也较多。到后来,我们简直毫无拘束,大家热烈地讨论,无话不谈,亲切得像自家人一样。"①

三、寻乌调查对于调整土地革命政策的作用

毛泽东对寻乌做的调查研究,深入剖析和生动描画寻乌城乡的社会结构与阶级关系以及各阶级阶层的经济地位、生活状况、政治态度,对于中国共产党形成正确的土地革命路线,发挥了重要作用。土地革命是农村土地的重新分配和社会关系的重新调整。而弄清城乡的商业、土地分配等经济关系以及各阶级阶层的经济地位和政治态度,是制定正确的路线、方针与政策策略的前提性、基础性工作。正是在寻乌调查的基础上,才纠正了在土地革命初期出现的对于地主、富农采取过火的斗争,甚至搞"地主不分田""富农分坏田",以及将一些人的成分拔高、扩大了打击面、缩小了依靠和团结对象等"左"的偏差。

寻乌调查也为中国共产党制定正确的工商业政策提供了基本依据。毛泽东用很大的精力,详尽调查了寻乌城的 47 家商店和 94 家手工业作坊的经营情况及其盛衰荣枯情况,并分析了他

---

① 《毛泽东文集》第 2 卷,人民出版社 1993 年版,第 384 页。

们的经济状况、政治地位以及对待革命的态度。了解到这个只有2700人的寻乌城内，占人口总数87%的被统治者（农民、手工业者、游民等）是拥护革命的，而占13%的统治者（地主、商人、耶稣教天主教的传教者）中的商人也不完全是代表商业资产阶级说话的，这些调查成果为纠正当时打击城市中间阶级的错误政策提供了有力的依据。毛泽东指出，小商人、手工业者，他们一般能够参加革命和拥护革命，是革命很好的同盟者，是革命的动力之一，必须争取和保护；在半殖民地半封建社会的中国，上层小资产阶级和中等资产阶级是真正的民族资产阶级，但他们具有两面性，因此，对待民族资产阶级必须采取慎重的政策。他通过大量的事实证明，"保护中小商人"的政策是符合当时的实际情况的。在当时红色区域被敌人封锁的情况下，这个政策对于活跃红色区域经济、解决红军给养和根据地人民生活问题非常重要，从而为制定党对商业资产阶级和争取贫民群众的政策提供了依据。

寻乌调查以及此后不久做的兴国调查，以农村旧有土地关系严重失衡的不公正状况以及封建剥削的残酷性，说明了实行土地革命对于消灭封建剥削、解放农民的必要性和意义。毛泽东在《寻乌调查》中具体分析了寻乌农村的人口成分和占有土地状况。大地主、中地主、小地主分别占农村人口的0.045%、0.4%、3%，富农占农村人口的4%，中农、贫农、手工工人、游民、雇农总共占农村人口的92.555%。在旧有的田地分配中，公田（即公共地主）占40%，地主占30%，农民占30%。地主对农民的剥削方式有地租、高利贷和苛捐杂税等等，名目繁多且十分残酷。广大农民由于受重租重利盘剥，陷于日益贫困与破产之中。寻乌农村"禾头根下毛饭吃"的占40%,有的农民甚至只能忍痛卖子。在寻乌,每百家人有十家是卖过儿子的。毛泽东还特别声明:"读者们,这不是我过甚其词,故意描写寻乌剥削阶级的罪恶的话,所有我的调查都很谨慎,都没有过分的话。"①他深刻地指出:"旧的社会关系,就是吃人关系!"②1930年10月,为了了解《兴国县土地法》制定实施以后赣南土地斗争情况,毛泽东在新余罗坊,从兴国县参加红军预备队的700多农民中选择了8位调查对象,对于该县第十区即永丰圩土地斗争情况做了调查,并且写了《兴国调查》一文。该区旧有的田地分配,地主占40%,公堂占10%(为地主、富农所共有),富农占30%,中农占15%,贫农占5%;在人口成分中,地主占1%(把在本区占有土地住在其他地方的地主算进去,大概地主占全人口的2%或3%),富农占5%,中农占20%,贫农占60%,雇农占1%,手工工人、小商人、游民各占7%、3%、2%。毛泽东在《关于农村调查》中说:"我在兴国调查中,知道地主占有土地达百分之四十,富农占有土地达百分之三十,地主、富农所共有的公堂土地为百分之十,总计地主与富农占有土地百分之八十,中农、贫农只占有百分之二十。但是,地主人口不过百分之一,富农人口不过百分之五,而贫农、中农人口则占百分之八十。一方面以百分之六的人口占有土地百分之八十,另方面以百分之八十的人口则仅占有土地百分之二十。因此得出的结论,只有两个字:革命。因而也益增革命的信心,相信这个革命是能获得百分之

---

① 《毛泽东文集》第1卷,人民出版社1993年版,第215页。
② 《毛泽东文集》第1卷,人民出版社1993年版,第218页。

八十以上人民的拥护和赞助的。"①寻乌调查与兴国调查表明，在农村中，主要矛盾是农民阶级与封建地主的矛盾，根本的问题是土地问题。只有实行土地革命，打倒封建势力，才能使广大人民从封建剥削和压迫下解放出来，我们党领导的革命才能得到最大多数人民的拥护和支持。

寻乌调查摸清了寻乌旧有土地关系，解剖了农村各阶级各阶层的经济状况和政治态度，检视了土地革命的路线，得出了正确的阶级估量和斗争策略，为深入进行土地革命，巩固和发展农村革命根据地，发挥了重要的作用。地主阶级是用封建制度剥削压迫农民的阶级，在土地革命中，对地主阶级实行消灭的政策，同时对于原来是地主阶级的人给予生活上的出路。要限制富农，征收富农多余的土地和财产分给农民。在经济上采取削弱而不是消灭的政策，这是争取农村中间阶级的重要策略。毛泽东的寻乌调查证明了"没收一切公共土地及地主阶级的土地""征收富农多余土地财产""以乡为单位照人口平均分配""抽多补少、抽肥补瘦"的土地分配政策和方法的正确性，这个政策代表了广大农民的利益，打击了地主阶级，争取了中间阶级。毛泽东总结寻乌土地分配的斗争实践经验，指出农村土地的实际斗争在于"抽多补少"，而土地斗争的中心又在于"抽肥补瘦"，这种肥瘦分配的斗争实质上是广大农民和地主、富农的斗争。这个结论为日后制定《苏维埃土地法》提供了重要参照和依据。毛泽东根据长期以来对中国社会状况的深入考察和对农村阶级的科学分析，总结土地革命斗争的初步经验，为我们党

---

① 《毛泽东文集》第 2 卷，人民出版社 1993 年版，第 383 页。

制定了一条依靠贫农雇农、团结中农、限制富农、保护中小工商业者、消灭地主阶级的土地革命路线,正确地解决了新民主主义革命时期党在农村反封建斗争中依靠谁、团结谁、打倒谁的根本问题。

为了继续探索和完善土地政策,解决党在土地革命斗争中的若干重大问题,深入进行土地革命,在做了寻乌调查之后,毛泽东又相继做了多处农村调查。到1931年春,中央苏区形成了一条符合中国实际的马克思主义的土地革命路线,这条路线的贯彻实施,有力地推动了中央苏区的巩固和发展。

第三章 《反对本本主义》的基本
内容与科学方法

　　《反对本本主义》全文 4200 多字,共有七个部分:一、没有
调查,没有发言权;二、调查就是解决问题;三、反对本本主义;
四、离开实际调查就要产生唯心的阶级估量和唯心的工作指
导,那么,它的结果,不是机会主义,便是盲动主义;五、社会经
济调查,是为了得到正确的阶级估量,接着定出正确的斗争策
略;六、中国革命斗争的胜利要靠中国同志了解中国情况;七、
调查的技术。在这篇短文中,毛泽东尖锐批判了唯书唯上的
本本主义、形式主义以及盲目乐观、安于现状、不求甚解的保
守思想,深刻揭示了调查研究的极端重要性,大力倡导"共产
党人从斗争中创造新局面的思想路线"。《反对本本主义》作
为毛泽东最早的专门讲思想方法和工作方法的著作,是党的
马克思主义思想路线初步形成的重要标志,包含着毛泽东思
想的精髓——实事求是、群众路线、独立自主的基本意蕴和理
论生长点。

一、调查研究是实现马克思主义与
中国实际相结合的关键

马克思主义哲学认为,意识是人脑的机能,是在实践的基础上人脑对于客观事物的反映,观念的东西不外是移入人的头脑并在人的头脑中改造过的物质的东西而已。恩格斯在《反杜林论》中指出,"原则不是研究的出发点,而是它的最终结果;这些原则不是被应用于自然界和人类历史,而是从它们中抽象出来的;不是自然界和人类去适应原则,而是原则只有在符合自然界和历史的情况下才是正确的。这是对事物的唯一唯物主义的观点"①。客观事物及其规律不依赖于人的主观意识而存在,人们只能通过实践认识自然界和人类社会发展的客观规律,而不能从主观的思维、主观的意志派生出自然界和人类历史,派生出事物发展的规律。马克思主义揭示了自然界和人类社会发展的一般规律和总的趋势,具有普遍的真理性。然而,马克思主义所提供的只是总的指导原理,要发挥其改造客观世界的作用,就要与各个国家的实际相结合、与现实实践相结合,以符合和适应各个国家的实际情况和实际需要。只有紧密结合实践需要学习和把握马克思主义基本理论与方法,自觉运用这些基本理论与方法深入进行调查研究,把握客观实际,探索实践规律,才能把马克思主义基本理论与国情实际和革命实际创造性地结合起来,制定正确的战略策略、方针政策。只有这样,马克思主义才能落地

---

① 《马克思恩格斯选集》第3卷,人民出版社2012年版,第410页。

生根、开花结果。每个国家国情不同,因而马克思主义在各个国家的应用也是有所不同的。列宁曾经指出:"对于俄国社会党人来说,尤其需要独立地探讨马克思的理论,因为它所提供的只是总的指导原理,而这些原理的应用具体地说,在英国不同于法国,在法国不同于德国,在德国又不同于俄国。"①我们还可以进一步地说,在中国也不同于俄国。近代以来的中国,是一个半殖民地半封建的、经济文化极为落后的东方大国,既没有民主权利,又没有民族独立,更没有资本主义充分发展所提供的发达的生产力等物质条件。中国的特殊国情决定了在中国进行革命的极端复杂性、艰巨性和独特性。要领导中国革命到胜利,不能靠背诵马克思主义的词句,也不能照搬别国的模式,只能创造性地运用马克思主义,探索适合中国实际的革命道路。中国共产党人要实现马克思主义基本原理同中国实际相结合,制定引导中国革命走向胜利的战略策略,就必须把马克思主义作为科学的世界观和方法论来学习研究、把握运用,反对主观主义特别是教条主义,大力倡导和实行调查研究,使自己的思想认识、战略策略合乎客观实际,否则就要招致失败。1941 年 5 月 19 日,毛泽东在延安高级干部会议上作的《改造我们的学习》报告中,批判主观主义作风,号召全党注意调查研究,坚持实事求是,树立理论联系实际的马克思主义作风。他说:"'实事'就是客观存在着的一切事物,'是'就是客观事物的内部联系,即规律性,'求'就是我们去研究。我们要从国内外、省内外、县内外、区内外的实际情况出发,从其中引出其固有的而不是臆造的规律性,

---

① 《列宁选集》第 1 卷,人民出版社 2012 年版,第 274—275 页。

即找出周围事变的内部联系,作为我们行动的向导。而要这样做,就须不凭主观想象,不凭一时的热情,不凭死的书本,而凭客观存在的事实,详细地占有材料,在马克思列宁主义一般原理的指导下,从这些材料中引出正确的结论。……这种态度,就是党性的表现,就是理论和实际统一的马克思列宁主义的作风。"①马克思主义的思想路线,就是一切从实际出发,理论联系实际,实事求是,在实践中检验真理和发展真理。它要求我们从实际出发,而不是从原则或主观愿望出发;从"实事"中求"是",而不是自以为是;坚持理论联系实际,而不是理论和实际脱节;在实践中检验真理和发展真理,而不是凭本本、权力或主观的感觉与愿望来判定认识之是否真理。我们做任何工作,都要坚持辩证唯物主义的哲学路线,坚持马克思主义的思想路线,尊重客观事实,尊重客观条件,尊重客观规律;都要从客观实际出发,一切以时间、地点和条件为转移;都要按照客观世界的本来面目认识世界,根据对客观规律的认识和对于自身需要的体察,确定既合规律又合目的的实践目标,制定切实可行的方针、政策、计划、方案,卓有成效地改造世界。

理论联系实际,是马克思主义的基本原则,也是中国革命最基本的经验。要做到理论联系实际,需把握三个环节:其一,精通理论,掌握方法。要根据实践的需要系统学习马克思主义的基本理论,掌握分析和解决问题的基本立场、观点和方法。其二,调查研究,熟悉实际。毛泽东指出:"一切实际工作者必须向下作调查。对于只懂得理论不懂得实际情况的人,这种调查

① 《毛泽东选集》第3卷,人民出版社1991年版,第801页。

工作尤有必要,否则他们就不能将理论和实际相联系。'没有调查就没有发言权',这句话,虽然曾经被人讥为'狭隘经验论'的,我却至今不悔;不但不悔,我仍然坚持没有调查是不可能有发言权的。有许多人,'下车伊始',就哇喇哇喇地发议论,提意见,这也批评,那也指责,其实这种人十个有十个要失败。因为这种议论或批评,没有经过周密调查,不过是无知妄说。我们党吃所谓'钦差大臣'的亏,是不可胜数的。而这种'钦差大臣'则是满天飞,几乎到处都有。"①理论要与实践相结合,否则就会变成无对象的理论;实践要以理论为指导,否则就会变为盲目的实践。为了做好调查研究工作,必须坚持反映论原则,客观、全面、深刻、正确地反映实际,从客观事实中引出结论,而不是带着条条框框,用先入之见去剪裁事实,不是为了证明某种既有的成见去拼凑材料;必须坚持实践论原则,为了实践的需要去发现问题和解决问题,而不是为调查而调查;要从实践中进行调查研究,而不是离开实践而冷眼旁观;要听取不同意见,不要怕实践检验推翻自己已经作出的判断和结论。必须坚持群众路线原则。我们向实际作调查,就是向群众作调查,集中群众的智慧,了解群众的要求。要满腔热情,眼睛向下,虚心求教,平等待人,先做群众的学生,后做群众的先生。必须坚持理性分析原则。我们不仅要通过调查获取丰富的材料,还要对这些材料进行分析和综合、抽象和概括,发现内在联系,抓住本质和主流。毛泽东说,"材料是要搜集得愈多愈好,但一定要抓住要点或特点"。"如果你调查的九样都是一些次要的东西,把主要的东西都丢掉了,

---

① 《毛泽东选集》第3卷,人民出版社1991年版,第791页。

那末,仍旧是没有发言权。""假若丢掉主要矛盾,而去研究细微末节,犹如见树木而不见森林,仍是无发言权的"。① 其三,创造新理论,指导新实践。只有善于应用马克思哲学的立场、观点和方法研究实际,作出合乎实践需要的理论性的创造,才叫作理论和实际相联系。在理论与实际的关系问题上,既要反对死记硬背、保守僵化、照抄照搬的教条主义,反对迷信盲从、不敢独立思考的奴性思想;又要反对夸大感性经验、拒斥正确理论指导的狭隘经验主义。

调查研究是了解实际情况、进行科学决策、实现理论与实际相结合的关键环节。毛泽东在《反对本本主义》中开宗明义地指出,"没有调查,没有发言权"②。若对于那个问题的现实情况和历史情况没有调查,不知详细的真实的情况,对于那个问题的发言就一定是瞎说一顿,是不能解决问题的。不深入实际调查研究,闭着眼睛瞎说一顿的作风要不得,必须注重调查,反对瞎说。闭着眼睛瞎说一顿不行,粗枝大叶不求甚解也不行。毛泽东在《农村调查》的第一篇序言(1941 年 3 月)中说:"现在我们很多同志,还保存着一种粗枝大叶、不求甚解的作风,甚至全然不了解下情,却在那里担负指导工作,这是异常危险的现象。对于中国各个社会阶级的实际情况,没有真正具体的了解,真正好的领导是不会有的。"③"要了解情况,唯一的方法是向社会作调查,调查社会各阶级的生动情况。对于担负指导工作的人来说,有计划地抓住几个城市、几个乡村,用马克思主义的基本观点,

---

① 《毛泽东农村调查文集》,人民出版社 1982 年版,第 25、26 页。
② 《毛泽东选集》第 1 卷,人民出版社 1991 年版,第 109 页。
③ 《毛泽东选集》第 3 卷,人民出版社 1991 年版,第 789 页。

即阶级分析的方法,作几次周密的调查,乃是了解情况的最基本的方法。只有这样,才能使我们具有对中国社会问题的最基础的知识。"①

"调查就是解决问题"②。调查研究作为实践的一种特殊形式,是认识的重要来源,是了解事物的历史与现状、认识事物的本质和主流、找到解决问题方法的重要途径。若不进行调查研究,不具体地了解和研究具体的情况,靠主观臆断,靠冥思苦想,是想不出好办法的;空洞地冥思苦想,或只看到一点皮毛和枝节,没有找出本质和规律,就主观臆断、瞎说一顿,甚至凭空指责、颐指气使,就必然弄坏事情、失掉群众、丧失人心。如果对于那个问题不能解决,就要去调查那个问题的现状和历史。对于那个问题完完全全调查明白了,就有解决的办法了。"一切结论产生于调查情况的末尾,而不是在它的先头。"③若只是一个人或者邀集一堆人,不作调查,而是冥思苦索地想办法、打主意,一定不能想出什么好办法,打出什么好主意,一定要产生错办法和错主意。若不经过调查研究,摸清实情,一到一个地方就宣布政见,看到一点表面、一个枝节就指手画脚地说这也不对那也错误,这种纯主观地"瞎说一顿"是最可恶的,"他一定要弄坏事情,一定要失掉群众,一定不能解决问题"④。

调查研究也是在通过调查获得感性材料的基础上深入研究获得本质规律的认识,以提高工作能力、找到解决问题办法的根

① 《毛泽东选集》第 3 卷,人民出版社 1991 年版,第 789 页。
② 《毛泽东选集》第 1 卷,人民出版社 1991 年版,第 110 页。
③ 《毛泽东选集》第 1 卷,人民出版社 1991 年版,第 110 页。
④ 《毛泽东选集》第 1 卷,人民出版社 1991 年版,第 110 页。

本途径。毛泽东说,许多做领导工作的人遇到困难问题只是叹气,不能解决。他恼火,请求调动工作,理由是"才力小,干不下"。这是懦夫讲的话。"迈开你的两脚,到你的工作范围的各部分各地方去走走,学个孔夫子的'每事问',任凭什么才力小也能解决问题,因为你未出门时脑子是空的,归来时脑子已经不是空的了,已经载来了解决问题的各种必要材料,问题就是这样子解决了。"①也可以召集那些明了情况的人开个调查会,把所谓困难问题的"来源"找到手,"现状"弄明白,这个困难问题也就容易解决了。"调查就像'十月怀胎',解决问题就像'一朝分娩'。调查就是解决问题。"②1961年3月23日,毛泽东在广州召开的中央工作会议上的讲话中对于《反对本本主义》一文逐段讲解,他强调指出:"我的经验历来如此,凡是忧愁没有办法的时候,就去调查研究,一经调查研究,办法就出来了,问题就解决了。打仗也是这样,凡是没有办法的时候,就去调查研究。在第二次反'围剿'的时候,兵少觉得很不好办,开头不了解情况,每天忧愁。我跟彭德怀两个人到白云山上跑了一天,察看地形,看了很多地方。我对彭德怀说,红一军团的四军、三军打正面,打两路,你的红三军团全部打包抄,敌人一定会垮下去。如果不去看呢? 就每天忧愁,就不知如何打法。调查研究就会有办法,大家回去试试看。"③

深入实际调查研究,要坚持马克思主义的唯物论与辩证法,破除唯书唯上的教条主义和盲目迷信,一切从客观实际出发,一

---

① 《毛泽东选集》第1卷,人民出版社1991年版,第110页。
② 《毛泽东选集》第1卷,人民出版社1991年版,第110—111页。
③ 《毛泽东文集》第8卷,人民出版社1999年版,第261页。

切从具体的历史的实际情况出发。客观事物的规律是普遍存在
的,正确反映客观事物规律的科学的理论,对于实践具有重要的
指导作用。中国共产党要领导人民取得革命的成功,就必须坚
持马克思主义普遍真理的指导。若拒斥正确理论的指导,就会
走弯路、犯错误。同时,客观事物又是各各特殊的,普遍的规律
是通过具体事物的存在发展方式、通过具体的特殊的规律表现
出来的。没有脱离具体事物和特殊规律而存在的普遍规律,也
没有不体现事物普遍本质的特殊事物、不受普遍规律制约的特
殊规律。如果我们只懂得矛盾的普遍性,不懂得矛盾的特殊性,
不具体地研究具体的矛盾,这样的认识就是空洞的、抽象的,是
不能解决任何问题的。如果机械地、简单地照抄照搬反映矛盾
普遍性的理论,不将其与具体实际相结合,就会给党和人民的事
业带来严重的危害。具体地分析具体的情况,是马克思主义的
活的灵魂。为了认识具体的事物和具体的矛盾,就必须在马克
思主义基本原理的指导下,通过社会实践和调查研究,了解矛盾
的特殊性质,并找出解决矛盾的具体办法。而一种思想理论、上
级领导机关的指示之是否正确,并不在于是写在书上的,是由上
级领导机关作出和下达的,而在于其正确反映了客观实际,适合
了实践的需要,在实践中得到了检验和证明。而即使对于正确
的理论和上级指示,也要结合具体实际创造性地运用贯彻,不
能机械套用、照本宣科。中国是一个专制统治历史很长的国
度,唯书唯上的思维方式根深蒂固。这种思维方式在党和红
军中也普遍地存在着,严重禁锢着人们的思想,严重地影响着
革命事业。毛泽东说,以为上了书的就是对的,文化落后的中
国农民至今还存着这种心理。不料共产党内讨论问题,也

还有人开口闭口"拿本本来"。上级领导机关的指示只有适合斗争需要才是正确的,决不能盲目执行上级指示,必须将其与主客观情势相结合。"我们说上级领导机关的指示是正确的,决不单是因为它出于'上级领导机关',而是因为它的内容是适合于斗争中客观和主观情势的,是斗争所需要的。不根据实际情况进行讨论和审察,一味盲目执行,这种单纯建立在'上级'观念上的形式主义的态度是很不对的。为什么党的策略路线总是不能深入群众,就是这种形式主义在那里作怪。盲目地表面上完全无异议地执行上级的指示,这不是真正在执行上级的指示,这是反对上级指示或者对上级指示怠工的最妙方法。"①

调查研究是克服唯心主义,克服实际工作中的主观主义特别是教条主义,避免犯"左"的和右的错误,把马克思主义与中国实际结合起来,领导中国革命走向胜利的重要保证。马克思主义理论只有在实践中才能发挥其改造世界的作用,只有在实践中才能证明其真理性、正确性。要把理论与实际、学习与实践紧密结合起来,不仅要学通弄懂,还要笃信践行,否则,这种学习就是空洞的、抽象的。毛泽东指出:"马克思主义的'本本'是要学习的,但是必须同我国的实际情况相结合。我们需要'本本',但是一定要纠正脱离实际情况的本本主义。"②因为只有经过实践,经过调查研究,才能证明马克思主义和上级指示的正确性,"我们说马克思主义是对的,决不是因为马克思这个人是什

---

① 《毛泽东选集》第1卷,人民出版社1991年版,第111页。
② 《毛泽东选集》第1卷,人民出版社1991年版,第111—112页。

么'先哲',而是因为他的理论,在我们的实践中,在我们的斗争中,证明了是对的。我们的斗争需要马克思主义。我们欢迎这个理论,丝毫不存什么'先哲'一类的形式的甚至神秘的念头在里面"①。只有经过实践,经过调查研究,才能制定出正确的战略策略、方针政策。1961年3月23日,毛泽东在广州召开的中央工作会议上的讲话中指出:"正确的策略只能从实践经验中产生,只能来源于调查研究。所谓策略路线是包括很宽的,包括政治路线的。比如,依靠些什么阶级,联合些什么阶级,打倒些什么阶级,就属于策略路线的问题。文章讲到商业资产阶级和流氓无产阶级,对这两个阶级我们的认识始终模糊,就是写文章这个时候,还是模糊的,对他们没有具体的政策,没有正确的政策,因为我们没有做这方面的调查。马克思、恩格斯提出的那些原理原则是经过调查得出的结论。如果没有伦敦图书馆,马克思就写不出《资本论》。列宁的《帝国主义论》,现在印出来是一个薄薄的本子,他研究的原始材料,比这本书不知厚多少倍。列宁的哲学著作《唯物主义和经验批判主义》,是他用好几年时间研究哲学史才写出来的。列宁写这本书是为了批判当时的唯心主义造神派的'经验批判主义'。我那篇文章批评社会科学研究专从书本子里面讨生活是危险的。因为那个时候我们正是失败的时候,一九二七年大革命失败后,一些知识分子倒退了,蜕化了,变到资产阶级方面去了。他们专从书本里讨生活,不到工人、农民、社会中去调查,不到群众中去调查,不在斗争中逐步深入调查研究。没有那些胜利和那些失败,不经过第五次反'围剿'的

---

① 《毛泽东选集》第1卷,人民出版社1991年版,第111页。

失败,不经过万里长征,我那个《中国革命战争的战略问题》小册子也不可能写出来。因为要写这本书,倒是逼着我研究了一下资产阶级的军事学。有人讲我的兵法靠两本书,一本是《三国演义》,一本是《孙子兵法》。《三国演义》我是看过的,《孙子兵法》当时我就没有看过。在遵义会议上,凯丰说:你那些东西,并不见得高明,无非是《三国演义》加《孙子兵法》。我就问他一句:你说《孙子兵法》一共有多少篇?第一篇的题目叫什么?请你讲讲。他答不出来。我说:你也没看过,你怎么晓得我就熟悉《孙子兵法》呢?凯丰他自己也没看过《孙子兵法》,却说我用的是《孙子兵法》。那时打仗,形势那么紧张,谁还管得什么孙子兵法,什么战斗条令,统统都忘记了的。打仗的时候要估计敌我形势,很快作出决策,哪个还去记起那些书呢?你们有些人不是学过四大教程吗?每次打仗都是用四大教程吗?如果那样就完全是教条主义嘛!我不是反对理论,马克思主义的原理原则非有不可,我这篇文章里头也讲了的。要把马克思主义当作工具看待,没有什么神秘,因为它合用,别的工具不合用。资产阶级的唯物主义不合用,只有马克思的唯物主义,就是辩证唯物主义,运用到社会问题上成为历史唯物主义,才合用。马克思创立了许多学说,如党的学说、民族学说、阶级斗争学说、无产阶级专政学说、文学艺术理论等等,也都应当当作合用的工具来看待。"①只有经过实践,经过调查研究,才能克服教条主义。毛泽东说:"教条主义这个东西,只有原理原则,没有具体政策,是不

---

① 《毛泽东文集》第8卷,人民出版社1999年版,第262—264页。

能解决问题的,而没有调查研究,是不能产生正确的具体政策的。"①"怎样纠正这种本本主义?只有向实际情况作调查。"②若"离开实际调查就要产生唯心的阶级估量和唯心的工作指导,那末,它的结果,不是机会主义,便是盲动主义"③。机会主义不相信人民群众的力量,而是倚赖单纯的军事力量。到了斗争的紧要关头,便发生动摇,为了迁就那不可靠的同盟者而离开自己阶级的立场,牺牲自己的政治主张,自己取消批评同盟者的权利,取消无产阶级政党的独立性,只顾拉拢上层的领袖而不惜阻止千百万下层群众的斗争。盲动主义,或脱离群众的觉悟程度,不能正确估量革命和反革命的力量,只凭少数人的英雄气概,就轻举妄动起来,几乎每次斗争都要作暴动的布置,不知群众斗争还没有发展,听着暴动都要害怕,自然就不会来参加,遂使暴动成了少数人的烧杀行动。毛泽东指出,若离开实际调查去估量政治形势,去指导斗争工作,这种空洞的唯心的政治估量和工作指导,一定要弄出错误。因为"这并不是他在行动之前不留心计划,而是他于计划之前不留心了解社会实际情况"④。因此,毛泽东强调说:"必须洗刷唯心精神,防止一切机会主义盲动主义错误出现,才能完成争取群众战胜敌人的任务。必须努力作实际调查,才能洗刷唯心精神。"⑤

调查研究是认识实际情况,正确估量阶级势力,把马克思主

① 《毛泽东文集》第8卷,人民出版社1999年版,第262页。
② 《毛泽东选集》第1卷,人民出版社1991年版,第112页。
③ 《毛泽东选集》第1卷,人民出版社1991年版,第112页。
④ 《毛泽东选集》第1卷,人民出版社1991年版,第112页。
⑤ 《毛泽东选集》第1卷,人民出版社1991年版,第112页。

义与中国实际结合起来,制定和实施正确战略策略的重要途径。调查研究要遵循"考察的客观性"原则,要从对客观的社会实际的调查研究中得出结论,而不是凭主观的想象去猜度社会实际,不能用主观的臆想去虚构社会实际,不能凭先入之见、主观好恶或为了证明某种设想去挑选、剪裁社会实际;要从客观的社会实际的整体性、普遍性联系考察社会实际,要了解、把握社会实际的总体状况、各个方面、各个层次及其内在联系。进行社会调查,不是主观任意地挑选个别事实,抓住一点,不及其余,蜻蜓点水,浅尝辄止,陷于片面性和表面性。而片面性与表面性也是主观性,因为一切客观事物本来是互相联系的和具有内部规律的,若不去如实地反映这些情况,而只是片面地或表面地去看它们,不认识事物的互相联系,不认识事物的内部规律,只见树木不见森林,只看到现象抓不到本质,所以这种方法是主观主义的。列宁在《黑格尔〈逻辑学〉一书摘要》中关于辩证法要素的构想中,第一条就是"考察的客观性(不是实例,不是枝节之论,而是自在之物本身)"①。"在社会现象领域,没有哪种方法比胡乱抽出一些个别事实和玩弄实例更普遍、更站不住脚的了。挑选任何例子是毫不费劲的,但这没有任何意义,或者有纯粹消极的意义,因为问题完全在于,每一个别情况都有其具体的历史环境。如果从事实的整体上、从它们的联系中去掌握事实,那么,事实不仅是'顽强的东西',而且是绝对确凿的证据。如果不是从整体上、不是从联系中去掌握事实,如果事实是零碎的和随意挑出

---

① 《列宁选集》第 2 卷,人民出版社 2012 年版,第 411 页。

来的,那么它们就只能是一种儿戏,或者连儿戏也不如。"①调查
研究要客观、系统、全面,还要积极、能动、自觉。我们不是被动
地接受所有的信息,不是不分主次、漫无目的地接受所有的事
物,而是根据实践的需要,带着要解决的问题,有目的、有针对性
地去调查研究、了解实际。而对于通过调查获得的材料,也不是
不加分析地照单全收,不是把通过调查获得的材料带回来就万
事大吉了,还要对这些材料进行加工制作、分析综合、抽象概括,
把各种事物、现象之内在的本质的联系抽象出来、综合起来,既
从感性直观到抽象思维,又从理论的抽象到理论的具体,获得对
于事物的本质、全体和内在联系的认识,全面地、深刻地把握事
物的规律,获得系统的理论的认识,并以之指导新的实践。毛泽
东在《反对本本主义》中指出,"社会经济调查,是为了得到正确
的阶级估量,接着定出正确的斗争策略"。"作为我们社会经济
调查的对象的是社会的各阶级,而不是各种片断的社会现
象。"②他指出,近来红军第四军的同志们一般都注意调查工作
了,但是很多人的调查方法是错误的。调查的结果就像挂了一
篇狗肉账,像乡下人上街听了许多新奇故事,又像站在高山顶上
观察人民城郭。这种调查用处不大,不能达到我们的主要目的。
我们的主要目的,是要明了社会各阶级的政治经济情况。我们
调查所要得到的结论,是各阶级现在的以及历史的盛衰荣辱的
情况。他举例来说,我们调查农民成分时,不但要知道自耕农、
半自耕农、佃农,这些以租佃关系区别的各种农民的数目有多

---

① 《列宁全集》第 28 卷,人民出版社 2017 年版,第 364 页。
② 《毛泽东选集》第 1 卷,人民出版社 1991 年版,第 113 页。

少,我们尤其要知道富农、中农、贫农,这些以阶级区别阶层区别的各种农民的数目有多少。我们调查商人成分时,不但要知道粮食业、衣服业、药材业等行业的人数各有多少,尤其要调查小商人、中等商人、大商人各有多少。我们不仅要调查各业的情况,尤其要调查各业内部的阶级情况。我们不仅要调查各业之间的相互关系,尤其要调查各阶级之间的相互关系。"我们调查工作的主要方法是解剖各种社会阶级,我们的终极目的是要明了各种阶级的相互关系,得到正确的阶级估量,然后定出我们正确的斗争策略,确定哪些阶级是革命斗争的主力,哪些阶级是我们应当争取的同盟者,哪些阶级是要打倒的。我们的目的完全在这里。"①而在调查时,要注意的社会阶级有:工业无产阶级,手工业工人,雇农,贫农,城市贫民,游民,手工业者,小商人,中农,富农,地主阶级,商业资产阶级,工业资产阶级。这些阶级或阶层的状况都是我们调查时要注意的。在我们暂时的工作区域中所没有的,只是工业无产阶级和工业资产阶级,其余都是经常碰见的。我们的斗争策略就是对这许多阶级阶层的策略。调查研究要与时偕行,以适应革命斗争实践的需要。"我们从前的调查还有一个极大的缺点,就是偏于农村而不注意城市,以致许多同志对城市贫民和商业资产阶级这二者的策略始终模糊。斗争的发展使我们离开山头跑向平地了,我们的身子早已下山了,但是我们的思想依然还在山上。我们要了解农村,也要了解城市,否则将不能适应革命斗争的需要。"②

---

① 《毛泽东选集》第 1 卷,人民出版社 1991 年版,第 113—114 页。
② 《毛泽东选集》第 1 卷,人民出版社 1991 年版,第 114—115 页。

二、中国革命斗争的胜利要靠
中国同志了解中国情况

"中国革命斗争的胜利要靠中国同志了解中国情况"①,是
《反对本本主义》第六节的标题。这个论断鲜明地提出了一个
重大的理论问题和实践问题。中国共产党要引导中国革命走向
胜利,是照抄照搬马克思主义的本本、共产国际的指示、别国革
命的经验,还是深入了解中国情况,从对中国社会实际和革命实
际的深入的调查研究中开辟中国革命的独特道路? 是一切服从
共产国际的决定、听从共产国际的指示,完全按照共产国际代替
起草的决议、指示办事,还是按照中国的实际情况决定自己的路
线、方针、政策? 能否正确理解和解决这个重大的原则问题,关
系到能否正确地制定和实施中国革命的战略策略,关系到中国
革命的兴衰成败。

1928 年,共产国际通过了关于中国问题的决议案,正确指
出中国现阶段的革命仍然是资产阶级民权革命,当时的革命形
势处于两个革命高潮中间。这个决议案指导党的六大做出了中
国革命性质和中国革命形势的正确判断。但共产国际代表罗明
纳兹关于中国革命性质的判断和"无间断革命"的观点,却对
1927 年 11 月中共中央政治局扩大会议做出的"左"倾盲动决
议,对于后来出现的李立三的冒险主义、王明的教条主义错误,
有严重的影响。当时,中国共产党是共产国际的一个支部,共产

---

① 《毛泽东选集》第 1 卷,人民出版社 1991 年版,第 115 页。

国际的指示对于中国共产党是有约束力的。对于共产国际正确的指示,必须结合中国实际来贯彻;对于错误的指示,就不能盲目地执行。毛泽东提出"中国革命斗争的胜利要靠中国同志了解中国情况",是中国共产党独立自主的主体意识的觉醒与鲜明表现,是中国共产党按照马克思主义基本理论和原则探索中国革命独特道路,根据中国情况决定党的路线、战略、策略的自我担当精神的明确表达。

坚持独立自主,是我们党处理马克思主义基本原理同中国实际的关系以及党际关系和国际关系的一个基本原则。毫无疑问,马克思主义对于中国革命和建设具有重要的指导意义,但它毕竟是一些基本的原则,没有提供解决中国革命和建设问题的具体答案。苏联共产党、共产国际对于中国共产党的建立和发展、对于中国革命,也曾作过一些正确的指导。共产国际的帮助和指示,对于中国革命的发展发挥了重要作用。但他们的指导和指示,并非都是正确的。即使是正确的东西,也要结合中国的国情来实行。因此,毛泽东指出,马克思主义的本本是要学习的,但是必须同中国的实际情况相结合;我们需要本本,但是一定要反对脱离实际的本本主义。并且指出,中国革命斗争的胜利要靠中国同志了解中国情况。中国的实际要靠中国的同志来认识,中国的事情要靠中国的同志根据中国国情实际和革命实际来抉择和处理。中国革命的胜利,就是我们党把马克思主义基本原理同中国实际相结合、主要依靠自己的力量取得的。

要制定和实施正确的政治路线和战略策略,必须坚持正确的思想路线,深入调查研究,弄清中国国情。毛泽东在《反对本本主义》中指出:"我们的斗争目的是要从民权主义转变到社会主义。我们的任务第一步是,争取工人阶级的大多数,发动农民群众和城市贫民,打倒地主阶级,打倒帝国主义,打倒国民党政权,完成民权主义革命。由这种斗争的发展,跟着就要执行社会主义革命的任务。这些伟大的革命任务的完成不是简单容易的,它全靠无产阶级政党的斗争策略的正确和坚决。倘若无产阶级政党的斗争策略是错误的,或者是动摇犹豫的,那末,革命就非走向暂时的失败不可。"而"无产阶级要取得胜利,就完全要靠他的政党——共产党的斗争策略的正确和坚决"①。毛泽东在这里讲的斗争策略,包括了政治路线和方针政策、战略与策略等方面的内涵,他于 1961 年 3 月 23 日在广州召开的中央工作会议上的讲话中说:"正确的策略只能从实践经验中产生,只能来源于调查研究。所谓策略路线是包括很宽的,包括政治路线的。比如,依靠些什么阶级,联合些什么阶级,打倒些什么阶级,就属于策略路线的问题。"②中国共产党既有最高纲领,也有在各个历史时期的最低纲领即基本纲领,是最高纲领和最低纲领的统一论者。我们党的最高纲领、最高理想是实现共产主义;而在不同历史时期,我们党所面临的形势和主要任务是不同的,因而又制定和贯彻执行最低纲领或基本纲领。中国共产党坚持把马克思主义基本原理与中国国情实际和革命实际结合起来,致力于把握各个历史时期革命的目标、任务、对象以及依靠力量、同盟军等问题,确定党的基本纲领,并为实现基本纲领而制定和实施正确的路线方针政策、战略策略。在党的路线系统中,

---

① 《毛泽东选集》第 1 卷,人民出版社 1991 年版,第 115 页。
② 《毛泽东文集》第 8 卷,人民出版社 1999 年版,第 262 页。

政治路线是根本,关乎党的目标方向与道路选择;思想路线是基础,关乎党的世界观方法论。思想路线是确定政治路线的基础,没有正确的思想路线,不解放思想、实事求是、调查研究、把握实际,就不能制定和贯彻正确的政治路线。实事求是,是马克思主义的根本观点,是中国共产党人认识世界、改造世界的根本要求,是我们党的基本思想方法和工作方法。要正确地制定和坚持党的政治路线,必须牢固树立和贯彻党的马克思主义的思想路线,坚持一切从实际出发,理论联系实际,实事求是,在实践中检验真理和发展真理。什么时候坚持实事求是,党就能够形成、制定和贯彻符合客观实际、体现发展规律、顺应人民意愿的正确的路线方针政策,党和人民的事业就能够不断取得胜利;反之,若离开了实事求是,党和人民的事业就会受到损失甚至严重挫折。

党的正确的政治路线从何而来? 毛泽东指出,要从党领导的群众斗争实践中来,从科学总结群众斗争实践经验中来;而不是从头脑中凭空想象中来,从少数人主观臆想中来,从马克思主义的本本、共产国际的指示中照搬照抄而来。即使是正确的理论、指示、决议、决定,也要从与中国实际和中国实践的密切结合中来,从理论与实际统一的创造性的实践中来。毛泽东批评因循守旧、安于现状的保守思想,不求甚解、空洞乐观的盲目自信,以及尸位素餐、慵懒不为的官僚习气,强调要密切了解社会实际,不断进行社会调查,第一次鲜明提出了"共产党人从斗争中创造新局面的思想路线"的命题。他说:"共产党的正确而不动摇的斗争策略,决不是少数人坐在房子里能够产生的,它是要在群众的斗争过程中才能产生的,这就是说要在实际经验中才能产生。因此,我们需要时时了解社会情况,时时进行实际调查。那些具有一成不变的保守的形式的空洞乐观的头脑的同志们,以为现在的斗争策略已经是再好没有了,党的第六次全国代表大会的'本本'保障了永久的胜利,只要遵守既定办法就无往而不胜利。这些想法是完全错误的,完全不是共产党人从斗争中创造新局面的思想路线,完全是一种保守路线。这种保守路线如不根本丢掉,将会给革命造成很大损失,也会害了这些同志自己。红军中显然有一部分同志是安于现状,不求甚解,空洞乐观,提倡所谓'无产阶级就是这样'的错误思想,饱食终日,坐在机关里面打瞌睡,从不肯伸只脚到社会群众中去调查调查。对人讲话一向是那几句老生常谈,使人厌听。"[①]他大声疾呼,要"速速改变保守思想!换取共产党人的进步的斗争思想!到斗争中去!到群众中作实际调查去!"[②]

毛泽东在文中所说的党的六大的"本本",是指党的六大通过的各项决议案。1929年初,红四军前敌委员会曾将这些决议案汇集印发红军和地方的党组织。1927年大革命失败后,中国共产党开始走上独立领导中国革命的道路。对于中国社会的性质以及中国革命的性质、对象、动力、前途等重大问题,迫切需要召开一次党的全国代表大会加以解决。1928年6月18日至7月11日,中国共产党第六次全国代表大会在莫斯科近郊兹维尼果罗德镇召开。瞿秋白代表第五届中央委员会作了《中国革命与共产党》的政治报告,周恩来作了组织报告和军事报告,李立三作了农民问题报告,向忠发作了职工运动报告,共产国际代表

[①] 《毛泽东选集》第1卷,人民出版社1991年版,第115—116页。

[②] 《毛泽东选集》第1卷,人民出版社1991年版,第116页。

布哈林作了《中国革命与中国共产党的任务》的报告。大会通过了关于政治、军事、组织、苏维埃政权、农民、土地、职工、宣传、民族、妇女、青年团等问题的决议以及经过修改的《中国共产党党章》。1928 年 11 月 11 日,中国共产党中央执行委员会又发表了《告全体同志书》,将党的六大的基本精神通告全党。党的六大通过的《政治决议案》,分析了中国革命与世界革命的关系,指出当时的世界革命形势是工人阶级的向左化和革命化,东方殖民地千百万群众起来参加进攻帝国主义的斗争,苏联更加成为摇动资本主义稳定的强大动力,更加成为各国工人运动和世界被压迫民族的革命中心。在这种形势下,重新要有工人阶级公开的决定胜负的发动,要有殖民地的武装起义。中国革命是总的世界革命过程中主要的组成部分之一。中国革命现阶段的性质是资产阶级民主革命,若认为中国革命目前阶段已转变到社会主义性质的革命,或认为中国现时革命为"不断革命",都是不对的。因为国家真正的统一并未完成,中国并没有从帝国主义铁蹄下解放出来;地主阶级私有土地制度并没有推翻,一切半封建余孽并没有肃清;现在的政权是地主、军阀、买办、民族资产阶级的国家政权,这一反动联盟依靠着国际帝国主义之政治的经济的威力。中国革命当前的目标是要解决这些问题,其中心任务是:驱逐帝国主义者,达到中国的真正统一;彻底的平民式的推翻地主阶级私有土地制度,实行土地革命;建立工农兵代表会议(苏维埃)的政权。中国革命现阶段的口号是:推翻帝国主义的统治;没收外国资本的企业和银行;统一中国,承认民族自决权;推翻军阀国民党的政府;建立工农兵代表会议(苏维埃)政府;实行八小时工作制,增加工资、失业救济与社会保险

等;没收地主阶级的一切土地,耕地归农;改善兵士生活,发给兵
士土地和工作;取消一切政府军阀地方的税捐,实行统一的累进
税;联合世界无产阶级和苏联。中国革命的动力已经只有无产
阶级和农民,而且无产阶级的领导权又能在资产阶级民主革命
阶段之中就建立起来,所以,这就可以开辟中国革命将来发展的
道路,使它有非资本主义的前途,抑或是社会主义的前途。在中
国革命的形势与中国共产党的总路线问题上,党的六大指出,工
农运动的第一浪潮已经完结,工农遭受着极严重的失败,工会、
农民协会、共产党党部等革命组织遭受着极大的摧残,最好的干
部遭受屠杀,工农的先锋遭受很大的损伤。现时的形势,一般说
来是没有广泛的群众的革命高潮,中国革命运动发展的速度是
不平衡的。农民的游击战争此起彼落地向前发展,并且还只在
散漫不集中的状态中;军阀军队崩溃的形势已经开始显露;同
时,城市的工人运动却有受着重大挫折的现象,工人阶级的战斗
力削弱,因为他比其他革命势力所受着的地主豪绅资产阶级的
打击最重。因为中国革命失败,工农武装起义被镇压下去,民族
资产阶级背叛民族解放的革命,所以帝国主义在中国的势力比
1925—1927年巩固了些、加强了些。资产阶级转到反动营垒,
使反革命的力量大加团结,加强了帝国主义的势力以及军阀地
主等的势力,因此也就对于工人阶级能够加以严重的打击。虽
然反动营垒之中有很多很多的矛盾,比如资产阶级与地主之间
的矛盾、资产阶级与帝国主义之间的矛盾、地主阶级的各派各系
之间的矛盾等等,这种矛盾往往弄到武装冲突和军阀的混战,然
而帝国主义、豪绅地主、资产阶级以及民族资产阶级遇到中国劳
动群众革命斗争的爆发,便结合联合战线来压迫。尽管如此,但

仍有许多根据决定着新的广大的革命高潮是不可避免的。新革命高潮之最初的薄弱的征象已经可以看见,经济斗争的群众罢工已经有复兴的现象,工人群众对于国民党的幻想迅速消灭,自动地从下层组织起来,这都表示工人阶级觉悟的深入。反帝国主义运动又在生长,不但激起工人群众,并且还有一部分革命的城市小资产阶级起来参加。至于农民斗争,则至今保存的苏维埃政权的根据地(南方各省)及其少数工农革命军,更要成为这一新的高潮的重要成分。六大同时认为,不可过分估量上述现象,因为即使这些现象综合起来,也还不能形成真正的高潮;参加这些斗争的群众数量还是不够,城市工人阶级还没有能战胜当前的挫折现象。反动统治在各区域巩固的程度不平衡,因此在总的新高潮之下,可以使革命先在一省或数省重要省区之内胜利。在目前没有革命高潮的条件下,这种胜利没有可能实现,然而这种前途是可能的。将来的新的高潮,更加要使党将准备武装起义以至实行武装起义认作当前的实际任务。这是完成资产阶级民主革命,推翻帝国主义地主资产阶级国民党政权的唯一出路。现在,第一个革命浪潮已经因为历次失败而过去了,而新的浪潮还没有来到,反革命势力还超过工农,党的总路线是争取群众,党要用一切力量去加紧团结收集统一无产阶级的群众,做极巨大的组织工作,以巩固革命工会、农民协会,尽可能地领导日常经济政治斗争,以发展工农群众组织。争取群众的任务就是准备武装起义的任务,因为执行这些任务就是新的革命高潮的必要前提,也就是将武装起义的宣传口号变成直接实际行动的口号之可能的前提。党在党内工作方面的主要任务,就是加强自己的战斗力及党的无产阶级化;在党与工人阶级的关系及职工运动方面的主要任务,是争取工人阶级的大多数,使他们自己积极地赞助阶级的先锋队共产党,信仰共产党,而且自觉地接受党的指导;党在农民运动中的主要任务,是没收地主阶级的土地交由农民代表会议(苏维埃)处理,赞助农民的游击战争,建立工农革命军,加紧注意农民的群众组织,赞助并领导农民群众的部分要求;党在苏区的任务,是发展苏维埃的根据地,最大限度地发展正式的工农革命军红军;彻底实行土地纲领,建立苏维埃政权机关并引进广大群众参加管理政事,坚决肃清反革命的阴谋并彻底扫除统治阶级政治上经济上的权力,保存商业的货物交易,最大限度地保障与邻近城市及工人运动的联络,当苏维埃政权能扩大到城市中心的时候,要彻底改良工人阶级的生活状况。

党的六大总结大革命失败以来的经验教训,分析国际国内形势,对于中国社会的性质和中国革命的性质、革命形势和党的任务等关系中国革命的若干重大问题作出了基本正确的回答。在中国社会和革命的性质问题上,六大指出现阶段的中国仍然是半殖民地半封建社会,引起中国革命的基本矛盾一个也没有解决,现阶段的中国革命依然是资产阶级性质的民主主义革命;在革命形势和党的任务问题上,明确指出革命处于低潮,党的总路线是争取群众,党的中心工作不是千方百计地组织暴动,而是做艰苦的群众工作,积蓄革命力量,为迎接新的革命高潮做准备。六大对于统一全党思想,克服机会主义和盲动主义,实现党的工作的转变,发挥了积极的作用。但由于历史与认识的局限,六大对于中国革命的特点、中国革命的中心问题、中国革命的敌人、党的工作重心等问题的认识不足,而这些认识是需要在新的实践中不断深化、发展、完善的,幻想六大能解决中国革命的一切问题,可以一劳永逸地保证中国革命的胜利,是不切实际的。

三、做好调查研究工作要有正确的 态度和科学的方法

毛泽东在《反对本本主义》中讲了调查研究的技术,在《〈农村调查〉的序言和跋》(1937 年 10 月 6 日,1941 年 3 月、4 月)以及《关于农村调查》(1941 年 9 月 13 日)中,又进一步阐述了调查研究的原则与方法。

(一) 关于调查研究的原则

调查研究,要遵循和坚持客观性原则。调查研究,是为了认清客观事物、实际情况的历史与现状、过程和阶段、本质和规律,找到解决矛盾和问题的办法,制定正确的战略策略。客观事物的规律、客观存在的条件,规定了实践的广度、深度、可能和范围,作为主体的人要充分发挥主体能动性,自觉认识和实践,把客观事物的规律、客观存在的条件所形成的事物发展变化的可能性变为现实性。没有主体能动性的发挥,我们要正确地认识世界和改造世界,都是不可能的。但人的主体能动性的发挥是以客观事物的规律和内在联系,以客观实际和客观条件为基础和前提的。因而,要制定正确的战略策略、取得实践的成功、达到预期的目的,必须尊重客观规律和客观条件,一切从实际出发,一切以时间、地点、条件为转移。为此,就要深入实际调查研究,使主观与客观相符合、理论与实际相统一。我们在调查研究

中，要客观地、全面地、深入地把握事物的本质和规律、内部联系和外部联系、发展进程与发展趋势，把握客观条件和主体条件，总之，把握与所从事的实践相关的一切方面及其关系，从对客观实际的深入了解中得出结论，而不能把主观臆断、主观想象的东西当作现实的东西，不能带着先入之见、既成意见去随意拼凑材料、剪裁事实，不能用良好愿望、主观意志去盲目地制定政策、指导实践。否则，就要犯主观主义和唯意志论的错误。毛泽东在《〈农村调查〉的序言和跋》中说："现在我们很多同志，还保存着一种粗枝大叶、不求甚解的作风，甚至全然不了解下情，却在那里担负指导工作，这是异常危险的现象。对于中国各个社会阶级的实际情况，没有真正具体的了解，真正好的领导是不会有的。""要了解情况，唯一的方法是向社会作调查，调查社会各阶级的生动情况。对于担负指导工作的人来说，有计划地抓住几个城市、几个乡村，用马克思主义的基本观点，即阶级分析的方法，作几次周密的调查，乃是了解情况的最基本的方法。只有这样，才能使我们具有对中国社会问题的最基础的知识。"①

调查研究，要遵循和坚持长期性原则。列宁说："认识是人对自然界的反映。但是，这并不是简单的、直接的、完整的反映，而是一系列的抽象过程，即概念、规律等等的构成、形成过程。这些概念和规律等等……有条件地近似地把握永恒运动着和发展着的自然界的普遍规律性。……人不能完全地把握 = 反映 = 描绘整个自然界，它的'直接的总体'，人只能通过创立抽象、概

---

① 《毛泽东选集》第3卷，人民出版社1991年版，第789页。

念、规律、科学的世界图景等等永远地接近于这一点。"①"认识是思维对客体的永远的、无止境的接近。自然界在人的思想中的反映,要理解为不是'僵死的',不是'抽象的',不是没有运动的,不是没有矛盾的,而是处在运动的永恒过程中,处在矛盾的发生和解决的永恒过程中。"②这就是说,无论是客观事物,还是人的认识,都是一个发展过程。客观事物发展过程是总体性与具体性的统一,人类实践是历史性与绵延性的统一,人的思维是至上性与非至上性的统一。按照人类实践的本性和思维的本性,是可以在历代相续的总体性实践中暴露客观事物的本质和规律,认识和把握客观事物发展过程及其规律的。但客观事物总的发展过程是由各个具体过程构成的,人类的总体性实践是由各个历史时期的具体实践构成的,人类思维的至上性是由非常不至上的各个历史时期的具体思维构成的,人类对于客观事物发展过程及其规律的认识是通过对于各个具体过程的认识实现的。客观世界是充满矛盾和斗争的发展过程,作为客观世界之反映的人的认识也是一个充满矛盾和斗争的发展过程。认识客观事物的规律和以对于客观事物规律的认识为指导进行变革现实事物的实践,认识世界和改造世界,都是一个不断深化的过程。只有在长期的认识和实践中,我们才能比较彻底地、比较完全地认识世界,才能比较正确地、比较有效地改造世界。当客观世界的发展过程进入了新的阶段,出现了新矛盾、新特点、新情况、新问题,人们就必须更新思想观念,反映新的实际,形成新的

---

① 《列宁全集》第 55 卷,人民出版社 2017 年版,第 152—153 页。
② 《列宁全集》第 55 卷,人民出版社 2017 年版,第 165 页。

理论,指导新的实践。客观世界的运动、变化、发展永无终结,人类在实践中对于客观世界的认识也永无终结。与客观事物运动、变化、发展的无限性以及人类认识和实践的无限性相适应,调查研究也是长期的,不能一蹴而就、浅尝辄止,不能一次完成、一劳永逸,不能一曝十寒、半途而废。毛泽东在《关于农村调查》中指出,"情况是逐渐了解的,需要继续不断的努力"。"认识世界,不是一件容易的事。马克思、恩格斯努力终生,作了许多调查研究工作,才完成了科学的共产主义"。"中国革命也需要作调查研究工作,首先就要了解中国是个什么东西(中国的过去、现在及将来)。可惜很多同志常是主观主义,自以为是,完全不重视调查研究工作。""我们是信奉科学的,不相信神学。所以,我们的调查工作要面向下层,而不是幻想。同时,我们又相信事物是运动的,变化着的,进步着的。因此,我们的调查,也是长期的。今天需要我们调查,将来我们的儿子、孙子,也要作调查,然后,才能不断地认识新的事物,获得新的知识。"①

调查研究,要遵循和坚持经常性原则。客观事物不断发展变化,社会实践不断深化前进。在不断前进的实践中,会经常出现、发生、面对新的矛盾和问题,我们的调查研究要常抓不懈,逐步推进,细致耐心,久久为功,以认清事物的真相,使我们的战略策略奠基于对事物的本质、规律性认识之上。毛泽东指出:"我们的调查工作,是要有耐心地、有步骤地去作,不要性急。我自己认识农村,就是经过好几年的工夫的。"②毛泽东号召不断努

---

① 《毛泽东文集》第 2 卷,人民出版社 1993 年版,第 378 页。
② 《毛泽东文集》第 2 卷,人民出版社 1993 年版,第 378 页。

力、脚踏实地,经常、耐心、细致地进行调查研究,以获得很多的
成绩。

(二) 关于调查研究的态度

调查研究,要秉持平等待人、虚心求教的态度。调查研究,
就是向实践做调查,向群众做调查,在获得丰富材料的基础上进
行加工制作、分析综合、抽象概括,弄清事情的原委、真相,获得
对于事物本质和规律的认识。在实践面前,在群众面前,调查者
要谦逊恭谨,平等待人,放下身段,虚心求教,不耻下问,甘做实
践的学生、群众的学生。而只有首先做好群众的学生,才能做群
众的先生,以正确的纲领策略引导群众前进。毛泽东在《〈农村
调查〉的序言和跋》中说,要领导好中国革命,必须对于中国各
个社会阶级的实际情况有真正具体的了解。而"要了解情况,
唯一的方法是向社会作调查,调查社会各阶级的生动情况。对
于担负指导工作的人来说,有计划地抓住几个城市、几个乡村,
用马克思主义的基本观点,即阶级分析的方法,作几次周密的调
查,乃是了解情况的最基本的方法。只有这样,才能使我们具有
对中国社会问题的最基础的知识"[1]。在调查研究中,必须"眼
睛向下,不要只是昂首望天。没有眼睛向下的兴趣和决心,是一
辈子也不会真正懂得中国的事情的"[2]。要面向基层,面向实
践,面向群众,从中国社会、中国革命、群众实践、群众经验、群众
智慧中获得材料、知识与启示。在调查研究中,特别在与群众、

---

[1] 《毛泽东选集》第3卷,人民出版社1991年版,第789页。
[2] 《毛泽东选集》第3卷,人民出版社1991年版,第789—790页。

与调查对象的接触、交流、讨论中，要把他们当先生，诚恳相待，虚心求教。毛泽东在回忆土地革命战争时的调查研究时说："我在湖南五县调查和井冈山两县调查，找的是各县中级负责干部；寻乌调查找的是一部分中级干部，一部分下级干部，一个穷秀才，一个破产了的商会会长，一个在知县衙门管钱粮的已经失了业的小官吏。他们都给了我很多闻所未闻的知识。使我第一次懂得中国监狱全部腐败情形的，是在湖南衡山县作调查时该县的一个小狱吏。兴国调查和长冈、才溪两乡调查，找的是乡级工作同志和普通农民。这些干部、农民、秀才、狱吏、商人和钱粮师爷，就是我的可敬爱的先生，我给他们当学生是必须恭谨勤劳和采取同志态度的，否则他们就不理我，知而不言，言而不尽。……没有满腔的热忱，没有眼睛向下的决心，没有求知的渴望，没有放下臭架子、甘当小学生的精神，是一定不能做，也一定做不好的。必须明白：群众是真正的英雄，而我们自己则往往是幼稚可笑的，不了解这一点，就不能得到起码的知识。"①毛泽东在《关于农村调查》中说："怎样使对方说真话？各个人特点不同，因此，要采取的方法也各不相同。但是，主要的一点是要和群众做朋友，而不是去做侦探，使人家讨厌。群众不讲真话，是因为他们不知道你的来意究竟是否于他们有利。要在谈话过程中和做朋友的过程中，给他们一些时间摸索你的心，逐渐地让他们能够了解你的真意，把你当做好朋友看，然后才能调查出真情况来。群众不讲真话，不怪群众，只怪自己。"②

---

① 《毛泽东选集》第3卷，人民出版社1991年版，第790页。
② 《毛泽东文集》第2卷，人民出版社1993年版，第383页。

（三）关于调查研究的方法与技术

毛泽东在《反对本本主义》《〈农村调查〉的序言和跋》《关于农村调查》中,对于对立统一(矛盾分析的方法、分析与综合相结合的方法)、阶级斗争、全面与重点相结合等基本方法以及如何开好调查会、如何找调查典型等具体方法做了论述和说明。

1. 坚持矛盾分析的方法。矛盾是普遍存在的,矛盾是事物发展的动力源泉。世界充满矛盾,没有矛盾就没有世界,没有矛盾就没有发展。同时,矛盾又是各各特殊的,我们要承认矛盾,分析矛盾,把握矛盾的特点,有针对性地找出解决矛盾的办法。我们不仅要从总体上观察、了解、把握矛盾的大体情况,还要深入分析矛盾各个方面的特点以及矛盾各个方面的关系,尤其要认识和把握矛盾各个方面的本质特点和内在联系;不仅要认识和把握事物矛盾各方相互对立、相互排斥、相互否定的斗争性,还要认识和把握事物各方相互依存、相互贯通、相互渗透、相互转化的统一性;不仅要认识和研究矛盾的各个方面,还要认识和研究矛盾各方组成的统一体,将对于事物矛盾的认识从大体的、笼统的、感性的了解上升到深入的、具体的、抽象的、理性的了解,并将对于事物矛盾各个方面、各个层面的抽象的认识进一步上升到、整合为更高水平的总体性的、理论的具体的认识,从而以理论的具体的形式把握事物矛盾的总体,把握事物的本质和规律。客观事物矛盾各方的统一性与斗争性、矛盾各方的性质及其相互联结,反映在认识方法、思维方式上,就是对立统一的方法;具体反映在认识社会的阶级矛盾及其斗争问题上,就是阶级斗争的方法。而无论是研究自然界的矛盾体,还是研究社会历史中的矛盾体,则要具体运用分析和综合相结合的方法。所谓分析,就是研究作为认识对象的客观事物的整体中各个部分、方面、要素的性质(质的规定性)、数量(量的规定性)、关系(如原因与结果、结构与功能),综合则是将对于客观事物各个部分、方面、要素的质与量的规定性及其关系的认识联结起来,形成对于客观事物的整体性认识。综合作为与分析在致思方向上相反的一种思维活动,并不是把各个部分、方面、要素机械地杂凑在一起,也不是将各个部分、方面、要素按照主观的愿望、意志随心所欲地安排摆布,而是根据客观事物的各个方面、部分、要素的客观的、内在的联系将其有机地结合为一个统一的整体。这种综合是唯物而辩证的综合,是作为人们认识和实践对象的客观事物的整体性在人的思维中的再现、反映,是人们对外部事物的客观的整体性的观念把握。恩格斯说:"思维,如果它不做蠢事的话,只能把这样一些意识的要素综合为一个统一体,在这些意识的要素中或者在它们的现实原型中,这个统一体以前就已经存在了。如果我把鞋刷子综合在哺乳动物的统一体中,那它决不会因此就长出乳腺来。"①分析与综合是认识、思维的两种重要方法,"思维既把相互联系的要素联合为一个统一体,同样也把意识的对象分解为它们的要素"②。分析与综合是相互依赖、相互转化的。综合离不开分析,分析是综合的基础,为了综合必须分析。若对于客观事物缺乏全面深刻的分析,就不能进行正确的综合;分析离不开综合,没有综合也没有正确的分

---

① 《马克思恩格斯选集》第 3 卷,人民出版社 2012 年版,第 417 页。
② 《马克思恩格斯选集》第 3 卷,人民出版社 2012 年版,第 417 页。

析。分析是对于整体中各个部分、方面、要素的分析,而这些部分、方面、要素是整体、系统的部分、方面、要素,是与整体、系统紧密相连的,只有在整体、系统中才能获得自己的性质、规定。如果没有对于作为认识对象的客观事物的大体的总体性的观察、了解,我们就无从把握这些部分、方面、要素的质与量的规定性及其关系。因而在分析中,要有整体观念、系统思想,以整体性、系统性的眼光、思维来审视、研究、分析部分、方面、要素的属性、特点及其相互关系。进一步说,分析是为了综合,只有在分析的基础上揭示各个部分、方面、要素的内在联系,通过综合把握作为认识对象的客观事物的整体,才能全面地、深刻地、正确地认识客观事物的统一体,为现实的社会实践提供理论的指导。如果说分析是综合的基础,那么,综合就是分析的完成,分析和综合相结合,构成了一个完整的科学的思维方法。而分析和综合的过程,也是一个在实践的基础上从感性的具体到理性的抽象、又从理性的抽象到理性的具体的过程。

毛泽东在《关于农村调查》中指出:"对立统一,阶级斗争,是我们办事的两个出发点。当我们观察一件事物时,第一步的观察只能看到这件事物的大体轮廓,形成一般概念。好比一个初来延安的人,开始他对延安的认识只是一般的、笼统的。可是当他参观了抗大、女大以及延安的各机关学校之后,他采取了第二个步骤,用分析方法把延安的各部分有秩序地加以细细的研究和分析。然后第三步再用综合法把对各部分的分析加以综合,得出整体的延安。这时认识的延安就与初来时认识的延安不同,他开始看见的是整个的延安,现在看见的也是整个的延安,但与开始的了解不同了,现在他对延安就有了科学的认识和具体的了解。观察一个农村,也同样是如此。"①他还举例说,马克思的《资本论》就是用这种方法来写成的,先分析资本主义社会的各部分,然后加以综合,得出资本主义运动的规律来。而分析与综合并非截然分开的,而是分析而又综合,综合而又分析。"应该是分析而又综合,就是在第二步骤的分析中,也有小的综合。古人说:文章之道,有开有合。这个说法是对的。苏东坡用'八面受敌'法研究历史,用'八面受敌'法研究宋朝,也是对的。今天我们研究中国社会,也要用个'四面受敌'法,把它分成政治的、经济的、文化的、军事的四个部分来研究,得出中国革命的结论。"②如果观察问题走马看花,各样都弄一点,这只是空耗时间,将会一事无成。"所以,我们一定要把握住这方面的观点,这种观点,就是对立统一和阶级斗争。……分析法和综合法,就是用这观点。假如同志们把这观点用去分析农村,你就可以知道农村有些什么阶级,它们主要的特点是什么,以及它们彼此的关系怎样。同志们给我的问题中,有问到什么是富农。我以为地主是以收租为主;富农是以雇工为主,自己参加劳动;中农是以不出卖劳动力为主,经营自己的土地;贫农是一定要出卖劳动力,靠自己的土地不够生活;雇农完全出卖劳动力,没有土地。当然,这是指它们的主要标志。""这样分析了农村中的各个阶级、阶层及其生活概况,然后才能对农村有正确的全面的了解。"③而运用分析与综合相结合的方法,要坚持观察问题、思考问题、解决问题的客观性,发现客观事物的各个部分、各种要素

① 《毛泽东文集》第 2 卷,人民出版社 1993 年版,第 380 页。
② 《毛泽东文集》第 2 卷,人民出版社 1993 年版,第 380—381 页。
③ 《毛泽东文集》第 2 卷,人民出版社 1993 年版,第 381 页。

之间以及整体与部分之间、系统与要素之间、结构与功能之间真实的联系,发现客观事物矛盾各方真实的对立统一关系,只有这样,才能如实地反映客观实在,发现客观规律,以指导现实的实践。若离开客观实在,凭空想象臆造,虚构客观事物的联系,虚构客观事物的矛盾,这种脱离客观事物实际的虚构,不仅对于实践没有用处,甚至会严重误导实践,产生严重的后果。运用分析和综合相结合的方法,必须立足现实的社会实践,在实践基础上发现客观事物的内在联系以及整体与部分、系统与要素、结构与功能的关系。思维中的分析与综合,离不开客观事实,离不开社会实践。人们在世世代代千百万次的实践中形成的实践方式、实践规律、实践程序内化到人的头脑、人的思维中,就形成了思维的方式、方法,成为人们在认识中、在思维中所遵循的规则、定律。而人们运用这些方式方法、规则定律认识客观事物,也不能脱离实践、脱离现实凭空想象,做从概念到概念、从范畴到范畴、从主观到主观的推导,而是要在实践中发现事物新的属性、新的联系,产生和积累新的经验,并运用和遵循思维的方式方法、规则程序,发现这些属性、联系中的本质属性、内在联系。若脱离实践,就不能产生新的认识;从根本上说,人的认识、思维的方式方法、规则定律都不能产生。毛泽东强调说:"我们要用钻研的方法来分析客观,分析阶级。对实际问题不应当熟视无睹,应当捣毁'牛皮公司',应当经过自己头脑深思熟虑,应当把理论与实践结合起来。"①"我们应当从实践中找出事物运动的规律来,产生新的理论。如中国抗战的持久性,长期性,就是

---

① 《毛泽东文集》第 2 卷,人民出版社 1993 年版,第 381 页。

抗战的规律。今天同志们下乡去调查,就应该以这种观点和方法指导自己的实践,另方面又从实践中不断地充实自己的理论。"①

2. 坚持全面与重点相结合的方法。马克思主义教导我们要全面地看问题,把握矛盾系统中的各种矛盾、矛盾中的各个方面,把握系统整体中的各个方面、部分、要素,把握事物、过程、矛盾之间,每一个矛盾的各个方面之间以及系统整体中各个部分之间的联系,不可抓住一点不及其余,陷于形而上学的片面性;同时,也是更重要的,要突出重点,在多种矛盾中抓住主要矛盾,在一个具体的矛盾中抓住矛盾的主要方面,在系统整体的各个部分和整个过程中抓住主要部分和重要环节,抓住事物的本质、主流、规律、趋势、重点、关键,以确定主要任务、中心工作、重点战略、核心动力。毛泽东指出:要"详细地占有材料,抓住要点。材料是要搜集得愈多愈好,但一定要抓住要点或特点(矛盾的主导方面)。马克思研究资本主义,列宁研究帝国主义,都是收集了很多统计和材料,但并不是全部采取,而只是采取最能表现特点的一部分"。"没有调查,就没有发言权。但就有同志要问:'十样事物,我调查了九样,只有一样没有调查,有没有发言权?'我以为如果你调查的九样都是一些次要的东西,把主要的东西都丢掉了,那末,仍旧是没有发言权。"②需要指出的是,主要矛盾与矛盾的主要方面,一个事物中重点部分、方面、环节,也是会发生变化的。当着主要矛盾以及矛盾的主要方面,事物中

①　《毛泽东文集》第 2 卷,人民出版社 1993 年版,第 381—382 页。
②　《毛泽东文集》第 2 卷,人民出版社 1993 年版,第 382 页。

的部分、方面、环节地位变化了,人们的思想、认识与活动、实践也必须随之发生转变。无视客观事物的发展变化,只凭死的书本或过往的经验办事,不是与时偕行、与世推移,就要犯经验主义和教条主义的错误。毛泽东在1941年9月《关于农村调查》的讲话中举例说,今天中国主要的矛盾是民族矛盾,阶级矛盾成为次要的。西安事变前主要矛盾在国共两党之间,而西安事变后,主要矛盾则在中日之间。因此,今天无论解决任何问题,都应该以这个主要矛盾作为认识问题和解决问题的出发点。"假若丢掉主要矛盾,而去研究细微末节,犹如见树木而不见森林,仍是无发言权的。"①

3. 掌握调查研究的技术。毛泽东在《反对本本主义》中专门讲了调查的技术,在《关于农村调查》等讲话、文章中对于调查研究的技术做了多方面的说明。

(1)要开调查会作讨论式的调查。"只有这样才能近于正确,才能抽出结论。那种不开调查会,不作讨论式的调查,只凭一个人讲他的经验的方法,是容易犯错误的。那种只随便问一下子,不提出中心问题在会议席上经过辩论的方法,是不能抽出近于正确的结论的。"②在《〈农村调查〉的序言和跋》中,毛泽东把开调查会作为调查社会各阶级生动情况、真正懂得中国的事情的基本方法。他说,若只是"东张西望,道听途说,决然得不到什么完全的知识。……开调查会,是最简单易行又最忠实可靠的方法,我用这个方法得了很大的益处,这是比较什

---

① 《毛泽东文集》第2卷,人民出版社1993年版,第382页。
② 《毛泽东选集》第1卷,人民出版社1991年版,第116页。

么大学还要高明的学校。……开调查会每次人不必多,三五个七八个人即够。必须给予时间,必须有调查纲目,还必须自己口问手写,并同到会人展开讨论。"①在《关于农村调查》中,毛泽东在谈到怎样开调查会时说,一个调查会不仅提出问题,而且要有解决问题的方法。参加调查会最好有三五人。我在兴国调查中,知道地主占有土地达 40%,富农占有土地达 30%,地主、富农所共有的公堂土地为 10%,总计地主与富农占有土地 80%,中农、贫农只占有 20%。但是,地主人口不过 1%,富农人口不过 5%,而贫农、中农人口则占 80%。一方面以 6%的人口占有土地 80%,另方面以 80%的人口则仅占有土地 20%。毛泽东由此得出的结论,就是革命二字,并更加增强了革命的信心,相信这个革命是能获得 80%以上人民的拥护和赞助的。

(2)要选择好调查对象。调查会要请那些能深切明了社会经济情况的人。"以年龄说,老年人最好,因为他们有丰富的经验,不但懂得现状,而且明白因果。有斗争经验的青年人也要,因为他们有进步的思想,有锐利的观察。以职业说,工人也要,农民也要,商人也要,知识分子也要,有时兵士也要,流氓也要。自然,调查某个问题时,和那个问题无关的人不必在座"②。调查的典型可以分为先进的、中间的、落后的三种。如果能依据这种分类,每类调查两三个,即可推知一般的情形。开调查会人数的多少,要看调查人的指挥能力而定。那种善于

---

① 《毛泽东选集》第 3 卷,人民出版社 1991 年版,第 790 页。
② 《毛泽东选集》第 1 卷,人民出版社 1991 年版,第 116—117 页。

指挥的,可以多到十几个人或者二十几个人。人多的好处是在做统计、做结论时能得到比较正确的回答,坏处是指挥能力欠缺的人会无法使会场得到安静。究竟人多人少,要依调查人的情况决定。但是至少需要三人,不然会囿于见闻,不符合真实情况。

(3)要拟定调查纲目。纲目要事先准备,调查人按照纲目发问,会众口说。不明了的,有疑义的,提起辩论。调查纲目要有大纲,还要有细目,如商业是个大纲,布匹、粮食、杂货、药材都是细目,布匹下再分洋布、土布、绸缎各项细目。

(4)要亲身出马。凡担负指导工作的人,从乡政府主席到全国中央政府主席,从大队长到总司令,从支部书记到总书记,一定都要亲身从事社会经济的实际调查,不能单靠书面报告,因为二者是两回事。

(5)要深入。初次从事调查工作的人,要做一两回深入的调查工作,就是要了解一处地方(例如一个农村、一个城市),或者一个问题(例如粮食问题、货币问题)的底里。深切地了解一处地方或者一个问题了,往后调查别处地方、别个问题,便容易找到门路了。

(6)要自己做记录。调查不但要自己当主席,适当地指挥调查会的到会人,而且要自己做记录,把调查的结果记下来。假手于人是不行的。收集和整理材料"都必须自己亲身去做,在做的过程中找出经验来,用这些经验再随时去改进以后的调查和整理材料的工作"①。

---

① 《毛泽东文集》第2卷,人民出版社1993年版,第383页。

毛泽东在《农村调查》的序言中说,自己对于中国事情和国际事情依然还只是一知半解,并非说我是什么都懂得了,只是人家不懂得,因而痛感周密研究中国事情和国际事情之必要,并志愿和全党同志共同一起向群众学习,继续当一个小学生。

第四章 《寻乌调查》与《反对本本主义》的理论与实践价值

毛泽东的《寻乌调查》和《反对本本主义》,对于深刻了解中国实际、纠正"左"的错误倾向,制定正确的土地革命政策,发挥了重要作用;形成了关于调查研究的比较系统的理论,开创和确立了调查研究的优良传统;初步提出和论述了毛泽东思想活的灵魂的基本内涵,对于实现马克思主义与中国实际相结合、推进马克思主义中国化,具有重要的地位和意义。

一、为调整党的土地革命政策发挥了重要作用

《寻乌调查》和《反对本本主义》开创了党通过调查研究了解情况制定政策的优良传统,创立了马克思主义与中国实际相结合的科学方法,为形成党的土地革命的正确政策发挥了重要作用。

对中国社会进行调查研究,弄清城乡经济政治状况和阶级关系,是制定正确的政策策略、引导革命走向胜利的前提和基

础。在第一次国内革命战争末期，毛泽东对湖南省湘潭、湘乡、衡山、醴陵、长沙五县进行考察，撰写了《湖南农民运动考察报告》，肯定了农民运动反封建的历史意义，批判了党内一些同志以及国民党右派对于农民运动的打击与责难。在土地革命战争的井冈山斗争时期，毛泽东做了宁冈、永新调查，总结土地革命斗争的经验，主持制定了《井冈山土地法》，用以规范指导井冈山革命根据地的土地革命斗争。1930 年初，红四军回师赣南，建立苏维埃政权，开展土地革命，扩大工农武装，使毛泽东有了深入调查研究了解城乡情况的条件，毛泽东也对于自己此前所做调查研究进行反思，认为有一个很大的缺点，就是偏于农村而不注意城市，对于争取城市的策略问题还没有真切的了解。而在 1930 年 4 月红军攻占信丰后没收商业资本家财产的错误做法，更使毛泽东感到进一步弄清城乡经济社会与阶级斗争状况对于土地革命的极端重要性。由于受"左"的思想影响，将在农村没收豪绅地主财产的做法搬到城市，把城内十多家日用百货和杂货店作为豪绅地主和商业官僚资本家的财产没收，造成商店关门、商人停市，影响了城市商业、手工业发展和城市居民的生活。这件事促使毛泽东下决心了解城市商业状况，制定对待商业资产阶级和争取城市贫民群众的正确的政策。同时，毛泽东也深感那些在大城市中担任党中央重要领导职务的一些同志完全照搬书本、照搬共产国际决议和俄国革命经验的思想与工作作风对于中国革命非常有害，希望他们能够早日从"左"的教条主义错误中解放出来，明了中国革命斗争的胜利要靠中国同志了解中国情况，深入了解中国社会实际和革命实际，引导中国革命走向胜利。毛泽东正是通过寻乌调查，对于寻乌的历史与现状、城市商业与手工业情况、寻乌城乡的阶级状况与阶级关系有了深入细致的了解,为正确地处理农村中的阶级关系和分配土地以及正确区分城市中自食其力的工商业者和资产阶级的界限、正确处理保护城市工商业、维护城市繁荣稳定与解决红军筹款问题的关系提供了可靠的依据。

二、形成了比较系统的调查研究的理论与方法

调查研究是马克思主义与中国实际相结合的关键环节和根本方法。毛泽东在通过寻乌调查深入了解城乡经济社会状况和阶级关系、解决土地革命正确的战略与策略问题的过程中,总结调查研究的成果与经验,形成了比较系统的调查研究的理论与方法。

首先,毛泽东提出"没有调查,没有发言权"以及"没有正确的调查,同样没有发言权"的科学论断。他针对照搬照抄马克思主义的词句和共产国际指示的本本主义,只凭主观的想象、愿望发指示办事情的主观主义,不深入实际深入群众、坐在机关里发号施令的官僚主义,以及不求甚解、不结合实际、盲目执行上级指示的形式主义,明确指出"没有调查,没有发言权",共产党的正确而不动摇的政策和策略,是在群众斗争的实践中产生的,而不是少数人坐在屋子里冥思苦想出来的。革命斗争需要它的领导者时时了解社会情况,时时进行实际调查。

其次,将调查研究上升到哲学的高度来认识,指出调查研究是洗刷唯心精神、获得真理性认识的根本途径。毛泽东指出,一切结论都是在调查研究过程结束之时形成的,要正确估量政治

形势,指导革命实践,必须深入实际调查研究。若离开实际调查,就必然产生唯心的阶级估量和唯心的工作指导,其必然的结果,不是机会主义,就是盲动主义。而一切思想理论,既是从实践中产生的,又是通过实践检验证明其具有真理性的。马克思主义的理论,就是在实践中、在我们的斗争中证明其正确性的。

再次,指出调查研究要有明确的问题意识和实践导向。调查研究是有目的的,是为了解决中国革命的战略与策略、方针与政策而进行的,而不是为调研而调研,不是无的放矢、漫无目标的随意行为。在当时的土地革命时期,就是通过农村调查和城市调查,了解中国社会各阶级的经济政治状况以及当下和历史上的盛衰荣辱情况,明了各阶级的相互关系,得到正确的阶级估量,以确定土地革命的主力军、同盟者以及斗争的对象,制定正确的斗争策略。要取得土地革命战争的胜利,完成土地革命的任务,全靠党的斗争策略的正确与坚决。而正确且坚决的斗争策略,是在通过调查研究把握国情实际的基础上制定和实施的。

复次,提出了搞好调查研究的原则和态度。要有了解实际的热情、眼睛向下的决心、追求真知的渴望、平等待人的态度,要有放下臭架子、甘当小学生的精神,从对于群众、对于实践、对于实际的调查研究中获得真知,并由此制定正确的战略、策略与政策。

最后,提出了调查研究的科学的方法与技术。为了进行正确的调查研究,了解客观实际的真实情况,毛泽东提出开调查会进行讨论式的调查,而要开好调查会,要选好调查对象,确定参加人数,准备调查纲目,还要引导讨论,口问手写,并对通过调查得来的材料进行分析综合、抽象概括,抓住本质特点,把握内在联系,分清主次轻重,并由此得出正确结论,做出正确判断,制定正确方略,实施正确领导。

三、初步论述了毛泽东思想活的灵魂的基本内涵

《寻乌调查》和《反对本本主义》从调查研究的亲身实践和调查研究的经验总结两个层面、两种方式,初步提出了实事求是、群众路线和独立自主的思想,形成了毛泽东思想活的灵魂的雏形。

毛泽东做寻乌调查和总结调查研究的经验,强调调查研究的重要性,并身体力行深入实际调查研究,实际上初步提出并践行了党的马克思主义思想路线,《反对本本主义》则是党的思想路线初步形成的重要标志。党的思想路线,是一切从实际出发,理论联系实际,实事求是,在实践中检验真理和发展真理。而一切从实际出发、理论联系实际、实事求是,是通过调查研究来实现的。毛泽东将理论与实际相联系作为制定正确的路线、方针、政策,指导中国革命走向胜利的基本要求和根本方法,而调查研究则是把马克思主义的基本理论与中国实际相结合的根本途径和关键环节。他明确指出,一切实际工作者必须向下作调查,对于只懂理论不懂实际情况的人,这种调查工作尤有必要。而教条主义者是懒汉,他们拒绝研究中国社会和中国革命的实际,蔑视并拒绝总结中国革命的经验,不愿意做艰苦细致的调查研究工作,只知背诵本本、条条,不了解客观实际;只有原理原则,没有具体政策,挂在空中、落不了地,若以之指导实践,只能导致挫

折和失败。毛泽东针对盲目迷信、机械地照搬照抄书本和上级领导机关指示,把本本与上级领导机关指示作为判断正确与错误的标准,讨论问题时开口闭口"拿本本来"的错误思想与做法,旗帜鲜明地提出要在实践中检验、证明理论与上级指示的正确性、真理性。他指出:"我们说上级领导机关的指示是正确的,决不单是因为它出于'上级领导机关',而是因为它的内容是适合于斗争中客观和主观情势的,是斗争所需要的。不根据实际情况进行讨论和审察,一味盲目执行,这种单纯建立在'上级'观念上的形式主义的态度是很不对的。"①"我们说马克思主义是对的,决不是因为马克思这个人是什么'先哲',而是因为他的理论,在我们的实践中,在我们的斗争中,证明了是对的。我们的斗争需要马克思主义。我们欢迎这个理论,丝毫不存什么'先哲'一类的形式的甚至神秘的念头在里面。……马克思主义的'本本'是要学习的,但是必须同我国的实际情况相结合。我们需要'本本',但是一定要纠正脱离实际情况的本本主义。"②毛泽东进行寻乌调查与写作《反对本本主义》,初步提出了党的思想路线,但要在全党思想上确立这样一条马克思主义的思想路线,需要作出艰苦的努力。在土地革命战争后期和抗日战争初期,毛泽东适应国内外时局、中国社会主要矛盾以及党所面临的主要任务的变化,在制定党的正确的政治路线和军事路线的同时,也高度重视思想方法问题。在《论反对日本帝国主义的策略》中,毛泽东指出要根据时局的变动和敌我双方力

---

① 《毛泽东选集》第1卷,人民出版社1991年版,第111页。
② 《毛泽东选集》第1卷,人民出版社1991年版,第111—112页。

量的变化决定我们的策略和战斗方式。面对中日矛盾成为主要矛盾、中国正处在新的全国大革命的前夜的时局,要勇敢地抛弃关门主义,采取广泛的统一战线,调动全民族的力量进行抗日战争。同时要看到帝国主义还是一个严重的力量,革命力量的不平衡状态是一个严重的缺点,要打倒敌人必须准备作持久战,这就要求我们防止冒险主义,不到决战的时机,没有决战的力量,不能冒冒失失地去进行决战。在《中国革命战争的战略问题》中,毛泽东指出研究战争要着眼于特点和着眼于发展,反对战争问题上的机械论,不仅要研究战争的一般规律,还要研究战争的特殊规律,尤其要研究在敌强我弱的情势下长期处于战略防御态势下的中国革命战争的特殊规律,努力做到理论与实际、主观与客观相符合,学会在战争大海中的游泳术,制定正确的战略战术,争取战争的胜利。在 1937 年 7、8 月间,毛泽东在延安抗日军政大学讲《实践论》《矛盾论》,精辟阐述了以实践为基础的能动的革命的反映论和作为唯物辩证法实质和核心的对立统一规律,为在全党思想上确立马克思主义的思想路线奠定了哲学基础。1942 年,党和毛泽东又发起了一场全党范围内的马克思主义教育运动即延安整风,在全党思想上确立了实事求是的马克思主义思想路线。在党的七大上,又确立了毛泽东思想在全党的指导地位,为我们党领导人民夺取抗日战争和解放战争的胜利,奠定了思想理论基础。

马克思主义认为人民群众是实践主体、认识主体和价值主体,是推动社会发展的决定力量。社会历史的发展规律,就体现在人民群众创造历史的活动之中;社会历史的发展动力,就蕴含在人民群众的历史主动性和创造性之中。马克思曾经指出:

"历史活动是群众的活动,随着历史活动的深入,必将是群众队伍的扩大。"①"历史上的活动和思想都是'群众'的思想和活动。"②中国共产党和毛泽东把马克思主义的唯物史观创造性地运用于中国革命和建设实践,形成了富有中国共产党人特色的群众观点和群众路线。毛泽东的寻乌调查,就是深入群众、深入实际、深入实践认识中国社会和中国革命规律,制定、调整和实施土地革命正确的政策策略的典范。在《反对本本主义》中,毛泽东对于调查研究的做法和经验进行总结概括,初步提出了党的群众观点和群众路线。毛泽东指出,我们要完成民主革命的任务,并将革命转变到社会主义革命,完成社会主义革命的任务,全靠党的斗争策略的正确和坚决。只有制定出和实行好党的正确和坚决的斗争策略,才能完成争取群众战胜敌人的任务。而党的正确而不动摇的斗争策略决不是少数人坐在房子里能够产生的,而是必须在群众斗争过程中、在实际经验中才能产生。为此,就必须洗刷唯心精神,改变保守思想,换取共产党人的进步的斗争思想,到斗争中、到群众中作实际调查去,从党领导的群众斗争实践及其经验中获得智慧,从深切明了社会经济情况的人那里获得知识,在调查研究基础上制定和实行正确而坚定的策略政策。若不进行深入的调查研究,不根据实际情况进行讨论和审察,机械地照抄照搬"本本",盲目地表面上完全无异议地执行上级指示,党的策略路线就不能深入群众,就不是真正执行上级指示,而是反对上级指示或者对上级指示怠工的

---

① 《马克思恩格斯文集》第 1 卷,人民出版社 2009 年版,第 287 页。
② 《马克思恩格斯全集》第 2 卷,人民出版社 1957 年版,第 103 页。

最妙方法。

　　党的群众路线在《寻乌调查》和《反对本本主义》中得到生动体现和初步阐述,并在党领导人民进行革命的实践中得到进一步的发展。1943年6月1日,毛泽东在为中共中央写的决定《关于领导方法的若干问题》中指出,共产党人做任何工作,都必须采用一般和个别相结合以及领导和群众相结合这两个方法。"任何工作任务,如果没有一般的普遍的号召,就不能动员广大群众行动起来。但如果只限于一般号召,而领导人员没有具体地直接地从若干组织将所号召的工作深入实施,突破一点,取得经验,然后利用这种经验去指导其他单位,就无法考验自己提出的一般号召是否正确,也无法充实一般号召的内容,就有使一般号召归于落空的危险。"①"在我党的一切实际工作中,凡属正确的领导,必须是从群众中来,到群众中去。这就是说,将群众的意见(分散的无系统的意见)集中起来(经过研究,化为集中的系统的意见),又到群众中去作宣传解释,化为群众的意见,使群众坚持下去,见之于行动,并在群众行动中考验这些意见是否正确。然后再从群众中集中起来,再到群众中坚持下去。如此无限循环,一次比一次地更正确、更生动、更丰富。这就是马克思主义的认识论。"②刘少奇在党的七大作的关于修改党章的报告《论党》中,系统地概括、论述了毛泽东关于群众观点和群众路线的思想,指出所谓正确的组织路线,就是党的群众路线,就是我们党的领导骨干和党内党外广大群众密切结合的路

---

①　《毛泽东选集》第3卷,人民出版社1991年版,第897页。
②　《毛泽东选集》第3卷,人民出版社1991年版,第899页。

线,就是从群众中来又到群众中去的路线,就是指导方法上的一般号召与个别指导相结合的路线。为了贯彻我们党和毛泽东同志的群众路线,必须在每一个党员的思想中牢固地确立群众观点,即一切为了人民群众的观点,一切向人民群众负责的观点,相信群众自己解放自己的观点,向人民群众学习的观点。有了坚固的明确的这些群众观点,才能有明确的工作中的群众路线,才能实行正确的领导。党的十一届六中全会通过的《关于建国以来党的若干历史问题的决议》指出:"群众路线,就是一切为了群众,一切依靠群众,从群众中来,到群众中去……党是阶级的先进部队,党是为人民的利益而存在和奋斗的,但是党永远只是人民的一小部分;离开人民,党的一切斗争和理想不但都会落空,而且都要变得毫无意义。我们党要坚持革命,把社会主义事业推向前进,就必须坚持群众路线。"①总体来说,党的群众观点,就是全心全意为人民服务的观点、相信群众自己解放自己的观点、向人民群众学习的观点、干部的权力是人民赋予的观点、对党负责和对人民负责相一致的观点、党既要依靠群众又要教育群众的观点。党的群众路线,就是一切为了群众、一切依靠群众、从群众中来、到群众中去,把党的正确主张变为群众的自觉行动。

一切为了群众,表明人民群众是价值主体,全心全意为人民服务是党的根本宗旨,"共产党人的一切言论行动,必须以合乎最广大人民群众的最大利益,为最广大人民群众所拥护为最高

---

① 《三中全会以来重要文献选编》(下),人民出版社 1982 年版,第 834—835 页。

标准"①。实现、维护和发展最广大人民群众的根本利益,是党和毛泽东分析和解决一切问题的出发点和落脚点,是一种根本的价值取向。为了贯彻这一根本价值取向,就要正确处理人民群众的长远、根本利益与目前、现实利益的关系。我们党的政治路线和各项方针、政策,必须代表人民的长远和根本利益,而不能局限于眼前的局部的利益而忘记了长远的奋斗目标。因此,一切为了群众,首先要求我们坚决地贯彻党在各个时期的政治路线和各项方针政策,否则就从根本上违背了人民的根本利益。同时,我们也绝不能忽略人民的眼前的现实利益。否认眼前的现实利益,所谓长远利益就成了空中楼阁,就成了可望而不可即的东西,人民群众也不能从他们的切身利益认识党是他们的利益的代表者,就不能动员人民为实现党的纲领、路线、方针、政策而斗争。1934 年 1 月,毛泽东在《关心群众生活,注意工作方法》中指出,我们现在的中心任务是动员群众参加战争,但为了完成这个任务,就必须关心人民群众的切身利益,关心人民的生产和生活问题。如果我们这样做了,"广大群众就必定拥护我们,把革命当作他们的生命,把革命当作他们无上光荣的旗帜"②。1943 年,毛泽东在《组织起来》中指出:"我们共产党员,无论在什么问题上,一定要能够同群众相结合。如果我们的党员,一生一世坐在房子里不出去,不经风雨,不见世面,这种党员,对于中国人民究竟有什么好处没有呢? 一点好处也没有的,我们不需要这样的人做党员。我们共产党员应该经风雨,见世

---

① 《毛泽东选集》第 3 卷,人民出版社 1991 年版,第 1096 页。
② 《毛泽东选集》第 1 卷,人民出版社 1991 年版,第 139 页。

面;这个风雨,就是群众斗争的大风雨,这个世面,就是群众斗争的大世面。'三个臭皮匠,合成一个诸葛亮',这就是说,群众有伟大的创造力。中国人民中间,实在有成千成万的'诸葛亮',每个乡村,每个市镇,都有那里的'诸葛亮'。我们应该走到群众中间去,向群众学习,把他们的经验综合起来,成为更好的有条理的道理和办法,然后再告诉群众(宣传),并号召群众实行起来,解决群众的问题,使群众得到解放和幸福。如果我们做地方工作的同志脱离了群众,不了解群众的情绪,不能够帮助群众组织生产,改善生活,只知道向他们要救国公粮,而不知道首先用百分之九十的精力去帮助群众解决他们'救民私粮'的问题,然后仅仅用百分之十的精力就可以解决救国公粮的问题,那末,这就是沾染了国民党的作风,沾染了官僚主义的灰尘。……我们必须坚决地克服这种作风,才能和群众亲密地结合起来。"①就要正确处理对人民负责和对上级领导机关负责的关系。我们党的组织原则是民主集中制,下级领导机关和领导人员当然要服从上级领导,贯彻上级领导机关的决定和指示。但是,不能把对上负责和对人民负责对立起来。因为人民的利益就是党的利益,党的利益和人民的利益是一致的。上级领导机关的正确的方针和政策,都是同群众的利益相适合的;而错误的方针和政策,都是不符合群众的利益和要求的。下级要对上级负责,而全党要对人民负责。有的同志片面强调对领导机关负责,而不对人民负责,在贯彻领导机关的决定和指示时,不是结合本地区和本部门的实际情况加以具体化,努力为人民办好事,而是形式主

---

① 《毛泽东选集》第 3 卷,人民出版社 1991 年版,第 933—934 页。

义地照搬照抄，这种工作作风既不是对人民负责，也不是真正对上级负责。当上级指示和决定不符合人民利益，并在实践中造成危害时，也不是从人民利益出发积极地向上级反映情况、提出意见，而是以对上级负责为借口，强迫群众执行，这也不是对人民负责的作风。

一切依靠群众，表明人民群众是历史的活动主体，群众的解放和利益要靠群众自己去争取。在解决了一切为了群众这个问题之后，还有一个如何为了群众的问题。是坚定地相信群众，发动、组织群众，由群众自己解放自己，还是由少数人替群众包打天下，充当群众的救世主？我们党和毛泽东一贯相信和依靠人民群众，充分肯定人民群众是创造世界历史的伟大动力。我们无论做什么事情，只要顺民意、得民心，就无往而不胜，而如果逆民意、失民心，就行不通。我们讲相信和依靠群众，并不是崇拜群众的自发性，让群众放任自流，让群众的创造性活动自生自灭，更不是要迁就群众的落后情绪，人民群众也是需要教育和引导的。领导者的作用，就是宣传、教育、发动、组织群众，为群众指明方向，用正确的纲领、路线、方针、政策引导群众。群众的解放和利益要靠群众自己去争取。领导者的责任是启发、提高群众的觉悟，在群众出于自愿的原则下，组织、领导群众开展内外环境和现实条件所许可的一切必要的斗争。有的时候，客观上虽然有了做某件事情的需要，而这件事情也是能够给群众带来利益的，但如果群众还没有这种觉悟，还不愿意做这件事，就要做说服教育工作，做典型示范和引导工作，直到多数群众有了觉悟，有了决心，看到了这件事的好处，我们才能带领群众去开展这方面的工作。在一切工作中，命令主义是错误的，因为它超出了群众的觉悟程度,违反了自愿原则,害了急性病。我们不要以为自己了解了的东西,群众也一样了解了。我们要善于宣传群众、组织群众,努力把群众的认识提高到党的路线、方针、政策的水平,善于把党的政策变为群众的行动。同时,我们还要反对尾巴主义。因为它落后于群众的觉悟程度,违反了领导群众前进一步的原则,害了慢性病。

　　为了做到一切为了群众、一切依靠群众,必须采取从群众中来、到群众中去的领导方法。"从群众中来",就是集中群众的实践经验和智慧,反映群众的利益、愿望和要求,了解群众生产和生活中的实际问题,并在此基础上进行分析和综合、抽象和概括,将分散的无系统的意见整合为集中而系统的意见,提出计划、方针和办法,这是一个向群众学习的过程,也是一个概括、提炼和创造的过程。"从群众中来",领导者必须深入群众,深入实际,满腔热忱,虚心求教,先做群众的学生,后做群众的先生。"从群众中来",必须发扬民主,广开言路,听取各方面的意见,包括反面的意见,善于从各种不同意见中、从群众的情绪中发现问题。"到群众中去",就是宣传群众,使领导意见以及计划、方针和政策为群众所理解,变为群众的自觉行动,并在群众实践中检验其是否正确。实践证明是正确的,能够给群众带来利益的,得到群众拥护的,就坚持下去;实践证明是错误的,损害群众利益的,受到群众反对的,就坚决纠正。同时,还要根据新的实践所取得的新鲜经验,使领导意见进一步得到丰富和发展,使路线、方针和政策不断得以完善。"到群众中去"既是一个使领导意见现实化的过程,也是一个检验、修正、丰富和完善领导意见的过程。从群众中来,到群众中去,又是一个无限循环、永无止境的过程。领导意见需要在实践中修正、充实和完善。客观事物和群众实践都是发展的,即使是正确的领导意见,也需要根据变化了的实际情况加以发展,用新的认识代替过时了的认识,不断提出新的任务以及新的方针、政策和办法,引导群众不断前进。

"从群众中来,到群众中去"是一种总的工作路线和工作方法,为了贯彻这一工作路线和工作方法,还必须处理好一系列关系,采取一些具体方法:(1)一般号召和个别指导相结合。一般号召和个别指导相结合就是要求我们首先对于具有代表性、完整性和先进性的典型进行调查研究,从许多具体事物的认识中总结出一般规律,形成一般性的意见和指导性的政策;然后到个别单位去做典型试验,检验一般性的政策、意见的正确性,总结新的经验,使政策得以修正和完善,做成新的指示去普遍地指导群众。一般号召和个别指导都是必要的。如果没有一般号召,没有广泛的宣传动员,广大群众就不会自觉行动起来;如果没有领导者对于群众行动的个别指导,就难以扎实地开展工作,就不能总结新的经验,就不能发挥先进典型的示范效应,党的方针和政策就有落空的危险。(2)领导和群众相结合,发挥两个积极性。"只有领导骨干的积极性,而无广大群众的积极性相结合,便将成为少数人的空忙。但如果只有广大群众的积极性,而无有力的领导骨干去恰当地组织群众的积极性,则群众积极性既不可能持久,也不可能走向正确的方向和提到高级的程度。"①高明的领导者必须善于发挥由积极分子组成的领导骨干的作

---

① 《毛泽东选集》第 3 卷,人民出版社 1991 年版,第 898 页。

用,密切联系群众,紧紧依靠群众,总结群众实践经验,以正确的和坚定的路线和政策指导群众前进。脱离群众,搞孤家寡人,越俎代庖,是不对的;对于群众的实践放任自流,崇拜群众中的自发倾向,放弃指引群众前进的领导责任,也是不对的。(3)民主和集中相结合。民主与集中相结合既体现在社会生活之中,也体现在党内生活之中。民主和集中都是重要的,但鉴于我国是一个封建历史很长、专制传统沉重的国度,鉴于我们党内存在着的一言堂、家长制作风,倡导和实行党内民主和社会生活的民主,就显得尤为重要。1962年1月30日,毛泽东在扩大的中央工作会议上发表讲话,指出民主是集中的基础,如果没有民主,就不能集中正确的意见,不能正确地总结经验,不能制定出好的路线、方针和政策。没有民主,就不了解下情,不充分搜集各方面的意见,只由上级领导机关凭着片面的或者不真实的材料决定问题,那就难免是主观主义的,这种离开民主的集中只能是假的、空的和错误的。他号召发扬党内民主,实行集体领导。只要是大事,就得集体讨论,认真听取不同意见,对复杂情况和不同意见加以分析,要想到事情的多种可能性,估计情况的几个方面,好的和坏的,顺利的和困难的,可能办到的和不可能办到的,尽可能慎重一些、周到一些。如果不是这样,就是个人专断、一人称霸。他还以用礼贤下士、从谏如流的刘邦和刚愎自用、不能知人用人、不能虚心纳谏的项羽为例,说明发扬民主的重要,教育领导干部虚心听取不同意见,学习豁达大度、从谏如流的刘邦,不要学习刚愎自用的项羽,否则就要霸王别姬了。①

---

① 参见《毛泽东著作选读》下册,人民出版社1986年版,第820—821页。

群众观点和群众路线是我们党的根本政治观点和根本工作路线。坚持群众观点和群众路线,始终保持党同人民群众的血肉联系,是我们党的力量源泉,是永葆先进性、永葆生机活力的可靠保证。

正确处理与共产国际的关系,是中国共产党从成立之初就存在的一个重要的原则问题。是一切听从共产国际,照单全收、照搬照抄共产国际的决议指示,还是根据中国实际探索中国革命的独特道路,制定和实施符合中国实际的路线、方针、政策,关系到中国革命能否顺利发展,关系到中国革命的成败。共产国际对于中国共产党的建立,对于中国革命的发展,是有积极作用的。共产国际对于中国革命的决议和指示,有一些是正确的,也有一些是错误的。1928年共产国际通过的关于中国问题的决议案,正确地指出了现阶段的中国革命仍然是资产阶级民权革命,当时的革命形势处于两个革命高潮之间。这个决议案对于党的六大做出关于中国革命性质和革命形势的正确判断,产生了重要作用。共产国际的一些人也对中国革命做出过一些错误的判断和错误的指导。如共产国际代表罗明纳兹关于中国革命是"无间断革命"的论断,对1927年中共中央政治局扩大会议通过"左"倾盲动的决议产生了直接影响,并对后来出现的李立三的冒险主义错误和王明的教条主义错误产生影响;布哈林对于中国红军开展游击战争和建立农村革命根据地的悲观的错误的认识,对于1929年中央给毛泽东、朱德的二月来信有重大影响。在《寻乌调查》和《反对本本主义》中,毛泽东初步提出和实践了独立自主的思想。

从根本上来说,所谓独立自主,就是要有自我意识,充分认识自己的权利和利益;就是要有担当精神,勇敢肩负起领导中国革命的重大历史责任;就是要有主体能力,主要依靠自己的智慧、胆识、决断、力量,认识基本国情、顺应时代潮流,创造性地将马克思主义与中国革命实践结合起来,探索符合中国实际、引导中国革命走向胜利的独特道路;就是要有组织上的独立性、决策上的自主性、实践上的主动性,独立思考和解决问题。毛泽东在《反对本本主义》中明确指出"中国革命斗争的胜利要靠中国同志了解中国情况",鲜明地提出了要确立中国共产党在领导中国革命实践中的独立自主的主体地位。独立自主是我们党处理马克思主义基本原理同中国实际的关系以及党际关系和国际关系的一个基本原则。中国革命需要马克思主义的指导,但决不能照抄照搬马克思主义的词句,把马克思主义变成僵死的教条,而是必须同我国的实际情况相结合,坚决反对脱离实际的教条主义。中国革命要取得胜利,完全靠中国共产党的斗争策略的正确与坚决。而正确与坚决的斗争策略要在群众斗争过程中、在实际经验中产生。中国的实际要靠中国的同志来认识,中国的事情要靠中国的同志根据中国国情、根据中华民族的和中国人民的根本利益来抉择和处理。这就需要中国共产党时时了解社会情况,时时进行实际调查,而不是靠共产国际替我们写决议、作指示、写纲领。毛泽东在领导红军和根据地建设的过程中,坚持把马克思主义与中国社会实际和中国革命实践相结合,坚持根据中国社会和中国革命实际考虑问题、制定政策、探索道路,使红军和根据地得到了发展,但毛泽东本人却屡受教条主义者的打击。就全党来说,直到1935年1月的遵义会议,结束了教条主义在党内的统治和对于军事的指挥,确立了毛泽东在党和红军中的领导地位,我们党才真正走上了独立自主地领导中国革命的途程。1961 年 3 月,毛泽东在广州召开的中央工作会议上介绍《反对本本主义》一文时说:"第三节讲反对本本主义,这里头包含一个破除迷信的问题。那个时候不管三七二十一,只要是上级的东西就认为是好的。比如党的第六次代表大会的决议,那个东西你拿来如何实现呢? 你如果不搞些具体措施,是很难实现的。不要说第六次代表大会的决议有部分的原则性错误,即使都是正确的,没有具体措施,没有调查研究,也不可能实现。现在我们中央搞的文件,如果没有具体措施也是不可能实现的。要有正确的措施,就要做调查研究工作。"①"第六节讲的内容,我看现在还有不少用处,将来也用得着。中国革命斗争的胜利要靠中国同志了解中国情形,不能依靠外国同志了解中国情形,或者是依靠外国同志帮助我们打胜仗。写这篇文章时还没有料想到后来的王明路线,当时立三路线也还没有出现,瞿秋白同志的盲动主义是有了。我们党有一个时期依靠共产国际为我们写决议,作指示,写纲领,六届四中全会的决议就是共产国际代表米夫在上海替我们写的。"②1963 年 9 月 3 日,毛泽东在同由中央委员会主席迪·努·艾地率领的印度尼西亚共产党代表团的谈话中说:"有先生有好处,也有坏处。不要先生,自己读书,自己写字,自己想问题。这是一条真理。过去我们就是由先生把着手学写字,从一九二一年党成立到一九三四年,我们就是吃了先生的亏,纲领由先生起草,中央全会的决议也由先生起

① 《毛泽东文集》第 8 卷,人民出版社 1999 年版,第 257 页。
② 《毛泽东文集》第 8 卷,人民出版社 1999 年版,第 259 页。

草,特别是一九三四年,使我们遭到了很大的损失。从那之后,我们就懂得要自己想问题。我们认识中国,花了几十年时间。中国人不懂中国情况,这怎么行？真正懂得独立自主是从遵义会议开始的,这次会议批判了教条主义。教条主义者说苏联一切都对,不把苏联的经验同中国的实际相结合。马列主义普遍真理与中国具体实践相结合,这个口号就是在延安整风时提出的。这个口号写进了一九五七年莫斯科宣言,那里面说马列主义普遍真理要与各国的具体实践相结合。外国经验,不管是哪一个国家的,只能供参考。"[1]

独立自主也是处理上级与下级关系的一个基本原则。毛泽东在《反对本本主义》中谈到如何正确对待和执行上级指示时说,上级领导机关的正确指示,并非仅仅因为出自上级领导机关,而在于其符合客观与主观情势,为我们所从事的斗争所需要,并在斗争实践中证明是正确的。对于上级领导机关的指示,要根据实际情况进行讨论和审察,不能形式主义地对待和盲目地表面上完全无异议地执行上级领导机关的指示。新中国成立以后,毛泽东在《论十大关系》中讲到中央和地方的关系时指出:"中央和地方的关系也是一个矛盾。解决这个矛盾,目前要注意的是,应当在巩固中央统一领导的前提下,扩大一点地方的权力,给地方更多的独立性,让地方办更多的事情。这对我们建设强大的社会主义国家比较有利。我们的国家这样大,人口这样多,情况这样复杂,有中央和地方两个积极性,比只有一个积极性好得多。我们不能像苏联那样,把什么都集中到中央,把地

---

[1] 《毛泽东文集》第8卷,人民出版社1999年版,第338—339页。

方卡得死死的,一点机动权也没有。"①下级要有正当的独立性,要在巩固中央统一领导的前提下,扩大地方的权力,给地方更多的独立性。各个地方都有自己的特殊性,都有自己的特殊利益,否定这种特殊情况和特殊的正当利益是不对的。尊重地方的特殊情况和正当的特殊利益,是实现整体利益、加强统一领导所必需的。若一概否定地方的特殊性和特殊利益,片面强调一般指导和整体利益,这样,所谓全局的整体的利益就成为一种虚假的东西。因此,毛泽东提出了"统一领导下的独立性"的思想。认为,我们要统一,也要特殊。要把集中与分散、统一与独立结合起来。一般的方针集中于上级,具体的行动按照具体情况实施之,下级有独立自主之权。毛泽东说:"可以和应当统一的,必须统一,不可以和不应当统一的,不能强求统一。正当的独立性,正当的权利,省、市、地、县、区乡都应当有,都应当争。这种从全国整体利益出发的争权,不是从本位利益出发的争权,不能叫做地方主义,不能叫做闹独立性。"②同时,要充分发挥下级的积极性和主动性,反对上级对下级统得过死、包办代替和强迫命令。毛泽东认为,两个积极性比一个积极性好,要两条腿走路,发挥中央和地方、上级和下级两个积极性。如果上级部门把一切事实上担负不起来的担子老是由自己担起来,不敢放手让下面去做,不去发动广大群众自力更生的积极性,虽然上面费尽了力气,结果将是上下交困。毛泽东也反对上级对下级乱发指示、强迫命令。他在《论十大关系》中说,现在几十只手插到地方,

① 《毛泽东文集》第7卷,人民出版社1999年版,第31页。
② 《毛泽东文集》第7卷,人民出版社1999年版,第33页。

使地方的事情不好办。命令主义是错误的,因为它违背了群众自愿的原则。凡是同地方有关的事情,都要先同地方商量,商量好了再下命令。而对于上级的命令,下级有根据具体情况实施的独立自主权。不能把上下级关系搞成猫鼠关系、像旧社会那样的君臣父子关系或帮派关系,而是应当以平等的态度相对待,上级对下级不能颐指气使、称王称霸,下级对上级也不能唯唯诺诺、唯命是从。毛泽东所提倡的独立自主是与统一性相联系的,是相对的有条件的独立性,而不是脱离统一的、无条件的独立性。他强调独立自主原则,同时又反对否定统一的独立,反对闹独立性、闹宗派主义和本位主义的倾向。毛泽东所说的"统一领导下的独立性",是解决上级和下级、中央和地方关系的一个正确的指针。我们要建设强大的社会主义国家,这是党和人民的整体利益,必须有中央的强有力的统一领导,破坏这种统一,是不允许的;同时,鉴于当时中央统得过死、地方没有多少自主权、难以发挥积极性的情况,毛泽东特别强调要给地方更多的正当的自主权和独立性。

实事求是、群众路线、独立自主作为贯穿于毛泽东思想各个组成部分中的基本立场、观点和方法,所处的理论层面不同,所要解决的主要问题也有所不同。实事求是处于方法论的最高层面,是最根本的立场、观点和方法。群众路线和独立自主则是实事求是思想路线的贯彻和运用。邓小平深得毛泽东思想的真谛,他说:"实事求是,是毛泽东思想的出发点、根本点"①,是"毛

---

① 《邓小平文选》第2卷,人民出版社1994年版,第114页。

泽东思想的精髓"①。实事求是讲唯物论、辩证法和认识论,要求我们从实际出发,而不是从原则出发;从"实事"中求"是",而不是自以为是;坚持理论联系实际,而不是理论和实际脱节;在实践中检验真理和发展真理,而不是凭本本、权力或主观的感觉与愿望来判定认识是否真理。实事求是作为我们党的思想路线,主要是为了解决主观与客观、理论与实际的统一问题。群众路线是以实事求是的立场、观点和方法对于社会发展的客观规律、价值取向、主体力量的深刻认识,是马克思主义辩证法、认识论和历史观在党的实际工作中的创造性运用,主要是为了解决领导和群众的关系问题、我们党的一切认识和实践活动的价值取向与工作路线问题。独立自主则主要是为了解决党际关系和国际关系问题,它是中国共产党和中国人民的主体意识与民族自信力的表现。坚持独立自主的原则,依靠自己的力量探索中国革命和建设的规律,走符合中国国情的革命和建设的独特道路,是我们党在思想上和政治上达到成熟的一个重要标志。实事求是、群众路线和独立自主又是互相联系、互相规约、互相渗透的。这既表现在实事求是为群众路线和独立自主提供了最根本、最有力的方法论指导,又表现在群众路线和独立自主为坚持实事求是思想路线提供了保证。就实事求是与群众路线的关系来看,一方面,我们党以实事求是的立场、观点和方法,深刻认识到人民群众的利益、愿望、要求与社会发展规律的一致性,认识到人民群众的历史主体和价值主体地位,把一切为了群众、一切依靠群众的价值取向和现实实践奠基于对客观规律的真理性认

---

① 《邓小平文选》第 3 卷,人民出版社 1993 年版,第 3 页。

识之上。如果离开实事求是，从原则、本本或主观愿望出发，就会脱离实际，脱离群众，就不能代表最广大人民群众的根本利益，不能领导人民群众进行胜利的斗争。另一方面，实行群众路线又为贯彻实事求是思想路线、勇于追求和坚持真理提供了价值取向、主体力量和根本途径。就实事求是与独立自主的关系来说，独立自主，自力更生，就是依靠我们党和人民自己的智慧和力量，认识中国革命和建设的规律，走符合中国国情的革命和建设道路，这是坚持实事求是、从中国实际出发进行革命和建设的必然选择。而我们也只有坚持独立自主，不迷信，不盲从，才能实事求是，深入认识中国实际，引导革命和建设事业走向胜利。如果说实事求是和群众路线主要为解决是什么、为了谁的问题提供了真理性原则和价值性原则，那么，独立自主则为解决谁来认识和实践的问题提供了一种自我主宰、自我担当的主体性原则。实事求是、群众路线和独立自主三者有机统一，构成了中国共产党人的科学世界观和方法论体系的基本框架。

第五章 在中国特色社会主义新时代大兴调查研究之风

　　毛泽东的《寻乌调查》与《反对本本主义》,体现了中国共产党人在把马克思主义基本原理与中国实际相结合的过程中推进马克思主义中国化、探索中国革命独特道路的理论自觉与实践自觉,形成了作为中国共产党人根本的世界观方法论、作为毛泽东思想活的灵魂与精髓的实事求是、群众路线和独立自主的基本形态。正是坚持和运用了这些科学观点与方法,以毛泽东同志为主要代表的中国共产党人领导红军和根据地人民在反"围剿"斗争中获得发展壮大。但由于毛泽东的这些正确的观点主张和思想方法当时没有得到全党的认识和接受,更由于"左"的教条主义的错误领导,导致了其他根据地第四次反"围剿"的失败,中央根据地也遭受了第五次反"围剿"的失败。中国共产党在长征途中召开的具有伟大历史意义的遵义会议,结束了"左"的教条主义在中央和红军中的统治,确立了以毛泽东同志为代表的新的中央领导集体的正确领导,使屡遭挫折的红军从此走上了胜利的道路。以遵义会议为标志,中国共产党开始独立自主地运用马克思主义解决自己的路线方针和战略策略问题。在土地革命后期和抗日战争初期,正确解决了党领导中国革命的政治路线和军事战略问题;通过延安整风,确立了党的马克思主义思想路线,并在党的七大上确立了毛泽东思想的指导地位。随着正确的政治路线、军事路线、思想路线的制定和贯彻以及将中国化的马克思主义——毛泽东思想确立为党的指导思想,中国革命从胜利走向胜利。而这一切胜利与发展,都是与毛泽东通过寻乌调查和写作《反对本本主义》初步提出实事求是、群众路线、独立自主的思想,开始马克思主义中国化的初步探索分不开的。《寻乌调查》和《反对本本主义》所蕴含和昭示的科学的立场、观点与方法,不仅是中国共产党人领导人民进行革命的思想武器,也是中国共产党人领导人民进行建设和改革的思想武器。

一、重视调查研究是中国共产党
做好领导工作的重要传家宝

坚持理论联系实际,把马克思主义基本原理与中国实际相结合,是中国共产党领导人民进行革命、建设和改革的基本经验,调查研究则是实现理论与实际相结合,创造性发展马克思主义,推进革命、建设和改革事业的关键。毛泽东的寻乌调查等社会调查,他所写的《寻乌调查》《反对本本主义》以及《〈农村调查〉的序言和跋》《关于农村调查》等著作,为我们树立了调查研究的典范,提供了调查研究的科学的原则与方法。

客观事物的运动、变化、发展没有止境,把马克思主义与中国实际结合起来、推进理论创新与实践创新没有止境,深入实

际、深入实践、深入群众调查研究没有止境。调查研究是一项长期的、经常的、深入细致的工作。2011 年 11 月 16 日，习近平同志在中共中央党校秋季学期第二批入学学员开学典礼上的讲话中指出，"重视调查研究，是我们党在革命、建设、改革各个历史时期做好领导工作的重要传家宝。马克思主义的辩证唯物主义、历史唯物主义世界观和方法论，党的实事求是的思想路线，党的从群众中来、到群众中去的根本工作路线，都要求我们的领导工作和领导干部必须始终坚持和不断加强调查研究。只有这样，才能真正做到一切从实际出发、理论联系实际、实事求是，真正保持党同人民群众的密切联系，也才能从根本上保证党的路线方针政策和各项决策的正确制定与贯彻执行，保证我们在工作中尽可能防止和减少失误，即使发生了失误也能迅速得到纠正而又继续胜利前进。回顾我们党的发展历程可以清楚地看到，什么时候全党从上到下重视并坚持和加强调查研究，党的工作决策和指导方针符合客观实际，党的事业就顺利发展；而忽视调查研究或者调查研究不够，往往导致主观认识脱离客观实际、领导意志脱离群众愿望，从而造成决策失误，使党的事业蒙受损失"①。

在新民主主义革命时期，没有调查就没有发言权；在社会主义革命、建设和改革各个历史时期，同样是没有调查就没有发言权。中华人民共和国成立后，中国共产党领导人民实现从新民主主义到社会主义的转变，恢复国民经济，实现社会主义改造，确立社会主义基本制度，开展社会主义建设。在中国这样一个

① 习近平：《谈谈调查研究》，《学习时报》2011 年 11 月 21 日。

经济文化落后的东方大国建设社会主义是一项极为艰难的任务,马克思主义的书本中没有现成的答案,苏联的做法和经验也不能照抄照搬,只能从中国实际出发,深入调查研究,在实践中探索适合中国国情的社会主义建设道路。

新中国成立之初,由于我们在经济建设方面没有经验,只得照抄苏联。这在当时是必要的,但不是长久之计,因为缺乏创造性,缺乏独立自主的能力。苏联在建设社会主义过程中也存在一些缺点和错误,如在处理重工业与轻工业、农业的关系上,片面注重重工业,忽视农业和轻工业,国民经济各部门发展严重失衡;把农民挖得很苦,把农民生产的东西拿走太多,挫伤了农民的生产积极性。苏联社会主义建设中的问题,引起了中国共产党的深思和警觉,认识到必须探索一条适合中国国情的社会主义建设道路,避免走苏联走过的弯路。搞革命不能照搬外国,搞建设同样也不能照搬外国。以苏为戒,从中国实际出发,正确处理社会主义建设中的各种重大矛盾,寻找适合中国国情的社会主义建设道路,成为中国共产党人迫切需要解决的一个重大问题。

为了深入了解中国国情,尽快认识经济建设规律,探索出一条符合中国实际的社会主义建设道路,把党内外、国内外的一切积极因素调动起来,把我国建设成为一个强大的社会主义国家,毛泽东与中央其他领导同志做了大量调查研究工作。1955年12月7日至1956年3月8日,刘少奇为起草中央向八大的报告,找了国家建委、城建局、一机部、二机部、三机部、中央农村工作部、煤炭工业部、电力工业部、地质部、石油部、建工部、重工业部、计委、地方工业部、纺织工业部、轻工业部、手工业管理局、财政部、粮食部、商业部、外贸部、农产品采购部、人民银行、劳动部、全国总工会、铁道部、交通部、邮电部、民航局、高教部、教育部、卫生部、文化部等中央和国务院30多个部门的负责同志谈话，了解各个方面的情况。从1956年2月14日起，毛泽东开始听取34个部门的汇报。这个汇报按"口"的顺序进行，每个"口"先由国务院主管办公室作综合汇报，然后再由各个部汇报。具体日程是：2月14日国务院第三办公室（主管重工业），15日电力工业部，16日石油工业部，17日一机部、二机部、三机部，19日建委，20日建工部，21日二机部、城建局，22日二机部，25日重工业部，26日石油工业部，27日地质部，29日煤炭工业部；3月1日国务院第四办公室（主管轻工业）、纺织工业部，2日地方工业部，3日轻工业部，4日手工业管理局；5月国务院第六办公室（主管交通、邮电），6日铁道部，8日交通部，9日邮电部、民航局，13日国务院第七办公室（主管农林水利），15日农业部，16日水利部，17日林业部、气象局；19日国务院第五办公室（主管财政贸易），26日商业部，27日外贸部；4月8日农产品采购部，9日财政部，10日人民银行，18、19、20、21、22日计委。34个部委，指的是29个部委行局加国务院主管经济工作的5个办公室。此后，又听取了一些省、市、自治区党委的汇报。

　　毛泽东在调查研究过程中，特别注意了解和掌握全面情况，力求避免调查工作中的片面性，并在此基础上进行深入研究和思考，揭示内在联系和客观规律。在充分调查研究和中央政治局多次讨论的基础上，毛泽东集思广益，形成了《论十大关系》这篇重要报告。1956年4月25日到28日，中共中央政治局召开扩大会议，毛泽东第一次讲了《论十大关系》。5月2日，召开最高国务会议,第二次讲《论十大关系》。毛泽东把我国社会主义建设过程中的一系列重大关系归纳为十大关系,即重工业和轻工业、农业的关系,沿海工业和内地工业的关系,经济建设和国防建设的关系,国家、生产单位和生产者个人的关系,中央和地方的关系,汉族和少数民族的关系,党和非党的关系,革命和反革命的关系,是非关系,中国和外国的关系。在《论十大关系》开篇,毛泽东就指明了正确认识和处理若干重大关系所应遵循的基本方针,这"就是要把国内外一切积极因素调动起来,为社会主义事业服务"①。"我们要调动一切直接的和间接的力量,为把我国建设成为一个强大的社会主义国家而奋斗。"②这个基本方针,适应了国内外形势的深刻变化,既确定了社会主义建设的战略目标,又指明了社会主义建设的战略道路。这个战略目标,就是把我国建设成为一个强大的社会主义国家;这条战略道路,就是制定和实施正确的方针政策,正确处理社会主义建设过程中的若干重大关系,努力把党内党外、国内国外的一切积极因素,直接的、间接的积极因素,全部调动起来。

　　在十大关系中,工业和农业,沿海和内地,中央和地方,国家、集体和个人,国防建设和经济建设,这五条是主要的。在重工业和轻工业、农业的关系问题上,毛泽东指出各个方面是相互依存、相互促进的,既要抓住重工业这个矛盾的主要方面,又要顾及轻工业、农业这个矛盾的重要方面;既要重点发展好重工业,又要发展好轻工业和农业,为了从根本和长远发展好重工业,

---

①　《毛泽东文集》第 7 卷,人民出版社 1999 年版,第 23 页。
②　《毛泽东文集》第 7 卷,人民出版社 1999 年版,第 24 页。

必须下力气发展好轻工业和农业。要以重工业为建设的重点，同时又不能忽视农业和轻工业。要用多发展一些农业和轻工业的办法来发展重工业，由于保障了人民生活的需要，它会使重工业发展的基础更加稳固。在沿海工业和内地工业的关系问题上，要重视二者空间结构的调整和布局的优化。我国的工业过去集中在沿海，全部轻工业和重工业约 70% 在沿海，只有 30% 在内地，这种不合理的状况是历史上形成的。内地工业必须大力发展，使工业布局逐步平衡，同时要充分利用沿海工业的设备能力和技术力量，好好地利用和发展沿海的工业老底子，可以使我们更有力量来发展和支持内地工业。在经济建设和国防建设的关系问题上，毛泽东指出，国防不可不有，我们一定要加强国防。只有建设强大的国防，才能捍卫国家和人民的根本利益，才能维护国家经济社会发展的和平环境。现在我们有了一定的国防力量。我们的军队加强了，装备也有所改进，为了建设强大国防，一定要首先加强经济建设。从长远看，就要在一定时期内降低军政费用，加强经济建设，为国防建设提供物质的、财力的基础。在国家、生产单位和生产者个人的关系问题上，毛泽东强调必须统筹兼顾、各得其所，国家和工厂、合作社的关系以及工厂、合作社和生产者个人的关系都要处理好，要兼顾国家、集体和个人三个方面，不能只顾一头。特别要照顾农民的利益，还要给生产单位一定的权力、一定的独立性。在中央和地方的关系问题上，毛泽东指出："应当在巩固中央统一领导的前提下，扩大一点地方的权力，给地方更多的独立性，让地方办更多的事情。"①我们

---

① 《毛泽东文集》第 7 卷，人民出版社 1999 年版，第 31 页。

的国家大、人口多、情况复杂,有中央和地方两个积极性,比只有一个积极性好得多。要发展社会主义建设,就必须发挥地方的积极性。要提倡同地方商量办事的作风,凡是同地方有关的事情,都要先同地方商量,商量好了再下命令。"我们要统一,也要特殊。为了建设一个强大的社会主义国家,必须有中央的强有力的统一领导,必须有全国的统一计划和统一纪律,破坏这种必要的统一,是不允许的。同时,又必须充分发挥地方的积极性,各地都要有适合当地情况的特殊。"①

此外,在汉族和少数民族的关系问题上,要着重反对大汉族主义,也要反对地方民族主义。必须搞好汉族和少数民族的关系,巩固各民族的团结,来共同努力于建设伟大的社会主义祖国。在党和非党的关系问题上,毛泽东提出要长期共存,互相监督。没有共产党的领导,就不能建设社会主义,建设起来也不能巩固。同时,要尽可能把民主党派的积极性调动起来,为建设社会主义服务。在革命和反革命的关系问题上,毛泽东指出,反革命是消极因素、破坏因素,是积极因素的反对力量。有些死心塌地的反革命不会转变,但在我国的条件下,他们中间的大多数将来会有不同程度的转变。对待反革命分子,要按照不同情况,采取杀、关、管、放的不同处理办法。在是非关系问题上,毛泽东指出,党内党外都要分清是非。对待犯了错误的同志,要采取"惩前毖后,治病救人"的方针,"帮助他们改正错误,允许他们继续革命"②。在中国和外国的关系问题上,毛泽东提出要向外国学

① 《毛泽东文集》第7卷,人民出版社1999年版,第32页。
② 《毛泽东文集》第7卷,人民出版社1999年版,第39页。

习。每个民族都有它的长处,也都有它的短处,总是有优点和缺点这两点。"我们的方针是,一切民族、一切国家的长处都要学,政治、经济、科学、技术、文学、艺术的一切真正好的东西都要学。但是,必须有分析有批判地学,不能盲目地学,不能一切照抄,机械搬用。他们的短处、缺点,当然不要学。"①我们要学习马克思主义中属于普遍真理的东西,并且学习一定要与中国实际相结合,而不是搞教条主义,对于马克思主义经典作家的每句话都要照搬照抄。同时,我们还要努力地、有批判地向外国学习先进的科学技术和企业管理方法。我们是在一穷二白的经济文化落后的东方大国建设社会主义的。"穷",就是没有多少工业,农业也不发达;"白",就是一张白纸,文化水平、科学水平都不高。我们既要鼓点劲,提高民族自信心;又要虚心向外国学习,即使将来我们国家富强了,也还要谦虚谨慎,还要向人家学习。

《论十大关系》是毛泽东在深入进行调查研究的基础上对于我国社会主义建设初步经验的科学总结,是探索适合中国国情的社会主义建设道路的开篇之作,充分体现了中国共产党人坚持把马克思主义与中国实际相结合、独立自主地探索适合中国情况的社会主义建设道路的主体性精神。1958年3月,毛泽东在成都会议上的讲话中说,1956年4月提出十大关系,开始提出自己的建设路线,原则和苏联相同,但方法有所不同,有我们自己的一套内容。1960年6月,毛泽东在《十年总结》中说,前八年照抄外国的经验,但从1956年提出十大关系起,开始找到自己的一条适合中国的路线,开始反映中国客观经济规律。

---

① 《毛泽东文集》第7卷,人民出版社1999年版,第41页。

《论十大关系》提出的方针思路,为党的八大作了重要的思想理论准备。1956年9月召开的党的八大,对于社会主义社会的主要矛盾以及党和国家的根本任务和工作重心做出了科学判断,指出我们党已经领导人民取得了对于农业、手工业和资本主义工商业的社会主义改造的全面的决定性的胜利,社会主义的社会制度在我国已经基本上建立起来。我们国内的主要矛盾已经是人民对于建立先进的工业国的要求与落后的农业国的现实之间的矛盾,已经是人民对于经济文化迅速发展的需要同当前经济文化不能满足需要的状况之间的矛盾。党和全国人民的主要任务,就是要集中力量来解决这个矛盾,把我国尽快地从落后的农业国变为先进的工业国。八大以关于我国社会主要矛盾的科学判断为依据,在经济建设、政治建设、党的建设等方面创造性地提出了社会主义建设的一系列正确的方针和设想。在经济建设方面,八大坚持了既反保守又反冒进的在综合平衡中稳步前进的经济建设方针。在政治建设方面,八大指出要继续加强人民民主专政,进一步扩大国家的民主生活,开展反对官僚主义的斗争;加强国内各民族的团结,继续巩固人民民主统一战线;逐步制定完备的法律,建立健全的法制,使党和政府的活动有法可依、有法必依。在党的建设方面,强调要重视党内思想教育,提高全党的马克思主义思想水平,坚持全心全意为人民服务的宗旨,发扬党的实事求是、群众路线的优良传统,发展党内民主生活,健全党的民主集中制,加强对党的组织和党员的监督;重申反对个人崇拜,要坚决执行中央反对把个人突出和对个人歌功颂德的方针,坚持集体领导和个人负责相结合的制度,使党的民主原则和群众路线在一切方面都得到贯彻执行。八大正确判断我国社会的主要矛盾,对于我国社会主义建设的方针、道路进行了创造性的探索。但由于我们党领导建设的时间短,经验不足,知识不够,以经济建设为中心的观念尚未牢固确立起来,一些创造性的设想和方针没有得到切实、充分的贯彻实施。

实事求是,群众路线,独立自主,作为毛泽东思想活的灵魂和根本点,作为中国共产党人的最基本的思想方法和领导方法、工作方法,是须臾不可离开的。无论什么时候,无论在什么工作中,若离开了实事求是、群众路线、独立自主,就必然要走弯路、犯错误。在20世纪50年代末,由于我们党对于社会主义建设的经验不足、知识不够,由于急于改变我国一穷二白的面貌,由于就全党来说对于深入实际调查研究不那么重视了,甚至凭主观意志、主观想象、良好愿望定政策做工作,我们在社会主义建设过程中犯了急躁冒进、求成过急的错误。同时,由于受传统的社会主义观念和模式的束缚,对社会主义公有制及其实现形式的认识比较肤浅,过分强调生产关系对生产力的反作用,忽视了生产力对生产关系的决定作用,脱离生产力发展水平,急于变革生产关系,盲目求公求纯,导致了生产关系方面的不断变革和向更高级形式的过渡,以高指标、瞎指挥、浮夸风、共产风为标志的"左"倾错误严重泛滥。

为了纠正"大跃进"和人民公社化运动中的"左"的错误,党和毛泽东提出要大兴调查研究之风。1960年12月24日至1961年1月13日,中共中央工作会议在北京召开。毛泽东在1月13日的讲话中说:"这些年来,我们的同志调查研究工作不做了。要是不做调查研究工作,只凭想像和估计办事,我们的工作就没有基础。所以,请同志们回去后大兴调查研究之风,一切从实际出发,没有把握就不要下决心。"①"我们讲情况明,决心大,方法对,要有这三条。"②"第一条情况明。这是一切工作的基础,情况不明,一切无从着手。因此要摸清情况,要做调查研究。"③"第二条决心大。……情况逐步明了了,决心逐步增大了"④。"第三条方法对。……通过调查研究,情况明了来下决心,决心就大,方法也就对。方法就是措施、办法,实现方针、政策要有一套方法。"⑤为了解决对国内情况还是不太明、决心也不大、方法也不那么对的问题,毛泽东提出要恢复实事求是精神,大兴调查研究之风,"搞一个实事求是年"。他说:"我们党是有实事求是传统的,就是把马列主义的普遍真理同中国的实际相结合。但是建国以来,特别是最近几年,我们对实际情况不大摸底了,大概是官做大了。我这个人就是官做大了,我从前在江西那样的调查研究,现在就做得很少了。今年要做一点,这个会开完,我想去一个地方,做点调查研究工作。不然,对实际情况就不摸底。"⑥1961 年 3 月 11 日,毛泽东在广州召开的中共中央中南局、西南局、华东局负责人和这三个地区所属省、市、自治区党委负责人参加的工作会议期间,批示印发 30 多年前写的《调查工作》,并将题目改为《关于调查工作》。3 月 13 日,毛泽东在讲话中强调"要做系统的由历史到现状的调查研究"⑦,指

---

① 《毛泽东文集》第 8 卷,人民出版社 1993 年版,第 233—234 页。
② 《毛泽东文集》第 8 卷,人民出版社 1993 年版,第 234 页。
③ 《毛泽东文集》第 8 卷,人民出版社 1993 年版,第 234 页。
④ 《毛泽东文集》第 8 卷,人民出版社 1993 年版,第 234 页。
⑤ 《毛泽东文集》第 8 卷,人民出版社 1993 年版,第 235 页。
⑥ 《毛泽东文集》第 8 卷,人民出版社 1993 年版,第 237 页。
⑦ 《毛泽东文集》第 8 卷,人民出版社 1993 年版,第 252 页。

出这篇"文章的主题是,做领导工作的人要依靠自己亲身的调查研究去解决问题。书面报告也可以看,但是这跟自己亲身的调查是不相同的。自己到处跑或者住下来做一个星期到十天的调查,主要是应该住下来做一番系统的调查研究。农村情况,只要先调查清楚一个乡就比较好办了,再去调查其他乡那就心中有数了"①。"过去这几年我们犯错误,首先是因为情况不明。情况不明,政策就不正确,决心就不大,方法也不对头。医生看病是先诊断,中医叫望、闻、问、切,就是先搞清病情,然后处方。我们打仗首先要搞侦察,侦察敌情、地形,判断情况,然后下决心,部署队伍、后勤等等。历来打败仗的原因大都是情况不明。最近几年吃情况不明的亏很大,付出的代价很大。大家做官了,不做调查研究了。我做了一些调查研究,但大多也是浮在上面看报告。现在,我要搞几个点,几个调查的基地,下去交一些朋友。"②1961 年 3 月 23 日,毛泽东在广州召开的中央工作会议上的讲话中再次介绍《关于调查工作》一文,指出文章的中心点是要做好调查研究工作。这篇文章是为了解决民主革命的问题而写的,说为了取得民主革命胜利要做调查研究,做典型的调查研究。现在不是搞民主革命,而是搞社会主义革命和社会主义建设。社会主义革命是基本完成了,但尚未最后完成。讲反对本本主义,有一个破除迷信的问题。那个时候不管三七二十一,只要是上级的东西就认为是好的。比如党的第六次代表大会的决议,那个东西你拿来如何实现呢？你如果不搞些具体措施,是很

① 《毛泽东文集》第 8 卷,人民出版社 1993 年版,第 253 页。
② 《毛泽东文集》第 8 卷,人民出版社 1993 年版,第 253 页。

难实现的。不要说党的第六次代表大会的决议有部分的原则性
错误,即使都是正确的,没有具体措施,没有调查研究,也不可能
实现。现在我们中央搞的文件,如果没有具体措施也是不可能
实现的。要有正确的措施,就要做调查研究工作。而"正确的
策略只能从实践经验中产生,只能来源于调查研究"①。"我们
大部分人,包括我自己在内,都是调查研究不够。"②"现在全党
对情况比较摸底了,中央、省、地各级对下面的情况比较摸底了,
我看应该这样说。为什么又讲不甚了了呢? 比较摸底,但还是
不甚了了,我是讲'不甚',不是讲你全不了了。现在局势已经
是有所好转,但是不要满足,不要满足于我们现在已经比较摸
底、比较清楚情况,要鼓起群众的干劲,同时鼓起干部的干劲。
干部一到群众里头去,干劲就来了。我的经验历来如此,凡是忧
愁没有办法的时候,就去调查研究,一经调查研究,办法就出来
了,问题就解决了。打仗也是这样,凡是没有办法的时候,就去
调查研究,调查研究就会有办法"③。"民主革命阶段,要进行调
查研究,社会主义革命和社会主义建设阶段,还是要进行调查研
究,一万年还是要进行调查研究工作。"④

　　在经历了探索社会主义建设道路的曲折历程和十年"文
革"之后,经过实践是检验真理的唯一标准问题的讨论,党和人
民的思想获得了大解放,党的十一届三中全会恢复和重新确立
了实事求是的思想路线,恢复了调查研究的优良传统。邓小平

① 《毛泽东文集》第8卷,人民出版社1993年版,第262页。
② 《毛泽东文集》第8卷,人民出版社1993年版,第260页。
③ 《毛泽东文集》第8卷,人民出版社1993年版,第261页。
④ 《毛泽东文集》第8卷,人民出版社1993年版,第262页。

指出,实事求是、一切从实际出发、理论与实践相结合,是马克思主义的根本观点、根本方法。实践是检验真理的唯一标准,是马克思主义的基本观点。我们开会,作报告,作决议,以及做任何工作,都为的是解决问题。解决问题,究竟是否正确或者完全正确,还需要今后的实践来检验。实事求是,是马克思主义的思想基础,是马克思主义的精髓,是毛泽东思想的精髓。"解放思想,开动脑筋,实事求是,团结一致向前看,首先是解放思想,只有思想解放了,我们才能正确地以马列主义、毛泽东思想为指导,解决过去遗留的问题,解决新出现的一系列问题,正确地改革同生产力迅速发展不相适应的生产关系和上层建筑,根据我国的实际情况,确定实现四个现代化的具体道路、方针、方法和措施。"①"过去我们搞革命所取得的一切胜利,是靠实事求是;现在我们要实现四个现代化,同样要靠实事求是。""一个党,一个国家,一个民族,如果一切从本本出发,思想僵化,迷信盛行,那它就不能前进,它的生机就停止了,就要亡党亡国。""不打破思想僵化,不大大解放干部和群众的思想,四个现代化就没有希望。"②"只有解放思想,坚持实事求是,一切从实际出发,理论联系实际,我们的社会主义现代化建设才能顺利进行,我们党的马列主义、毛泽东思想的理论也才能顺利发展。"③邓小平指出:"我们开会,作报告,作决议,以及做任何工作,都为的是解决问题。我们说的做的究竟能不能解决问题,问题解决得是不是正确,关键在于我们是否能够理论联系实际,是否善于总结经验,

① 《邓小平文选》第 2 卷,人民出版社 1994 年版,第 141 页。
② 《邓小平文选》第 2 卷,人民出版社 1994 年版,第 143 页。
③ 《邓小平文选》第 2 卷,人民出版社 1994 年版,第 143 页。

针对客观现实,采取实事求是的态度,一切从实际出发。我们只有这样做了,才有可能正确地或者比较正确地解决问题,而这样地解决问题,究竟是否正确或者完全正确,还需要今后的实践来检验。如果我们不这样做,那我们就一定什么问题也不可能解决,或者不可能正确地解决。"①"马列主义、毛泽东思想的基本原则,我们任何时候都不能违背,这是毫无疑义的。但是,一定要和实际相结合,要分析研究实际情况,解决实际问题。按照实际情况决定工作方针,这是一切共产党员所必须牢牢记住的最基本的思想方法、工作方法。实事求是,是毛泽东思想的出发点、根本点。这是唯物主义。不然,我们开会就只能讲空话,不能解决任何问题。"②他重申毛泽东在《反对本本主义》《中国革命战争的战略问题》《实践论》《矛盾论》《〈农村调查〉的序言和跋》《改造我们的学习》《整顿党的作风》《反对党八股》等著作中的一系列科学论断,如"没有调查,没有发言权"③,"只有人们的社会实践,才是人们对于外界认识的真理性的标准"④,"指挥员的正确的部署来源于正确的决心,正确的决心来源于正确的判断,正确的判断来源于周到的和必要的侦察,和对于各种侦察材料的联贯起来的思索"⑤,"理论与实践的统一,是马克思主义的一个最基本的原则。按照辩证唯物论,思想必须反映客观实际,并且在客观实践中得到检验,证明是真理,这才算是真理,不

---

①　《邓小平文选》第 2 卷,人民出版社 1994 年版,第 113—114 页。

②　《邓小平文选》第 2 卷,人民出版社 1994 年版,第 114 页。

③　《毛泽东选集》第 1 卷,人民出版社 1991 年版,第 109 页。

④　《毛泽东选集》第 1 卷,人民出版社 1991 年版,第 284 页。

⑤　《毛泽东选集》第 1 卷,人民出版社 1991 年版,第 179 页。

然就不算"①,"任何英雄豪杰,他的思想、意见、计划、办法,只能是客观世界的反映,其原料或者半成品只能来自人民群众的实践中,或者自己的科学实验中,他的头脑只能作为一个加工工厂而起制成完成品的作用,否则是一点用处也没有的。人脑制成的这种完成品,究竟合用不合用,正确不正确,还得交由人民群众去考验"②,以之强调要做到实事求是、从实际出发,就必须先做调查研究,然后才有发言权。正是由于党的马克思主义思想路线的重新确立,我们党才坚决纠正了"以阶级斗争为纲"的"左"的错误,把工作中心转移到经济建设上来;才对于我国社会所处的历史方位、发展阶段、主要矛盾以及国际形势和时代特点做出了正确的判断,逐步形成了建设中国特色社会主义理论,提出了一系列改革开放的新政策,确立了"一个中心、两个基本点"的基本路线,开辟了改革开放和社会主义现代化建设的新时期。

江泽民指出,重视调查研究,是我们党的优良传统。坚持理论与实际相结合,由此制定和执行正确的路线方针政策,是我们党领导革命、建设和改革的基本经验。这个结合的过程,始终是以调查研究为前提、为根据的。也就是说,是在调查研究的基础上,实现并不断深化马克思主义基本原理同中国具体实际的结合和统一的。坚持调查研究,是辩证唯物主义认识论的基本要求,是党保持同人民群众密切联系的重要渠道,也是我们党的一个基本工作方法和领导制度。在新时期,我们肩负着改革开放

---

① 《毛泽东文集》第 7 卷,人民出版社 1999 年版,第 90 页。

② 《毛泽东文集》第 7 卷,人民出版社 1999 年版,第 358 页。

和现代化建设的历史重任,全党同志首先是各级领导干部更要重视和加强调查研究。历史经验说明,各种问题的解决都取决于正确的决策,而正确的决策来源于对客观实际的周密调查研究。如果不了解实际情况,凭老经验、想当然、拍脑袋,把自己的主观愿望当作客观现实,就不可能作出正确的决策。江泽民强调指出:"没有调查就没有发言权,没有调查就更没有决策权。"[①]"谋事在人,成事也在人。可以这样说,坚持做好调查研究这篇文章,是我们的谋事之基、成事之道。"[②]他号召领导干部尤其是主要负责同志要带头大兴调查研究之风,深入基层调查研究,提出解决问题的正确对策。全党同志特别是各级领导干部真正把调查研究这一最基础性的工作做深做透了,可以使领导机关、领导干部保持同群众、同实际生活的密切联系,有利于防止官僚主义、形式主义、主观主义;有利于作出切合实际的科学分析和判断,形成正确的方针政策;有利于及时发现新的问题,包括带倾向性的问题,以便及早采取对策加以解决,减少和避免失误。

胡锦涛高度重视调查研究,要求各级党委、政府和领导干部要立足我国社会主义初级阶段基本国情,围绕改革发展稳定的一些重要问题,开展系统的调查研究,了解真实情况,为制定政策、开展工作奠定坚实的基础,掌握工作主动权。他要求各级领导干部要深入基层、深入群众、深入实际,通过开展广泛深入的调查研究,深刻把握客观规律,进一步增强决策的科学性、全面

---

① 《江泽民文选》第 1 卷,人民出版社 2006 年版,第 308 页。
② 《江泽民文选》第 1 卷,人民出版社 2006 年版,第 309 页。

性、系统性，切实提高思想认识水平，切实提高政策水平，切实提高工作水平。以胡锦涛同志为总书记的党中央围绕贯彻落实科学发展观、提高党的执政能力、建设社会主义新农村、构建社会主义和谐社会、制定国民经济和社会发展五年规划等一系列重大理论和现实问题进行深入细致的调查研究，为党和国家制定各项大政方针提供了根本依据。胡锦涛同志指出，科学发展观要靠科学求实的态度和真抓实干的作风来贯彻落实，加强作风建设要围绕全面贯彻落实科学发展观来进行。应大兴求真务实之风，大兴调查研究之风，把心思用在干事业上，把精力投到抓落实中，坚决克服浮躁情绪，反对形式主义，决不能做表面文章、搞花架子，搞劳民伤财的"形象工程""政绩工程"。

党的十八大以来，以习近平同志为核心的党中央坚持马克思列宁主义、毛泽东思想、邓小平理论、"三个代表"重要思想、科学发展观，全面贯彻习近平新时代中国特色社会主义思想，全面贯彻党的基本路线、基本方略，采取一系列战略性举措，推进一系列变革性实践，实现一系列突破性进展，取得一系列标志性成果，经受住了来自政治、经济、意识形态、自然界等方面的风险挑战考验，党和国家事业取得历史性成就、发生历史性变革，推动我国迈上全面建设社会主义现代化国家新征程。党的二十大回顾总结了十九大以来五年的工作和新时代十年的伟大变革，阐述了开辟马克思主义中国化时代化新境界、中国式现代化的中国特色和本质要求等重大问题，对全面建设社会主义现代化国家、全面推进中华民族伟大复兴进行了战略谋划，对统筹推进"五位一体"总体布局、协调推进"四个全面"战略布局作出了全面部署，为新时代新征程党和国家事业发展、实现第二个百年奋斗目标指明了前进方向、确立了行动指南。在中国特色社会主义新时代,国内外形势与环境的深刻变化,我国社会主要矛盾的转化,对于党的执政能力和领导水平、对于党和国家的各项工作提出了新的更高的要求。要适应党和国家工作的新进展新要求,必须努力增强学习本领、政治领导本领、改革创新本领、科学发展本领、依法执政本领、群众工作本领、狠抓落实本领、驾驭风险本领等各项本领。习近平同志反复强调调查研究对于革命、建设和改革的极端重要性,号召全党大兴调查研究之风,要求党的各级干部加强调查研究,正确制定和实施决策,切实把党的各项战略部署贯彻落实好。在党的十九届一中全会上的讲话中,习近平同志指出,"没有调查就没有发言权,没有调查就没有决策权。调查研究是我们做好工作的基本功。党的十九大明确了坚持和发展新时代中国特色社会主义的大政方针,作出了一系列重大工作部署,提出了一系列重大举措,关键是抓好贯彻落实。正确的决策离不开调查研究,正确的贯彻落实同样也离不开调查研究。中央委员会的每一位同志都要积极开展调查研究,要扑下身子、沉到一线,迈开步子、走出院子,到车间码头,到田间地头,到市场社区,亲自察看、亲身体验。调查研究要紧扣人民群众生产生活,紧扣经济社会发展实际,紧扣全面从严治党面临的现实问题,紧扣贯彻落实党的十九大精神需要解决的问题。既要到工作局面好和先进的地方去总结经验,又要到困难较多、情况复杂、矛盾尖锐的地方去研究问题,特别是要多到群众意见多的地方去,多到工作做得差的地方去,既要听群众的顺耳话,也要听群众的逆耳言,这样才能听到实话、察到实情、收到实效。各级干部特别是领导干部要结合贯彻落实党的十九大精神真正动起来、深下去,切实把存在的矛盾和问题搞清搞透,把各项工作做实做好"①。

党的二十大报告强调要弘扬党的光荣传统和优良作风,促进党员干部特别是领导干部带头深入调查研究,扑下身子干实事、谋实招、求实效。2022 年 12 月 27 日,习近平总书记主持中共中央政治局民主生活会并发表重要讲话,指出领导干部特别是高级干部的作风历来是引领党风和社会风气的重要风向标,是人民群众观察党风的重要窗口。中央政治局同志要对照新修订的中央八项规定实施细则,一条一条严格对标对表,不折不扣抓好贯彻落实,重点纠治形式主义、官僚主义顽疾,带头弘扬党的优良作风。要大兴调查研究之风,多到分管领域的基层一线去,多到困难多、群众意见集中、工作打不开局面的地方去,体察实情、解剖麻雀,全面掌握情况,做到心中有数。要营造环境、创造条件,鼓励基层干部群众讲真话、讲实话、讲心里话。对发现的问题,要分析原因、找准症结,有针对性地研究解决。②

二、在新时代推进中国特色社会主义 事业需要加强调查研究

在中国特色社会主义新时代,我们党和国家面临深刻变化的国际环境。当今世界正在经历百年未有之大变局,世界多极化、经济全球化、社会信息化、文化多样化深入发展,全球治理体

---

① 习近平:《在党的十九届一中全会上的讲话》,《求是》2018 年第 1 期。
② 参见《人民日报》2022 年 12 月 28 日。

系和国际秩序变革加速推进,人类命运紧密相连。同时,世界面临的不稳定性和不确定性突出,世界经济增长乏力,贸易保护主义、孤立主义等思潮不断抬头,贫富分化日趋严重,恐怖主义、网络安全、重大传染性疾病、气候变化等非传统安全威胁持续蔓延。我国在发展关键时期的外部环境更加复杂,一些国家和国际势力对我们的阻遏、忧惧、施压有所增大,我们将面对更多逆风逆水的外部环境。值此大发展大变革大调整时期,统筹国内国际两个大局,把握世界发展大势,应对全球共同挑战,在乱局中保持定力,在变局中抓住机遇,在坚定维护世界和平与发展中谋求自身发展,又以自身发展更好维护世界和平与发展,对我们党提出了更高的要求。

在中国特色社会主义新时代,我们党和国家面临深刻变化的国内形势。当代中国正经历着广泛而深刻的社会变革,我国的社会生产力水平总体显著提高,国家经济实力、科技实力、国防实力、综合国力、国际影响力显著提升。我国发展的环境和条件发生重大变化,对发展水平和质量的要求比以往更高。党的十八大以来,我们党统筹推进"五位一体"总体布局、协调推进"四个全面"战略布局,在新中国成立以来特别是改革开放以来党和人民接续奋斗、我国发展取得重大成就的基础上,领导人民全面建成小康社会,乘势而上,开启了全面建设社会主义现代化国家的新征程。党的二十大报告指出,新时代新征程中国共产党的使命任务,就是团结带领全国各族人民全面建成社会主义现代化强国、实现第二个百年奋斗目标,以中国式现代化全面推进中华民族伟大复兴。报告深刻阐明了中国式现代化的鲜明特点、本质要求和基本原则,指出中国式现代化,是中国共产党领导的社会主义现代化,既有各国现代化的共同特征,更有基于自己国情的中国特色。中国式现代化是人口规模巨大、全体人民共同富裕、物质文明和精神文明相协调、人与自然和谐共生、走和平发展道路的现代化;中国式现代化的本质要求是坚持中国共产党领导,坚持中国特色社会主义,实现高质量发展,发展全过程人民民主,丰富人民精神世界,实现全体人民共同富裕,促进人与自然和谐共生,推动构建人类命运共同体,创造人类文明新形态;全面建成社会主义现代化强国总的战略安排是分两步走,从 2020 年到 2035 年基本实现社会主义现代化,从 2035 年到本世纪中叶把我国建成富强民主文明和谐美丽的社会主义现代化强国。报告指出在前进道路上必须牢牢把握坚持和加强党的全面领导、坚持中国特色社会主义道路、坚持以人民为中心的发展思想、坚持深化改革开放、坚持发扬斗争精神等五项重大原则,并从经济、科教、政治、民主、法治、文化、民生、生态、国家安全、国防军队、祖国统一、和平发展等各个方面对于以中国式现代化全面推进中华民族伟大复兴做了全面部署,为我们把握中国式现代化的历史进程与目标追求提供了科学的立场观点和方法。

在中国特色社会主义新时代,我国社会主要矛盾以及党和国家工作发生重大变化。我国社会主要矛盾已经转化为人民日益增长的美好生活需要和不平衡不充分的发展之间的矛盾。人民美好生活需要日益广泛,不仅对物质文化生活提出了更高要求,而且在民主、法治、公平、正义、安全、环境等方面的要求日益增长。我国社会主要矛盾的变化是关系全局的历史性变化,对党和国家工作提出了许多新要求。我们要在继续推动发展的基础上,着力解决好发展不平衡不充分问题,大力提升发展质量和效益,更好满足人民在经济、政治、文化、社会、生态等方面日益增长的需要,更好推动人的全面发展、社会全面进步。

在中国特色社会主义新时代,中国共产党担负着领导人民坚持和发展中国特色社会主义,全面建设社会主义现代化国家,全面推进中华民族伟大复兴的历史重任,必须深入推进党的建设新的伟大工程,全面推进党的自我净化、自我完善、自我革新、自我提高,使我们党坚守初心使命,始终成为中国特色社会主义事业的坚强领导核心。全面从严治党,全面加强党的建设,一个极为重要的方面,就是全面加强党的思想建设,把马克思主义基本原理同中国具体实际相结合、同中华优秀传统文化相结合,不断开辟马克思主义中国化时代化新境界;用马克思主义中国化、时代化的理论创新成果武装全党、指导实践。党的二十大报告指出:"坚持和发展马克思主义,必须同中国具体实际相结合。我们坚持以马克思主义为指导,是要运用其科学的世界观和方法论解决中国的问题,而不是要背诵和重复其具体结论和词句,更不能把马克思主义当成一成不变的教条。我们必须坚持解放思想、实事求是、与时俱进、求真务实,一切从实际出发,着眼解决新时代改革开放和社会主义现代化建设的实际问题,不断回答中国之问、世界之问、人民之问、时代之问,作出符合中国实际和时代要求的正确回答,得出符合客观规律的科学认识,形成与时俱进的理论成果,更好指导中国实践。"①"坚持和发展马克思

---

① 习近平:《高举中国特色社会主义伟大旗帜　为全面建设社会主义现代化国家而团结奋斗——在中国共产党第二十次全国代表大会上的报告》,人民出版社2022年版,第17—18页。

主义,必须同中华优秀传统文化相结合。……把马克思主义思想精髓同中华优秀传统文化精华贯通起来、同人民群众日用而不觉的共同价值观念融通起来,不断赋予科学理论鲜明的中国特色,不断夯实马克思主义中国化时代化的历史基础和群众基础,让马克思主义在中国牢牢扎根。"①要弘扬马克思主义理论联系实际的学风,深入实际,深入群众,深入实践,把马克思主义与中国实际、中国实践结合起来,在创造性的实践中推进中国特色社会主义事业,在创造性的实践中深化对共产党执政规律、社会主义建设规律、人类社会发展规律的认识,在总结新的实践经验的基础上丰富和发展马克思主义。

中国共产党之所以不断发展壮大,中国革命、建设和改革之所以不断胜利发展,其根本的原因,是我们党高度重视思想理论建设,高度重视学习研究、创新发展马克思主义,运用马克思主义基本理论、立场、观点、方法分析国情实际,探求客观规律,制定战略策略。早在1938年党的六届六中全会的报告中,毛泽东就指出:"如果我们党有一百个至二百个系统地而不是零碎地、实际地而不是空洞地学会了马克思列宁主义的同志,就会大大地提高我们党的战斗力量。"在当代中国,中国共产党要统揽伟大斗争、伟大工程、伟大事业、伟大梦想,统筹推进"五位一体"总体布局,协调推进"四个全面"战略布局,就要加强理论武装,学习和实践马克思主义关于社会历史发展规律的思想,以"每个人的自由发展是一切人的自由发展的条件"的共产主义为崇

① 习近平:《高举中国特色社会主义伟大旗帜 为全面建设社会主义现代化国家而团结奋斗——在中国共产党第二十次全国代表大会上的报告》,人民出版社2022年版,第18页。

高理想,把共产主义远大理想同中国特色社会主义共同理想统一起来;学习和实践马克思主义关于人民群众是历史创造者的思想,坚持根本宗旨,贯彻群众路线,团结带领人民创造历史伟业;学习和实践马克思主义关于社会基本矛盾的思想,顺应社会历史发展规律,改革、完善生产关系和上层建筑,发展人民民主,激发社会活力,不断解放和发展社会生产力,发展、维护、实现好最广大人民根本利益,推进、发展中国特色社会主义;学习和实践马克思主义关于文化建设的思想,发展社会主义先进文化,培育和践行社会主义核心价值观,推动中华优秀传统文化创造性转化、创新性发展;学习和实践马克思主义关于社会建设的思想,坚持以人民为中心,不断保障和改善民生,促进社会公平正义,不断促进人的全面发展;学习和实践马克思主义关于人与自然关系的思想,坚持人与自然和谐共生,走生产发展、生活富裕、生态良好的文明发展道路;学习和实践马克思主义关于世界历史的思想,以世界历史的观点审视当今世界发展趋势及其重大问题,不断拓展同世界各国的合作,在更多领域、更高层面上实现合作共赢、共同发展;学习和实践马克思主义关于马克思主义政党建设的思想,全面加强党的领导和党的建设。在学习和实践马克思主义的过程中,要理论与实际相联系、继承与发展相统一,学习践行创新发展马克思主义;要坚持群众观点和群众路线,组织和依靠群众创造历史伟业,始终与人民心心相印、与人民同甘共苦、与人民团结奋斗,在领导人民进行的中国特色社会主义伟大实践中实现人民根本利益。而所有这一切,都离不开大兴调查研究之风,向人民群众及其实践寻求真理,在深入实际调查研究的基础上科学决策,制定和贯彻落实正确的战略策略、方针政策，团结带领人民不断推进理论创新和实践创新，创造历史伟业和美好生活。

三、做好调查研究工作要树立正确的态度和运用科学的方法

调查研究是提高解决问题能力和提高领导水平的基本功。中国共产党肩负着统筹中华民族伟大复兴战略全局和世界百年未有之大变局、领导人民全面建设社会主义现代化国家的历史使命，面临着新的矛盾、新的问题和新的挑战。全面提高解决实际问题的本领，其中重要的一条，就是树立调查研究的科学态度和方法，努力提高调查研究能力。

（一）要顺应时代要求，反映时代呼声，解决时代问题

马克思说："问题就是公开的、无畏的、左右一切个人的时代声音。问题就是时代的口号，是它表现自己精神状态的最实际的呼声。"①人类社会的历史，就是在不断解决问题的过程中前进的。我们党领导人民进行革命、建设和改革，都是为了解决我国的实际问题。只有立足于时代，倾听特定的时代声音，解决特定的时代问题，才能推动社会的发展进步。

把握社会历史脉搏，顺应时代进步潮流，科学认识和正确解决各种矛盾与问题，是推动事业发展的必由之路。中国革命、建设和改革的每一个胜利，无不是中国共产党倾听时代声音、顺应

---

① 《马克思恩格斯全集》第 40 卷，人民出版社 1982 年版，第 289—290 页。

世界潮流、基于"问题意识"制定和实施正确决策的结果。在新民主主义革命时期，以毛泽东同志为主要代表的中国共产党人把马克思主义基本原理与中国具体实际创造性地结合起来，正确地回答和解决了中国共产党领导的革命为什么是新民主主义革命以及什么是新民主主义革命、怎样进行新民主主义革命的问题，领导人民取得了新民主主义革命的胜利，建立了新中国。在社会主义革命和建设时期，党和毛泽东制定了党在过渡时期的总路线，领导人民创造性地实现了对于农业、手工业和资本主义工商业的社会主义改造，确立了社会主义基本制度，艰辛探索社会主义建设道路，取得了巨大成就，积累了宝贵经验。

在改革开放和社会主义现代化建设新时期，以邓小平同志为主要代表的中国共产党人，团结带领全党全国各族人民，深刻总结新中国成立以来正反两方面的经验，紧紧围绕建设什么样的社会主义、怎样建设社会主义这一根本问题进行理论创新与实践创新，创立了邓小平理论，深刻揭示社会主义本质，明确提出走自己的路、建设中国特色社会主义，确立社会主义初级阶段基本路线，开创了中国特色社会主义，开辟了马克思主义中国化的新境界。以江泽民同志为主要代表的中国共产党人，团结带领全党全国各族人民，坚持党的基本理论、基本路线，加深了对什么是社会主义、怎样建设社会主义和建设什么样的党、怎样建设党的认识，形成了"三个代表"重要思想，确立了社会主义市场经济体制的改革目标和基本框架以及社会主义初级阶段公有制为主体、多种所有制经济共同发展的基本经济制度和以按劳分配为主体、多种分配方式并存的分配制度，开创全面改革开放新局面，推进党的建设新的伟大工程，成功地把中国特色社会主义推向 21 世纪。以胡锦涛同志为主要代表的中国共产党人,团结带领全党全国各族人民,深刻认识和回答了新形势下实现什么样的发展、怎样发展等重大问题,形成了科学发展观,强调坚持以人为本、全面协调可持续发展,抓住重要战略机遇期,聚精会神搞建设,一心一意谋发展,着力保障和改善民生,促进社会公平正义,推进党的执政能力建设和先进性建设,成功地在新形势下坚持和发展了中国特色社会主义。

党的十八大以来,以习近平同志为核心的党中央紧紧围绕坚持和发展中国特色社会主义这个主题,紧密结合新的时代条件和实践要求,以全新的视野深化对共产党执政规律、社会主义建设规律、人类社会发展规律的认识,提出了一系列新理念新思想新战略,从理论和实践的结合上系统地回答了新时代坚持和发展什么样的中国特色社会主义、怎样坚持和发展中国特色社会主义,建设什么样的社会主义现代化强国、怎样建设社会主义现代化强国,建设什么样的长期执政的马克思主义政党、怎样建设长期执政的马克思主义政党等重大时代课题,以崭新的思想内容丰富和发展了马克思主义,创立并不断发展了习近平新时代中国特色社会主义思想,有力地指导了中国特色社会主义事业的发展,推动中国特色社会主义进入新时代,中华民族迎来了从站起来、富起来到强起来的伟大飞跃。在中国特色社会主义新时代,党的理论创新实现了新的飞跃,党的执政方式和执政方略有重大创新,党推动发展的理念和方式有重大转变,我国发展的环境和条件有重大变化,对发展水平和质量的要求比以往更高。

新时代新阶段的声音,是人民向往美好生活的问题。我国社会主要矛盾已经转化为人民日益增长的美好生活需要和不平衡不充分的发展之间的矛盾,人民美好生活需要日益广泛,不仅对物质文化生活提出了更高要求,而且在民主、法治、公平、正义、安全、环境等方面的要求日益增长。习近平指出:"我们的人民热爱生活,期盼有更好的教育、更稳定的工作、更满意的收入、更可靠的社会保障、更高水平的医疗卫生服务、更舒适的居住条件、更优美的环境,期盼孩子们能成长得更好、工作得更好、生活得更好。人民对美好生活的向往,就是我们的奋斗目标。人世间的一切幸福都需要靠辛勤的劳动来创造。我们的责任,就是要团结带领全党全国各族人民,继续解放思想,坚持改革开放,不断解放和发展社会生产力,努力解决群众的生产生活困难,坚定不移走共同富裕的道路"。[1] 民之所呼所盼,我有所应所为,要围绕人民对美好生活的向往和期盼,发现、研究各种观念与体制机制上存在的问题,明确改革的方向,积极推动问题的解决。

新时代新阶段的声音,是加快构建新发展格局、着力推动高质量发展的问题。高质量发展是全面建设社会主义现代化国家的首要任务,必须把发展质量问题摆在更为突出的位置,着力提升发展质量和效益。当今世界正经历百年未有之大变局,我国发展的外部环境日趋复杂。防范化解各类风险隐患,积极应对外部环境变化带来的冲击挑战,关键在于办好自己的事,提高发展质量,提高国际竞争力,增强国家综合实力和抵御风险能力,有效维护国家安全,实现经济行稳致远、社会和谐安定。经济、

---

[1] 《习近平谈治国理政》第1卷,外文出版社2018年版,第4页。

社会、文化、生态等各领域都要体现高质量发展的要求。要完整、准确、全面贯彻新发展理念，坚持社会主义市场经济改革方向，坚持高水平对外开放，加快构建以国内大循环为主体、国内国际双循环相互促进的新发展格局，切实转变发展方式，推动质量变革、效率变革、动力变革，着力推动和实现高质量发展。构建新发展格局，是与时俱进提升我国经济社会发展水平、塑造我国国际经济合作和竞争新优势的战略抉择。改革开放以来，特别是加入世贸组织后，我国加入国际大循环，市场和资源"两头在外"，形成了"世界工厂"发展模式，对于快速提升我国经济实力、改善人民生活发挥了重要作用。近些年来，随着全球政治经济环境变化，逆全球化趋势加剧，有的国家大搞单边主义、保护主义，传统国际循环明显弱化。这就必须把发展立足点放在国内，更多依靠国内市场实现经济发展。构建新发展格局，要坚持扩大内需这个战略基点，使生产、分配、流通、消费更多依托国内市场，形成国民经济良性循环。要坚持供给侧结构性改革，提升供给体系对国内需求的适配性，打通经济循环堵点，提升产业链、供应链的完整性，使国内市场成为最终需求的主要来源，形成需求牵引供给、供给创造需求的更高水平动态平衡。新发展格局不是封闭的国内循环，而是开放的国内国际双循环。推动形成宏大顺畅的国内经济循环，就能更好吸引全球资源要素，既满足国内需求，又提升我国产业技术发展水平，形成参与国际经济合作和竞争新优势。

新时代新阶段的声音，是全面建设社会主义现代化国家的问题。中国共产党领导人民在全面建成小康社会的基础上乘势而上，开启了全面建设社会主义现代化国家的新征程。在新时代新阶段,我国发展环境面临深刻复杂变化,发展不平衡不充分问题仍然突出,经济社会发展中矛盾错综复杂,需要解决的问题会越来越复杂多样。我们必须增强问题意识,科学认识和把握国内外大势,统筹两个大局,深刻认识我国社会主要矛盾发展变化带来的新特征新要求,深刻认识错综复杂的国际环境带来的新矛盾新挑战,准确识变、科学应变、主动求变,努力实现更高质量、更有效率、更加公平、更可持续、更为安全的发展,全面协调推动各领域工作和社会主义现代化建设。

新时代新阶段的声音,是统筹发展和安全的问题。安全是发展的前提,发展是安全的保障。当前和今后一个时期是我国各类矛盾和风险易发期,各种可以预见和难以预见的风险因素明显增多。我们必须坚持统筹发展和安全,增强机遇意识和风险意识,树立底线思维,把困难估计得更充分一些,把风险思考得更深入一些,注重堵漏洞、强弱项,下好先手棋、打好主动仗,有效防范化解各类风险挑战,确保社会主义现代化事业顺利推进。

党的十八大以来,党和国家事业取得历史性成就、发生历史性变革,其中一条很重要的经验就是坚持问题导向,把解决实际问题作为打开工作局面的突破口。党的二十大报告强调:"必须坚持问题导向。……我们要增强问题意识,聚焦实践遇到的新问题、改革发展稳定存在的深层次问题、人民群众急难愁盼问题、国际变局中的重大问题、党的建设面临的突出问题,不断提出真正解决问题的新理念新思路新办法。"①在新发展阶

---

① 习近平:《高举中国特色社会主义伟大旗帜　为全面建设社会主义现代化国家而团结奋斗——在中国共产党第二十次全国代表大会上的报告》,人民出版社2022年版,第20页。

段,在全面建设社会主义现代化国家的新征程上,贯彻新发展理念,构建新发展格局,推动高质量发展,需要解决的问题会越来越多样、越来越复杂。我们要正确应对复杂形势、完成艰巨任务,就必须树立实践导向和问题导向,深入实际调查研究,切实解决好各种矛盾和问题,在解决矛盾和问题的过程中推动事业发展。

(二) 在新时代新阶段,提高调查研究能力,就要树立调查研究的科学态度

中国共产党要履行好历史和时代赋予的使命任务,领导人民全面建设社会主义现代化国家,就必须坚持和发展马克思主义,自觉运用马克思主义的立场、观点和方法观察分析形势、研究解决问题,坚持党的思想路线,大兴调查研究之风;坚持党的群众路线,始终保持党同人民群众的血肉联系,紧紧依靠人民群众创造历史伟业;坚持独立自主,始终走中国特色社会主义道路。

1. 坚持党的思想路线,大兴调查研究之风。要自觉学习党的基本理论,打牢马克思主义理论功底,这是坚持实事求是的理论基础。要深入学习贯彻习近平新时代中国特色社会主义思想,把科学理论转化为认识世界、改造世界的科学的思想方法、领导方法和工作方法。要把读马克思主义经典、悟马克思主义原理当作一种生活习惯、当作一种精神追求,用经典涵养正气、淬炼思想、升华境界、指导实践;努力把马克思主义哲学作为自己的看家本领,坚定理想信念,坚持正确政治方向,提高战略思维、历史思维、辩证思维、系统思维、创新思维、法治思维、底线思维能力,善于从纷繁复杂的矛盾中把握规律,不断积累经验、增长才干。

要科学对待党的基本理论。恩格斯指出:"马克思的整个世界观不是教义,而是方法。它提供的不是现成的教条,而是进一步研究的出发点和供这种研究使用的方法。"①"每一个时代的理论思维,包括我们这个时代的理论思维,都是一种历史的产物,它在不同的时代具有完全不同的形式,同时具有完全不同的内容。"②习近平同志指出,科学社会主义基本原则不能丢,丢了就不是社会主义。同时,科学社会主义也绝不是一成不变的教条。当代中国的伟大社会变革,不是简单延续我国历史文化的母版,不是简单套用马克思主义经典作家设想的模板,不是其他国家社会主义实践的再版,也不是国外现代化发展的翻版。社会主义并没有定于一尊、一成不变的套路,只有把科学社会主义基本原则同本国具体实际、历史文化传统、时代要求紧密结合起来,在实践中不断探索总结,才能把蓝图变为美好现实。

要在实践中自觉运用和创新发展理论。党的二十大报告指出:"必须坚持守正创新。我们从事的是前无古人的伟大事业,守正才能不迷失方向、不犯颠覆性错误,创新才能把握时代、引领时代。我们要以科学的态度对待科学、以真理的精神追求真理,坚持马克思主义基本原理不动摇,坚持党的全面领导不动摇,坚持中国特色社会主义不动摇,紧跟时代步伐,顺应实践发

---

① 《马克思恩格斯选集》第4卷,人民出版社2012年版,第664页。
② 《马克思恩格斯选集》第3卷,人民出版社2012年版,第873页。

展,以满腔热忱对待一切新生事物,不断拓展认识的广度和深度,敢于说前人没有说过的新话,敢于干前人没有干过的事情,以新的理论指导新的实践。"①理论的生命力在于不断创新,要坚持用马克思主义观察时代、解读时代、引领时代,用鲜活丰富的当代中国实践来推动马克思主义发展,用宽广视野吸收人类创造的一切优秀文明成果,坚持在改革中守正出新、不断超越自己,在开放中博采众长、不断完善自己,不断深化对共产党执政规律、社会主义建设规律、人类社会发展规律的认识,不断开辟当代中国马克思主义、21世纪马克思主义新境界。

要按照实际情况决定工作方针、制定战略策略,抓紧抓好贯彻落实。实事求是,是马克思主义的精髓,是中国共产党人始终坚持的根本思想方法和工作方法。要坚持一切从实际出发,理论联系实际,察实情,说实话,出实招,求实效,把党和国家各项方针政策、工作部署和措施要求落实到实践中去,落实到基层中去,落实到群众中去。领导干部要努力做坚持实事求是的表率。

要坚持实践第一的方法,在实践中获得真知,探索新路。实践观点是马克思主义的基本观点。实践是认识的来源、动力、目的以及检验认识是否具有真理性的唯一标准。以广大人民群众为主体的社会实践,是社会发展进步的基石和根本动力。在中国这样一个东方大国进行社会主义建设与改革,推进中国式现代化,充满挑战,前无古人,必须在实践中认识规律、获得真知,

---

① 习近平:《高举中国特色社会主义伟大旗帜　为全面建设社会主义现代化国家而团结奋斗——在中国共产党第二十次全国代表大会上的报告》,人民出版社2022年版,第20页。

在实践中探索前进。摸着石头过河，是富有中国智慧、符合中国国情实际的改革方法，也是符合马克思主义的改革方法。习近平指出："改革开放是前无古人的崭新事业，必须坚持正确的方法论，在不断实践探索中推进。摸着石头过河，是富有中国特色、符合中国国情的改革方法。摸着石头过河就是摸规律。实行改革开放，发展社会主义市场经济，我们的老祖宗没有讲过，其他社会主义国家也没有干过，只有通过实践、认识、再实践、再认识的反复过程，从实践中获得真知。我国改革开放就是这样走过来的，是先试验、后总结、再推广不断积累的过程，是从农村到城市、从沿海到内地、从局部到整体不断深化的过程。这种渐进式改革，避免了因情况不明、举措不当而引起的社会动荡，为稳步推进改革、顺利实现目标提供了保证。摸着石头过河，符合人们对客观规律的认识过程，符合事物从量变到质变的辩证法。不能说改革开放初期要摸着石头过河，现在再摸着石头过河就不能提了。我们是一个大国，决不能在根本性问题上出现颠覆性失误，一旦出现就无可挽回、无法弥补。同时，又不能因此就什么都不能动、什么也不能改，那样就是僵化、封闭、保守。要采取试点探索、投石问路的方法，取得了经验，形成了共识，看得很准了，感觉到推开很稳当了，再推开，积小胜为大胜。"①摸着石头过河和加强顶层设计是辩证统一的，推进局部的阶段性改革开放要在加强顶层设计的前提下进行，加强顶层设计要在推进局部的阶段性改革开放的基础上来谋划。要加强

---

① 《习近平关于全面深化改革论述摘编》，中央文献出版社2014年版，第34—35页。

宏观思考和顶层设计,更加注重改革的系统性、整体性、协同性,同时也要继续鼓励大胆试验、大胆突破,不断把改革开放引向深入。改革开放初期,需要摸着石头过河;当前和今后的改革,仍然要继续摸着石头过河。我们要在实践中开创新路、积累经验,将在实践中的好思路、好经验概括、提升到理论的层面,将在实践中的好做法、好方式提升、定型到制度、体制、机制的层面。我们要从实践中发现问题,在实践中探寻规律,在总结概括实践经验的基础上创新理论、规划战略、制定政策,防止只凭本本、主观愿望、好恶兴趣做事情,防止只靠拍脑袋做决策、拍胸脯作保证。要确立实践作为检验真理唯一标准的最高权威,在实践中检验理论主张、战略策略、方针政策的正确性。一切思想观念、制度体制、措施办法,都要在实践中证明自己的正确性、合理性、合法性。被实践证明是正确的,就应当肯定和坚持;被实践证明是错误的,就应当否定和抛弃。"当然,摸着石头过河也是有规则的,要按照已经认识到的规律来办,在实践中再加深对规律的认识,而不是脚踩西瓜皮,滑到哪里算哪里。"①

2. 坚持党的群众路线,向人民群众寻求真理。党的二十大报告指出:"必须坚持人民至上。人民性是马克思主义的本质属性,党的理论是来自人民、为了人民、造福人民的理论,人民的创造性实践是理论创新的不竭源泉。一切脱离人民的理论都是苍白无力的,一切不为人民造福的理论都是没有生命力的。我们要站稳人民立场、把握人民愿望、尊重人民创造、集中人民智慧,形成为人民所喜爱、所认同、所拥有的理论,使之成为指导人

---

① 《习近平关于全面深化改革论述摘编》,中央文献出版社2014年版,第43页。

民认识世界和改造世界的强大思想武器。"①群众观点是我们党的根本政治观点,群众路线是我们党的根本工作路线和根本工作方法。我们党的理论创新和实践创新,都是从人民立场出发的,都是反映人民愿望、代表人民利益、尊重人民创造、集中人民智慧、依靠人民力量,才能获得真知、认识规律、制定决策、指导实践并获得发展和成功的。只要我们真正做到了一切为了群众和一切依靠群众,马克思主义就会不断创新发展、充满活力,党和人民的事业就不断取得胜利、成功。共产党员、领导干部要自觉践行党的根本宗旨,把群众观点、群众路线深深植根于思想中、具体落实到行动上。要勤勤恳恳为民,兢兢业业干事,清清白白做人。勤勤恳恳为民,就是要践行全心全意为人民服务的根本宗旨,做人民公仆,始终把人民群众安危冷暖放在心上,想问题、作决策、抓工作坚持从群众中来、到群众中去,时时做到与群众同甘苦、共忧乐、共奋进。兢兢业业干事,就是要确立献身党和人民事业的崇高情怀,聚精会神履行党和人民赋予的神圣职责,实干苦干,不务虚功,夙兴夜寐,勤奋工作,以一流业绩回报党和人民的信任和重托。清清白白做人,就是要一身正气、两袖清风,公正用权、依法用权、廉洁用权,拒腐蚀、永不沾。

3. 坚持独立自主原则,在调查研究基础上创造性地发展马克思主义,发展中国特色社会主义。党的十一届六中全会通过的《中国共产党中央委员会关于建国以来党的若干历史问题的

---

① 习近平:《高举中国特色社会主义伟大旗帜 为全面建设社会主义现代化国家而团结奋斗——在中国共产党第二十次全国代表大会上的报告》,人民出版社 2022 年版,第 19 页。

决议》指出："独立自主,自力更生,是从中国实际出发、依靠群众进行革命和建设的必然结论。无产阶级革命是国际性的事业,需要各国无产阶级互相支援。但是完成这个事业,首先需要各国无产阶级立足于本国,依靠本国革命力量和人民群众的努力,使马克思列宁主义的普遍原理同本国革命的具体实践相结合,把本国的革命事业做好。毛泽东同志一贯强调,我们的方针要放在自己力量的基点上,自己找出适合我国情况的前进道路。在我们这样一个大国,尤其必须主要依靠自己的力量发展革命和建设事业。我们一定要有自己奋斗到底的决心,要信任和依靠本国亿万人民的智慧和力量,否则,无论革命和建设都不可能取得胜利,胜利了也不可能巩固。当然,我国的革命和建设不是也不可能孤立于世界之外,我们在任何时候都需要争取外援,特别需要学习外国一切对我们有益的先进事物。闭关自守、盲目排外以及任何大国主义的思想行为都是完全错误的。……我们坚持独立自主,也尊重别国人民独立自主的权利。适合本国特点的革命道路和建设道路,只能由本国人民自己来寻找、创造和决定,任何人都无权把自己的意见强加于人。"①党的十九届六中全会通过的《中共中央关于党的百年奋斗重大成就和历史经验的决议》,将"坚持独立自主"作为中国共产党百年奋斗的重要历史经验之一,指出"独立自主是中华民族精神之魂,是我们立党立国的重要原则。走自己的路,是党百年奋斗得出的历史结论。党历来坚持独立自主开拓前进道路,坚持把国家和民族发展放在自己力量的基点上,坚持中国的事情必须由中国人民

---

① 《三中全会以来重要文献选编》(下),人民出版社1982年版,第835—836页。

自己作主张、自己来处理。人类历史上没有一个民族、一个国家可以通过依赖外部力量、照搬外国模式、跟在他人后面亦步亦趋实现强大和振兴。那样做的结果,不是必然遭遇失败,就是必然成为他人的附庸。只要我们坚持独立自主、自力更生,既虚心学习借鉴国外的有益经验,又坚定民族自尊心和自信心,不信邪、不怕压,就一定能够把中国发展进步的命运始终牢牢掌握在自己手中"。党的二十大报告强调:"必须坚持自信自立。中国人民和中华民族从近代以后的深重苦难走向伟大复兴的光明前景,从来就没有教科书,更没有现成答案。党的百年奋斗成功道路是党领导人民独立自主探索开辟出来的,马克思主义的中国篇章是中国共产党人依靠自身力量实践出来的,贯穿其中的一个基本点就是中国的问题必须从中国基本国情出发,由中国人自己来解答。我们要坚持对马克思主义的坚定信仰、对中国特色社会主义的坚定信念,坚定道路自信、理论自信、制度自信、文化自信,以更加积极的历史担当和创造精神为发展马克思主义作出新的贡献,既不能刻舟求剑、封闭僵化,也不能照抄照搬、食洋不化。"①在中国革命、建设和改革的各个历史时期,中国共产党人坚持把马克思主义基本原理与中国实际结合起来,独立自主地探索中国革命、建设和改革的道路,取得了新民主主义革命、社会主义革命的胜利以及社会主义建设和改革开放的巨大成就。在新时代新阶段,我们党要领导人民推进中国特色社会主义伟大事业,建设社会主义现代化强国,也要坚持独立自主原则,深

---

①　习近平:《高举中国特色社会主义伟大旗帜　为全面建设社会主义现代化国家而团结奋斗——在中国共产党第二十次全国代表大会上的报告》,人民出版社 2022 年版,第 19 页。

入认识把握国情世情的新变化新特点,深入认识当今时代人类社会发展、中国特色社会主义发展的新规律新趋势,坚持和拓展符合中国实际、符合客观规律、符合时代潮流、符合人民利益的发展道路。习近平指出:"走自己的路,是党的全部理论和实践立足点,更是党百年奋斗得出的历史结论。中国特色社会主义是党和人民历经千辛万苦、付出巨大代价取得的根本成就,是实现中华民族伟大复兴的正确道路。我们坚持和发展中国特色社会主义,推动物质文明、政治文明、精神文明、社会文明、生态文明协调发展,创造了中国式现代化新道路,创造了人类文明新形态。""新的征程上,我们必须坚持党的基本理论、基本路线、基本方略,统筹推进'五位一体'总体布局、协调推进'四个全面'战略布局,全面深化改革开放,立足新发展阶段,完整、准确、全面贯彻新发展理念,构建新发展格局,推动高质量发展,推进科技自立自强,保证人民当家作主,坚持依法治国,坚持社会主义核心价值体系,坚持在发展中保障和改善民生,坚持人与自然和谐共生,协同推进人民富裕、国家强盛、中国美丽。""中国共产党和中国人民将在自己选择的道路上昂首阔步走下去,把中国发展进步的命运牢牢掌握在自己手中!"①

(三) 在新时代新阶段,提高调查研究能力,就要运用调查研究的科学方法

1. 要把学好用好马克思主义作为自己的看家本领。学习、

---

① 习近平:《在庆祝中国共产党成立 100 周年大会上的讲话》,人民出版社 2021 年版,第 13—14、14、15 页。

掌握马克思主义,是提高调查研究能力、解决实际问题、做好领导工作的基础。恩格斯说,"我们党有个很大的优点,就是有一个新的科学的世界观作为理论的基础"①。列宁说:"只有以先进理论为指南的党,才能实现先进战士的作用。"②毛泽东在《中国革命战争的战略问题》中指出:"我们的眼力不够,应该借助于望远镜和显微镜。马克思主义的方法就是政治上军事上的望远镜和显微镜。"③在党的六届六中全会作的《论新阶段》报告中,毛泽东号召共产党员努力学习马克思列宁主义理论,善于把马克思主义一般原理和国际经验应用于中国的具体环境。1955年3月,毛泽东在党的全国代表会议上的讲话中,强调学习马克思主义理论基础、建设强大的理论队伍对于党的事业、对于社会主义工业化、社会主义改造、现代化国防、原子能研究的重要性。他说"我劝同志们要学哲学。……马克思主义有几门学问:马克思主义的哲学,马克思主义的经济学,马克思主义的社会主义——阶级斗争学说,但基础的东西是马克思主义哲学。这个东西没有学通,我们就没有共同的语言,没有共同的方法,扯了许多皮,还扯不清楚。有了辩证唯物论的思想,就省得许多事,也少犯许多错误。"④他大力倡导广大干部群众学哲学、用哲学,"让哲学从哲学家的课堂上和书本里解放出来,变为群众手里的尖锐武器"⑤。

---

① 《马克思恩格斯选集》第 2 卷,人民出版社 2012 年版,第 10 页。
② 《列宁选集》第 1 卷,人民出版社 2012 年版,第 312 页。
③ 《毛泽东选集》第 1 卷,人民出版社 1991 年版,第 212 页。
④ 《毛泽东文集》第 6 卷,人民出版社 1999 年版,第 396 页。
⑤ 《毛泽东文集》第 8 卷,人民出版社 1999 年版,第 323 页。

邓小平指出,"搞社会主义一定要遵循马克思主义的辩证唯物主义和历史唯物主义"①。"现在我们的干部中很多人不懂哲学,很需要从思想方法、工作方法上提高一步。"②

习近平反复强调党的各级领导干部特别是高级干部要原原本本学习和研读经典著作,不断接受马克思主义哲学智慧的滋养,努力把马克思主义哲学作为自己的看家本领。领导干部学习马克思主义基本理论,要坚持把理论与实践结合起来,学而信、学而思、学而行,用马克思主义指导自己的思想和行动;要把学习理论与干事创业、为民造福结合起来,致力于推动经济社会高质量发展,不断实现好、维护好、发展好人民根本利益,努力增进人民福祉。

2013 年 12 月 3 日,习近平在中共中央政治局就历史唯物主义基本原理和方法论进行第十一次集体学习时的讲话中指出,马克思主义哲学深刻揭示了客观世界特别是人类社会发展一般规律,在当今时代依然有着强大生命力,依然是指导我们共产党人前进的强大思想武器。学哲学、用哲学,是我们党的一个好传统。在革命、建设、改革各个历史时期,我们党运用历史唯物主义,系统、具体、历史地分析中国社会运动及其发展规律,在认识世界和改造世界过程中不断把握规律、积极运用规律,推动党和人民事业取得了一个又一个胜利。历史和现实都表明,只有坚持历史唯物主义,我们才能不断把对中国特色社会主义规律的认识提高到新的水平,不断开辟当代中国马克思主义发展

① 《邓小平文选》第 3 卷,人民出版社 1993 年版,第 118 页。
② 《邓小平文选》第 2 卷,人民出版社 1994 年版,第 303 页。

新境界。要推动全党学习历史唯物主义基本原理和方法论,更好认识国情,更好认识党和国家事业发展大势,更好认识历史发展规律,更加能动地推进各项工作。要学习和掌握社会基本矛盾分析法,深入理解全面深化改革的重要性和紧迫性。坚持和发展中国特色社会主义,必须不断适应社会生产力发展调整生产关系,不断适应经济基础发展完善上层建筑。要学习和掌握物质生产是社会生活的基础的观点,坚持发展仍是解决我国所有问题的关键这个重大战略判断,使市场在资源配置中起决定性作用和更好发挥政府作用,推动我国社会生产力不断向前发展,推动实现物的不断丰富和人的全面发展的统一。要学习和掌握人民群众是历史创造者的观点,紧紧依靠人民推进改革,把实现好、维护好、发展好最广大人民根本利益作为推进改革的出发点和落脚点,让发展成果更多更公平惠及全体人民。

2015 年 1 月 23 日,习近平在十八届中央政治局第二十次集体学习时的讲话中指出,结合我国实际和时代条件,学习和运用辩证唯物主义世界观和方法论,要注重解决好以下几个问题。第一,学习掌握世界统一于物质、物质决定意识的原理,坚持从客观实际出发制定政策、推动工作。我们要准确把握国际国内环境变化,辩证分析我国经济发展阶段性特征,准确把握我国不同发展阶段的新变化新特点,使主观世界更好符合客观实际,按照实际决定工作方针,这是我们必须牢牢记住的工作方法。第二,学习掌握事物矛盾运动的基本原理,不断强化问题意识,积极面对和化解前进中遇到的矛盾。问题是事物矛盾的表现形式,我们强调增强问题意识、坚持问题导向,就是承认矛盾的普遍性、客观性,就是要善于把认识和化解矛盾作为打开工作局面的突破口。我们党领导人民干革命、搞建设、抓改革,从来都是为了解决中国的现实问题。对待矛盾的正确态度,应该是直面矛盾,在解决矛盾的过程中推动事物发展。第三,学习掌握唯物辩证法的根本方法,不断增强辩证思维能力,提高驾驭复杂局面、处理复杂问题的本领。坚持唯物辩证法,要求用大气力、下真功夫。一方面要加强调查研究,准确把握客观实际,真正掌握规律;另一方面要坚持发展地而不是静止地、全面地而不是片面地、系统地而不是零散地、普遍联系地而不是单一孤立地观察事物,妥善处理各种重大关系。第四,学习掌握认识和实践辩证关系的原理,坚持实践第一的观点,不断推进实践基础上的理论创新。我们坚持和发展中国特色社会主义,必须高度重视理论的作用,增强理论自信和战略定力,对经过反复实践和比较得出的正确理论,要坚定不移坚持。要根据时代变化和实践发展,不断深化认识,不断总结经验,不断进行理论创新,在理论指导和实践探索辩证统一以及理论创新和实践创新良性互动中发展 21世纪中国的马克思主义。①

2. 要树立实践导向,增强问题意识,解决实际问题。习近平在 2021 年秋季学期中央党校(国家行政学院)中青年干部培训班开班式上的讲话中强调指出,坚持一切从实际出发,是我们想问题、作决策、办事情的出发点和落脚点。坚持从实际出发,前提是深入实际、了解实际,只有这样才能做到实事求是。要了解实际,就要掌握调查研究这个基本功。要眼睛向下、脚步

---

① 参见习近平:《辩证唯物主义是中国共产党人的世界观和方法论》,《求是》2019 年第 1 期。

向下,经常扑下身子、沉到一线,近的远的都要去,好的差的都要看,干部群众表扬和批评都要听,真正把情况摸实摸透。既要"身入"基层,更要"心到"基层,听真话、察真情,真研究问题、研究真问题,不能搞作秀式调研、盆景式调研、蜻蜓点水式调研。要在深入分析思考上下功夫,去粗取精、去伪存真,由此及彼、由表及里,找到事物的本质和规律,找到解决问题的办法。习近平同志指出,坚持从实际出发、实事求是,不只是思想方法问题,也是党性强不强问题。从当前干部队伍实际看,坚持实事求是最需要解决的是党性问题。干部是不是实事求是可以从很多方面来看,最根本的要看是不是讲真话、讲实话,是不是干实事、求实效。年轻干部要坚持以党性立身做事,把说老实话、办老实事、做老实人作为党性修养和锻炼的重要内容,敢于坚持真理,善于独立思考,坚持求真务实。

3. 要创新调查研究方式方法。在新时代新阶段,做好调查研究工作,要坚持以习近平新时代中国特色社会主义思想为指导,紧紧围绕党的路线方针政策和中央重大决策部署的贯彻执行,坚持解放思想、实事求是、与时俱进,深入研究在贯彻新发展理念、实现高质量发展、推进共同富裕过程中的重大问题以及当今世界政治经济等领域的重大问题,深刻总结群众实践的经验,充分反映人民群众所思所盼,把制定和实施决策奠基于尊重客观规律、客观情况、人民利益的基础之上,努力提高决策水平、领导水平、执政水平。

调查研究,目的是了解实际情况,把握客观规律,理出解决问题的思路,制定相应的对策。为此,就要深入实际、深入基层、深入群众,全面调查了解情况。既要调查机关,又要调查基层;

既要调查干部,又要调查群众;既要解剖典型,又要了解全局;既要到工作局面好和先进的地方去总结经验,又要到困难较多、情况复杂、矛盾尖锐的地方去研究问题。并且要把基层、群众、重要典型和困难的地方作为调查研究的重点。对于领导干部来说,调查研究要有明确的目的性和问题导向,力求准确、全面、透彻地了解情况,防止调查研究走马观花、浮光掠影、流于形式、走过场。

调查研究,是为了发现现实中存在的问题,总结群众的实践经验,反映群众的利益诉求,按照民心民意做决策、定政策。为此,一定要坚持从群众中来、到群众中去,广泛听取群众意见建议,集中群众的经验智慧。而调查研究搞得好不好,领导的意见、决策对不对,也要通过群众的实践来检验。领导干部进行调查研究,要放下架子、扑下身子,深入田间地头和厂矿车间,同群众一起讨论问题,倾听他们的呼声,体察他们的情绪,感受他们的疾苦,总结他们的经验,汲取他们的智慧。既要听群众的顺耳话,也要听群众的逆耳言;既要让群众反映情况,也要请群众提出意见。尤其对群众最盼、最急、最忧、最怨的问题更要主动调研,抓住不放。这样才能真正听到实话、察到实情、获得真知、收到实效。

调查研究,是为了把握实情、倾听民声,按照客观实际、民心民意想问题、做决策、定政策,必须坚持实事求是、求真务实的方法和作风,要从客观实际出发,从客观实际中得出结论,而不是用先入之见去剪裁现实,不是按照预先定的调子、框子去拼凑材料。习近平同志指出,在调查研究中能不能、敢不敢实事求是,不只是认识水平问题,而且是党性问题。只有公而忘私,把党和人民利益放在第一位，才能真正做到实事求是。

调查研究，要把调查与研究统一起来。调查研究搞得好不好，关键要看调查研究的实效，看调研成果的运用，看能不能把问题解决好。习近平同志指出，从目前领导干部开展调查研究的实际情况看，有调查不够的问题，也有研究不够的问题，而后一个问题可能更突出。调查研究的根本目的是解决问题，在充分调查的基础上，要进行深入思考研究，把零散的认识系统化，把粗浅的认识深刻化，找到事物的本质规律，找到解决问题的正确办法。

调查研究方法要与时俱进。我们在运用党在长期实践中形成的有效方法的同时，要适应新形势新情况以及信息社会的新特点，拓展调研渠道，丰富调研手段，创新调研方式，运用新的方法，提高调查研究的效率和科学性。

4. 建立和完善制度，保证调查研究经常化。建立健全调查研究制度，使调查研究制度化、经常化，做好调查研究工作，是使我们党的思想理论、方略政策与客观实际相符合、与人民群众的利益愿望相一致，把党和人民的事业不断推向前进的重要保证。

坚持和完善制定决策的调研论证制度。制定和实施决策，是一个提出问题和分析、解决问题的过程。要把调查研究贯穿于决策的全过程，在调查研究的基础上察实情、做判断、定政策，切实防止和坚决克服决策的随意性，提高决策的科学化水平。要严格执行决策事项的调研程序，对于事关改革发展稳定全局的问题，要坚持做到不调研不决策、先调研后决策。出台涉及群众切身利益的重要政策措施，要通过听证会、论证会，广泛听取群众意见。对于重大项目、重大决策，要建立和落实风险评估机制。

坚持和完善领导机关、领导干部调研工作制度。领导干部要发挥带头作用，调查研究重大问题，充分了解客观实际，在集体讨论、集思广益基础上形成统一意见、制定科学决策。

坚持和完善领导干部联系点制度。领导干部特别是主要领导干部要以身作则，要注意选择问题多、困难大、矛盾集中，与本职工作密切相关的基层单位进行蹲点调研，及时了解实际情况，听取群众意见，总结实践经验，发现和解决问题。

毛泽东的《寻乌调查》和《反对本本主义》，是马克思主义中国化的经典文献，其对于毛泽东思想的形成与发展，对于中国共产党自主探索和拓展中国革命的正确道路，引导中国革命走向胜利，发挥了重要的作用。在中国特色社会主义新时代，中国共产党担负着领导人民坚持和发展中国特色社会主义，以中国式现代化全面推进中华民族伟大复兴的使命任务，要解决改革发展稳定、内政外交国防、治党治国治军的一系列重大问题，仍然需要学习《寻乌调查》与《反对本本主义》所创造、贯穿、蕴含、体现、秉持的科学的理论、方法、态度、精神，始终不渝地坚持实事求是、群众路线、独立自主，在把马克思主义与当代中国实际创造性结合的过程中，科学回答时代和实践提出的重大问题，不断推进马克思主义中国化时代化，把中国特色社会主义事业胜利推向前进。

寻乌调查

（一九三〇年五月）

毛　泽　东

　　我做的调查以这次为最大规模。我过去做过湘潭、湘乡、衡山、醴陵、长沙、永新、宁冈七个有系统的调查,湖南那五个是大革命时代(一九二七年一月)做的,永新、宁冈两个是井冈山时代(一九二七年十一月)[1]做的。湖南五个放在我的爱人杨开慧手里,她被杀了,这五个调查大概是损失了。永新、宁冈两个,一九二九年一月红军离开井冈山时放在山上的一个朋友手里,蒋桂会攻井冈山[2]时也损失了。失掉别的任何东西,我不着急,失掉这些调查(特别是衡山、永新两个),使我时常念及,永久也不会忘记。寻乌调查是一九三〇年五月四军到寻乌时做的,正是陂头会议[3](二月七日四军前委与赣西特委的联席会议)之后,汀州会议[4](六月四军前委与闽西特委的联席会议)之前,关于中国的富农问题我还没有全般了解的时候,同时我对于商业状况是完全的门外汉,因此下大力来做这个调查。在全部工作上帮助我组织这个调查的,是寻乌党的书记古柏同志

177

（中学生，破产小地主，曾任小学教师、县革命委员会及县苏维埃主席，篁乡区人）。在材料上与我以大量供给的，是郭友梅（五十九岁，杂货店主，曾任县商会长，本城人）、范大明（五十一岁，贫农，县苏[5]职员，城区人）、赵镜清（三十岁，中农，做过铸铁工，做过小商，陈炯明[6]部下当过兵做到排长，现任县苏委员，双桥区人）、刘亮凡（二十七岁，县署钱粮兼征柜办事员，现任城郊乡苏维埃主席，城区人）四人，他们都是经常到调查会的。此外李大顺（二十八岁，贫农，曾任区苏委员）、刘茂哉（五十岁，老童生，开过赌场，做过小生意，原是小地主，降为贫民，曾任县革命委员会委员，现任区苏委员）两人，也供给了一部分材料，间或到我们的调查会。还有刘星五（四十六岁，农民，做过小生意，乡苏委员，城区人）、钟步嬴（二十三岁，梅县师范生，区政府主席，石排下人）、陈倬云（三十九岁，自治研究所毕业，做过缝工，做过小生意，当过小学教师）、郭清如（六十二岁，秀才，赴过乡试，做过小学教师，城区人）四人，到过一二次调查会，稍微供给了一点材料。我们的调查会，就是我和以上十一个人开的，我做主席和记录。我们的会开了十多天，因为红军部队分在安远、寻乌、平远做发动群众的工作，故有时间给我们开调查会。

寻乌这个县，介在闽粤赣三省的交界，明了了这个县的情况，三省交界各县的情况大概相差不远。

这个调查有个大缺点，就是没有分析中农、雇农与流氓。还有在"旧有土地分配"上面，没有把富农、中农、贫农的土地分开来讲。

一九三一年二月二日于宁都小布

第一章　寻乌的政治区划

全县分为七区,七区之中包括四厢十二堡。

七区是:

城区:分东西南北四厢,为全县政治中心。

仁丰区[7]:即篁乡堡。公平圩、菖蒲圩(即篁乡圩)为本区两个政治中心,各设一个局。

双桥区:即双桥堡。内分十三段,以留车为政治中心。

南八区:分南桥、八富两堡,以牛斗光为政治中心。

兼三区:分项山、腰古、滋溪三堡,以吉潭为政治中心。

澄江区:分寻乌、大墩、桂岭三堡,以澄江圩为政治中心。

三水区:分三标、水源两堡,以三标圩为政治中心。

明万历前寻乌还未设县,万历以后才设县。没有设县的时候,一部分属江西的安远县管辖,设置石溪堡,其地域是现在的澄江、三水、仁丰、县城等区;一部分属广东平远县管辖,其地域是现在的双桥、南八、兼三等区。

第二章　寻乌的交通

(一)水　路

寻乌水从桂岭山盘古隘一带山地发源,经澄江、吉潭、石排下、车头、留车,流入龙川,下惠州,故寻乌水乃是东江的上游。船可通到澄江。沿河以澄江、吉潭、留车三个圩场为最大,吉潭在三个圩中更首屈一指。

另由石排下可以通船到城区之河岭(城南十里)。

(二) 陆 路

以石排下为中心,分为四条大路:一条经过吉潭(三十里)、澄江(六十里)、盘古隘,通筠门岭(一百一十里),为兴国、于都、会昌通广东的大路。一条经过县城(三十里)、三标(六十里)、太阳关,通安远城(一百四十里),为信丰、安远通梅县的大路。一条经过珠村、牛斗光(二十里)到平远之八尺(四十五里),为会昌、安远两方通梅县的大路,即会昌、安远两条路均到石排下集中,共同通梅县的大路。一条经过车头(二十里)、留车(三十五里)、荒塘肚(六十里)到兴宁之罗浮(九十五里)、罗冈(一百二十五里),往兴宁、五华,为寻乌下惠州的大路。

另有几条小些的路:一条从澄江通安远挖补界之罗塘(三十里),再由罗塘南往下坝,北往门岭。一条从吉潭经小田、船肚、书园往平远(六十里)。一条从县城经大炉下、滋溪、剑溪、礼牽、赖地往武平(一百八十里)。一条从县城经上坪通安远南乡之胡山(六十里),再由胡山北往安远城(六十里),西往太平(三十六里)、鹅公圩(六十里)。一条由县城到新圩(六十里),再由新圩经公平圩(三里)、两广亭(四十五里),往定南之鹅公圩(八十里),再南经鹅公圩,西往定南城,西经鹤子圩往信丰。由新圩经菖蒲(二十里)、隘排口往龙川城(二百四十里)。由菖蒲、隘排口通兴宁城(一百八十里)。以上各路比较小一点。

从寻乌城出发,往门岭九十里,往武平一百八十里,往梅县二百四十里,往兴宁二百四十里,往安远一百一十里,往龙川三百一十里,往定南(经上坪、胡山、太平、鹅公圩)一百六十里。

(三) 电 报

过去电报局设在吉潭,民国十一年移到县城。电线由吉潭通寻乌城,通筠门岭,通平远。

(四) 邮 政

县城是三等邮局。一路走吉潭、澄江通门岭。一路走牛斗光通八尺,再由八尺通梅县;另由八尺分一路通平远。一路走三标通安远。澄江、吉潭、牛斗光三处有"代办所",三标、石排下二处有"代收所"。旧历二、五、八走门岭,一、三、五、七、九走八尺,二、四、六、八、十走安远。赣州的信走安远,送于都、兴国的信走门岭。县城邮局通常可以汇款二百元以内,五百元以内须先期交涉,否则不能。前年三二五暴动[8],抓了邮政局长,罚过五百元。此次新局长怕抓,先期跑了。三二五暴动还杀了一个电报局长。

(五) 陆路交通器具

和广东一样,不论什么道路一概没有车子。陆路运输工具大多数是活人的肩胛,其次是骡马。县城通梅县大路上骡马很多,县城通门岭、县城通吉潭两条路也有,此外没有。运输的骡马是骡多马少,但普通一概叫做"马子"。用马子驮的货物以盐豆两门为大宗。

第三章　寻乌的商业

本章目录

（12）伞

（13）木器

（14）火店

（15）豆腐

（16）理发

（17）打铁

（18）爆竹

（19）打首饰

（20）打洋铁

（21）修钟表

（22）圩场生意

（23）娼妓

（24）同善社

（25）人口成分和他们在政治上的地位

（一）门岭到梅县的生意

从石城、瑞金来的,米和豆子为大宗,值几十万元。从兴国来的,茶油[9]为大宗,米也有(少)。于都、会昌没有什么货来。

澄江圩每圩从门岭来的油约有四船(门岭肩挑到澄江下船),每船装油十二担,每担约值小洋三十元,每年以百圩计算,约值十五万元。

石城、瑞金的米到门岭,大部分经罗塘、下坝(武平属,在三省交界)、新铺(蕉岭属,离梅县三十里)往梅县,每天有约三百担过。米走寻乌通过往梅县的,很少。由寻乌通过的是油豆两大宗。豆子担数比油多一倍,每担有五斗的,有三斗的,不等。

价值每斗小洋一元五毛。每圩(三天一圩)用船载的有五船,每船十四担,每担(以四斗计)值六元,每圩共值四百二十元,每年一百圩共值四万二千元。另还有肩挑,每圩有二十担,每年有二千八百担,共值一万六千八百元。两项共值五万八千八百元。

(二) 安远到梅县的生意

鸡

这一条路上的生意,大宗是鸡,次是牛,又次是猪。鸡的大部分是唐江、南康、信丰来的,安远也有一点,甚至有从遂川来的。走王母渡、金鸡圩、新田、版石,不入安远城,由安远城北五里地方通过,入寻乌下梅县。由梅县的鸡行装往松口,向汕头输出。鸡每天走寻乌通过的,安远来的是大宗,也还有小部分走门岭来。每天少也有一百担,多的到百三十担。每担六十斤,以每天百担计,六千斤。鸡贩子由唐江一带一直挑到梅县城或新铺圩(由寻乌走大柏去新铺下船,直往松口,不经梅县)发卖,每斤价五毛(寻乌鸡价每斤四毛)。每天六千斤,共值三千元。每年三百六十天,共值一百零八万元。梅县鸡行卖与松口,每斤价七毛以上,可谓大赚其钱。

牛

每月逢一是"牛岗"。十一月最旺,每岗七八百头牛。正、二月次之,每岗一二百头。三、四、五、六、七月最淡,每岗少的三五头,多的也不过十余头。八月初一这天为牛市"开岗"的日子,从这日起生意逐渐旺盛,每岗从四五十头到六七十头。九、十两月每岗就有百把头了。

每年共有多少牛呢?

184

正、二月每月平均一百头,共二百头;

三月六十头;

四、五、六、七月没有市;

八月三岗,二百五十头;

九月同八月;

十月三百头;

十一月三岗,二千一百头;

十二月只有二岗,一百六十头;

全年三千三百二十头。

牛价平均每头值四十元,全年共值一十三万二千八百元。

牛也是如鸡一样,从唐江、信丰来的为大宗,安远也有一点点,寻乌本县没有。和鸡不同的是,鸡于寻乌只是经过,牛则在寻乌出卖。牛市在县城东门外河塝上,卖主是唐江、信丰、安远人,买主是梅县、武平、蕉岭、平远人,经纪(牙人)是寻乌人。不是经松口向汕头输出,大概是牛贩子们买了去转卖给人家耕田,或转卖给城市宰杀。牙人钱每只牛买卖双方各出半毛。牛税有承商包办,每年缴政府一千七百四十元。牛税从前每年"标"(即投标)一次,出钱多的得标,近改为三年一标。税到牛身上,黄牛每头四毛,水牛每头五毛,名之曰"饷"。抽过了税,在那只牛身上拍上个"饷"字的石灰印,买主就起牛跑。饷以外,还有捐,是近来附加的,每牛一毛。承商向政府出的税,连同他自己的赚项,年在二千元以上。以平均每牛抽税四毛半计,每年在寻乌城出卖的牛,当在四千五百头以上。上面说每年三千三百二十头,乃是最少量的估计。

猪

信丰来的最多,安远次之。走两条路来,一条从安远城,经寻乌城,走牛斗光、八尺去梅县,这一路最多;一条由安远南乡,走公平、新圩、留车、平远之中坑圩,往梅县,这一路较少。两条路全年有五千只猪通过。平均每只一百斤,每斤价四毛半(每只四十五元),五千只猪共值二十二万五千元。寻乌政府每只抽税二毛。

(三) 梅县到门岭的生意

大宗是洋货(牙粉、牙刷、电筒、胶底鞋、肥皂、洋伞、马灯、洋铁均大宗。其中如牙粉、牙刷等,本属中国制的多,但普通也叫洋货),海味(海带、海参、鱼肚、鱿鱼、淡菜、咸鱼等为大宗),盐(十年前惠盐多,三四年前潮盐多,这是因为商人包办路线不同的缘故。现在又是惠盐多,则因八尺、中坑等处反动派对红色区域封锁,阻塞了潮盐的路的缘故。盐到门岭后,一直通往兴国),洋油(亚细亚牌的多),布匹(梅县去的少,兴宁去的多,均买了洋纱自己造的。兴宁织造很发达。兴宁一般生意也比梅县大)洋纱(外国货)这五类。糖与面粉亦有好些。

梅县与门岭不通车,货大部分是肩挑,盐通通用马子驮,只有用船载至澄江起岸。面粉之一部也用马子驮。

门岭去梅县,脚夫们一担货去,一担货回。

(四) 梅县到安远、信丰的生意

货物种类与往门岭的同,但数量少于门岭,大概比例是门岭六成,安、信四成,因门岭货物销到瑞金、石城、于都、兴国等广大地方,安远、信丰地域较狭之故。

（五）惠州来货

只有盐一门是大宗。咸鱼、黄糖二样略有一点来寻乌卖。此外没有。

（六）寻乌的出口货

上面说的都是进口货或通过货,这里要说寻乌县对外出口货。

第一是米。梅县一带很缺乏米,价比寻乌贵一倍,寻乌每年要供给它很多。澄江、三标、吉潭(项山的)、城区四个区域的米,从牛斗光经八尺、大柏,向梅县输出;龙图、腴田、留车、芳田、篁乡上半区一带的米,走中坑向梅县输出;大同、篁乡下半区、大田、蓝田、斗晏及龙川来的一部分,走岑峰经石正向梅县输出。三条路输出数量大略相等,每天共计输出米一百担,全年三万六千担,平均每担价八元,共二十八万八千元。

第二是茶。出于城区西厢之上、下坪,南厢之图合、冈上、鹅子湖一带。三、四、五、七、八月为采茶期。每圩约输出二十担(每担七十斤),每年百圩输出二千担,共一十四万斤,每斤价五毛,共值七万元。十分之八以上向兴宁输出,十分之二以下向梅县输出。采茶时兴宁客子到乡下,收买生叶自己制造。生叶中,"雨前茶"(谷雨以前的,又叫"头春茶"),一块钱八斤,每五斤生叶可以制出一斤茶。这种雨前茶价颇贵,要一块钱一斤。"二春"(三四月的)和"秋子"(七八月的),每块钱能买生茶叶十五斤,制造出来每斤卖五毛。做茶生意的靠着二春和秋子赚钱,头春茶是赚不到什么钱的。十二月还能产出些茶,名叫"雪子",和雨前茶一样的贵,同属上等人家吃的。出不多,客子们于它也赚不到什么钱。城区之外,双桥区之雁洋坪也出茶,虽很少(每年只值百多元),但很好,因为不是岭头种的,而是菜园子里种的。

第三是纸。出于篁乡,向兴宁(走罗浮、罗冈)、梅县(走中坑,也有走岑峰的)、龙川(走贝岭)三地输出。平均每圩六十担,全年一百圩,六千担,每担价八元,共四万八千元。

第四是木。产地是城区的西厢(上、下坪)、南厢(鹅子湖),南八区的河角圩一带,篁乡区的香山、高头一带,三水区的肖木坑、寨塘坑,兼三区的罗福嶂。除罗福嶂的向潮汕输出外,其余均向东江输出。但罗福嶂木头输出潮汕价钱很贵,输出东江的则价钱很贱,每年约值万余元。二十年前出产较大。

木头出口是龙川客子出本钱,本地木商作辅助。都上山去看完了,把山价(那山里许多木头中,讲定可以"倒"的那些木头的价钱)交与山主,由客子自己雇工倒下来,本地商人则为之照顾,使木头不被别人偷去。四五月是倒树最多的季节,六月以后,倒的渐少,九月以后便不再倒了。木一倒下就剥皮。剥了皮之后至少有两个月摆在地上,使它干起来。两个月后如果市价好,出卖有利,就扎排子下河,往往有搭架搭到三四年的。本地商人对于树贩(外地客子)是处在一种工人的地位,他们称树贩叫"老板",而树贩称他们叫"排头",利益的分配是老板九成,排头一成。

第五是香菇。主要产地是三标和安远交界之大湖崃、小湖崃、寨塘坑、上下坝,城区和安远交界之上、下坪一带山地,其次是双桥区与平远交界之叶子崟。香菇每斤二元,每年约出一万元。安远出香菇比寻乌多,销往南雄,寻乌的销往兴宁。没有客子来收,是寻乌人贩了去卖。

第六是茶油。出在双桥的大同、斗晏、荒塘肚、蓝田、大田一带。年约一万五千斤,每百斤二十五元,共计三千七百五十元。从罗浮、岑峰两条路对兴宁、梅县两地输出。

总计寻乌六种出产(单说出口部分)价值如下:

1. 米　二八八,〇〇〇元 ⎫
2. 茶　七〇,〇〇〇 ⎪
3. 纸　四八,〇〇〇 ⎬ 四二九,七五〇元
4. 木　一〇,〇〇〇 ⎪
5. 香菇　一〇,〇〇〇 ⎪
6. 茶油　三,七五〇 ⎭

(七)寻乌的重要市场

吉潭第一,盐、米、油、豆是大宗。牛斗光第二,盐、米略小于吉潭,油、豆与吉潭等。留车第三,布匹是最大宗,由兴宁进口;油、豆次之。县城第四,牛行要算第一门生意;第二是油、盐、米行;第三算是布匹(从前赣州有布子来,民国十七年起没有了,因为它是土纱织的,"一股大,一股细",被兴宁、梅县的洋纱布抢了生意去。兴宁、梅县的布很好,"一掌平")。鸡生意虽大,但它只通过不归"行",故不算。澄江第五,油、豆、盐在这里过驳,是大宗;米次之;鸦片亦是大宗,从兴宁、于都来。石排下第六,油、盐、米、豆的总口岸,但多属通过,只盐、米有些买卖。鸡、猪、牛亦是通过。

189

此外,如岑峰(米)、公平(纸)、篁乡、三标等处,都属普通小圩场。

(八) 寻乌城

(1)寻乌城是什么

对于商业的内幕始终是门外汉的人,要决定对待商业资产阶级和争取城市贫民群众的策略,是非错不可的。非常明显,争取贫民一件事,一般同志不感觉它的重要,高级指导机关感觉它的重要了,却始终不能给同志们以行动上的具体策略,尤其是不能把具体工作方法指示出来。这不是由于不了解城市是什么东西才弄成这种现象吗? 我是下决心要了解城市问题的一个人,总是没有让我了解这个问题的机会,就是找不到能充足地供给材料的人。这回到寻乌,因古柏同志的介绍,找到了郭友梅和范大明两位老先生。多谢两位先生的指点,使我像小学生发蒙一样开始懂得一点城市商业情况,真是不胜欢喜。倘能因此引起同志们(尤其是做农村运动和红军工作的同志们)研究城市问题的兴味,于研究农村问题之外还加以去研究城市问题,那更是有益的事了。我们研究城市问题也是和研究农村问题一样,要拼着精力把一个地方研究透彻,然后于研究别个地方,于明了一般情况,便都很容易了。倘若走马看花,如某同志所谓"到处只问一下子",那便是一辈子也不能了解问题的深处。这种研究方法是显然不对的。

寻乌的许多市场中,由于机会的便利,特为把寻乌城这个市场拿了来观察一番。

说到寻乌城这个市场,真是不胜今昔之感。从前时候寻乌城的生意,比现在寻乌城的要大一倍。光绪二十七八年为最旺盛,那时候不但北半县的澄江、吉潭要到寻乌城来办货,就是南半县的篁乡、留车甚至平远县的八尺也到寻乌城来办货。这是因为前清时候赣州的货物经过寻乌销往东江,东江也还要买赣州的货,留车等地更不消说,因此中站地位的寻乌城的生意,当然便发达了。自从梅县的洋货生意和兴宁的布匹生意发展了,便把赣州的土制货色的生意夺了去,不但东江以至八尺都不到寻乌城办货了,南半县的留车等地也不到寻乌城办货了。再则光绪二十七八年前还是所谓"功名顶戴"时代,还没有行新政,县城生意的大宗是赣州来的绸缎。那时以后时局变化,绸缎的需要减少,直到民国元年废除"功名顶戴",绸缎几乎全废,县城生意就大大衰败下来。寻乌城是这样一个手工业商品和资本主义商品交战表演了剧烈的荣枯得失的地方,怎么不值得我们注意呢? 还有,寻乌城至今还是一个不定期的店铺交易和定期的圩场交易并行着的地方,它约有二千七百人口,一道坚城的内外,表现它那寂寞的情调,除非到一、四、七的圩期,才临时地热闹几小时,这不又是一件很好的资料吗?

下面是从各种货物去剖解这个城的生活情况和组织内容。

(2)盐

本城的一切货物,大都是销向城区的东西南北四厢和三水区的三标、水源两堡这个区域里的,别的地方很少到本城买东西。惟独盐是例外。盐的大部是销往安远、信丰,小部才销在城区、三标。又因为它是日用品,所以它是城里生意的第一大宗。城内有五家盐店,每家每年多的做得两万元生意,少的也做得六七千元生意,五家共合一年可做十万元生意。

盐分潮盐、惠盐。潮盐好,但贵,每元(小洋)买十斤到十一斤。潮盐色青黑,清洁能防腐。惠盐色白,但质差味淡,因之价也较贱,每元能买十六七斤。要是贪便宜的人才吃惠盐。寻乌的盐,历来是潮盐多,惠盐少。

开潮盐行的,本地籍二家(汇通、新发昌),平远籍一家(韩祥盛),万安籍一家(周裕昌),泰和与本地合开一家(万丰兴)。汇通有本三千元,算最大。周裕昌先前有本二千元,去年因做纸生意被匪劫失本九百多元,现只存千元左右了。以上两家都开了二十多年了。第三家要算韩祥盛,本约七百元,开了十几年。第四家万丰兴,两百块钱进店,开了四年,现有本四五百元了。第五是新发昌,开了十多年,拉拉扯扯不上一百元本。

汇通店主钟周瑞是个地主(开盐行的只有他是地主)。店子开在东门城内,家住在南门城外。有二百二十石谷田,每年收获两季,每季出谷二百二十担,一季完全交租,一季农民得着。他家里有个老婆,三个奶子(儿子),三个新妇(媳妇),一个等郎嫂(买来的,五岁了,因为她现在并没有郎,还要等着她老板娘把郎生下来,故叫等郎嫂,别处叫做童养媳),连他自己,共九个人吃饭。没有雇店员。他自己指挥他的奶子、新妇做事。这是城里第一个"资本家"。

韩祥盛,平远八尺人,自己两公婆,一个奶子,三个人吃饭。没有请店工。每年能赚些钱。

新发昌,主人叫邝明奎,车头人,是个前清的文秀才。他开了十多年店,几十块钱做生意,两公婆又一儿子吃饭。因他办事公平,做了两次商会长,前清一届做两年,去年到现在又是他,六十几岁的白头老人家。

（3）杂货

大的上十家,连同小的共十六七家杂货店。志成(兴宁人)、纶泰兴(吉安人)、义泰兴(吉安人一、本地人一合股)、义成、潘月利、王润祥、潘登记、祥兴、永源金(以上六家均兴宁人)、均益(挑担子出身,本地人)、骆晋丰(本地人,杂货商人中只有他是个地主,收租三百担)、范顺昌(福建人)、黄裕丰(福建人)这十三家,就是大一点的杂货店。其中黄裕丰以黄烟、纸张为主要生意。其他都是以布匹为主要生意。次于布匹就是洋货生意。这个小小市场竟什么洋货也有卖,略举之有一百三十一种:

牙粉	牙刷	胶底鞋
皮鞋	套鞋	运动鞋
拖鞋	铅笔	钢笔(自来水笔)
粉笔	天然墨	毛笔
墨盘(砚池)	墨湖(墨盒)	笔套
笔架	浆糊	练习本
印色	原纸	油墨
教科书(没有单独的书店,附在杂货店卖)		
字画	小手巾	肥皂
香碱	花露水	花露精
毛面巾	洋袜子	洋瓷面盆
洋瓷碗	洋瓷水角(把碗)	生发油
生发膏	手袜子(手套)	胭脂
围巾	大小梳子	水粉
雪花膏	电筒	电土(电油[10])

193

<u>洋火</u>	香烟(有金字、中国、三炮台、哈德门、 扇美各种,以金字、中国两种销得较 多)	
麻姑烟	烟嘴	洋遮(洋伞)
草帽	礼帽	洋瓷茶杯
文明帽	洋毡	棉毯
球被(毛毯子)	绒线帽(小儿用)	夜帽
木棉枕	皮枕	中山扣
白骨扣	乌骨扣	海螺扣
阴阳扣	宽紧带	吊带
丝裤带	洋裤带	爽身粉
汗衫	扇子(乌纸扇、白纸扇)	
钟	表	叫人钟
<u>信纸</u>	<u>信封</u>	日记册
镜子	眼镜	洋刀子
儿童玩具(小洋枪、火车、不倒翁、人公子、小皮球、哨子,此 外还有很多)		
德国响刀	安全刀	挥剪
毛剪(以上四种均剃头用)		皮夹子(皮箱子)
藤夹子(藤箱子)	<u>洋靛</u>(蓝的)	<u>染布用颜料</u>(洋 红、乌粉、灰 粉、品洋)
铜锁	铜番锁	铁锁
铁番锁	铜帐钩	骨帐钩
<u>洋油</u>	<u>马灯</u>	<u>不</u>灯(即草灯)

宝盖灯	洋瓷桌灯	莲花宝盖灯
三练洋灯	四方带灯	六角带灯
圆火带	扁火带(以上两种均点灯用)	
骨筷	漆筷	算盘
水烟筒	杆子烟筒	<u>洋钉</u>
铜煲(烧茶用)	轻铁锅子	轻铁盘子
轻铁调羹	明瓦	<u>各种瓷器</u>
骨牌	麻雀牌	枣子
泡圆	各种罐头(牛肉、杂菜、鸭肉、冬笋、枇杷、沙梨、荔枝、龙眼、菠萝、牛奶)	
对联	洋蜡烛	白洋蜡
葡萄干	洋线	铅线
铁线	墨水	

以上一百三十一种,商人都叫作"洋货",在杂货店里出卖。其中打横画的二十三种是销数较多的,没有打横画的各种销数都少。一百三十一种中有一百十八种是从梅县及兴宁来的,梅县来的占最大多数,只有洋袜子、围巾等织造品大部分是从兴宁来的。明瓦、对联二种完全从赣州来。皮枕、信纸、信封、铜煲、洋油、扇子、水烟筒、毛笔八种,梅县、赣州两处都有来。皮枕、信纸、信封、瓷器、扇子、水烟筒,赣州货不但占多数,而且比较好。信纸、信封,赣州的是本国纸制的,梅县的是用洋纸制的。洋油、纸烟则广东来多,赣州来少。纸烟是梅县、兴宁、赣州三处来。毛笔亦赣州来多,梅县的只有很少一点。

为杂货店里的次要生意的洋货已如上面所述,下面再说杂货店里的主要生意——布匹。

布匹有土布(青、白、花、灰、红、绿、柳条各种),竹布(蓝、白、灰、乌、红、光、青、印花各种),竹纱(白、灰、乌、蓝、柳条、靛各种),绸缎(各种华丝葛、各种纺绸、薯莨绸、香云纱),呢绒(厚呢、粗呢、镜面呢),夏布(白、蓝、乌、机白、波心各种)。土布是中国人用洋纱制造,从兴宁来。竹布、竹纱都叫洋布,从香港走梅县来。绸缎中华丝葛、纺绸从杭州走赣州、梅县两路来,寻乌女人买来织头帕,这种头帕每个女人都有。全城布匹生意每年约值十万元,销地是城区和三标。

杂货店里除布匹、洋货二个大宗外,还附带出卖黄烟、糕饼和香纸蜡烛,也有搭卖零油零盐的。

城内杂货生意,前清时候每年总计十五万元上下,现今十二万元上下。十二万元的分配是:布匹八万余元(土布七万元,洋布一万元,呢绒二千元,夏布千余元),洋货二万元(每家多的千一二百元,少的二三百元),此外黄烟一万元上下,糕饼四百元上下(只有两家附带卖糕饼),香纸爆竹五百元上下(附带卖香纸的二家,卖爆竹的十三家)。

还待举出几家杂货店,好更具体地了解他们的情况。

最大的杂货店,店主陈志成,兴宁人,在县城、吉潭、澄江各开一间店。县城这一间本钱三千元,自己只有千把元,余是借来的。三千元每年利息要九百元,除了工钱、伙食等项开销,每年以赚得利息为止。陈本人又嫖又赌。

第二家要算纶泰兴,三个份子合成,本钱二千元。除了开销,每年赚得三四百元。

第三家算义泰兴,三个份子,吊多钱本(即千多元本),每年赚得一二百元。

第四家,罗义成,一人开,千多元本,每年能赚四五百元。很节俭,吃饭就是点子青菜,穿的是土布衣。带两个徒弟,家眷在兴宁没有来。他是兴宁人,早年来寻乌挑糖箩子,在县城及四厢敲糖子卖,一个明钱[11]敲一块小糖(现在敲一块糖子起码要一块铜片[12]了),或者拿糖子换各种荒货(头发、烂铜、烂铁、猪牛骨头、烂棉被)。他就是这样子起家的。他到寻乌有了三十多年,发了财,开杂货店也有十大几年了(十五年以上叫十大几年)。

郭怡和是本钱最小的杂货店,百多块钱本,卖些黄烟、纸煤、蛋、自来火、带子、红索子(红绳子)、丝线、综条(镶鞋口用)、笔墨、毛巾、洋纱巾、骨扣等等东西。店主郭友梅(他是参加我们这个调查会的)和他一个老婆,每年穿衣吃饭缴费百多元,生意赚项仅敷了它。他是万安人,十二岁到寻乌,现在五十九岁了。他未来前,他的叔父早就在寻乌做了六十年生意,连他到今共做了百零年了,历来做的是杂货布匹。光绪二十五六年生意最盛时,有本三千元,从外边缴(商家赊借货物叫做"缴")到五六千元,自己缴给人家也有四五千元,故那时虽只三千元本,却做得二万元上下的生意,乃是寻乌城里第一家大商店。现在是往留车、八尺、牛斗光、车头等处去买货,那时候那些地方的商店却都要到寻乌城中他的店里来买货。因为那时货物来源主要是赣州(布匹、绸缎、纸张、笔墨、草帽、苏席),吉安亦有来往(紫花布与丝线)。那时向赣州买三百块钱货,只付一百块现钱,货就可拿得动。现在不行了。这种不行,也不止郭怡和,差不多什么商店都缴不动了。不独赣州,梅县、兴宁也缴不动了。这是一种经济的大变化。就是从前年(一九二八)起,"世界不好"。商家的货缴与农民,农民受了重租重利剥削,本来就是穷的,加以前年蝗虫吃了禾,同时又遭旱灾,农民还不起本城商家的账,因此本城商家也还不起梅县、兴宁商家的账,梅县、兴宁商家都不放心缴给人家了。民国五年郭怡和遭了一个大抢(光复派率领农民千多入城,抢了许多别的店子。随即官军克复,又大抢郭怡和,抢去六千九百多元东西)。从这年起,就衰下来,一年不如一年,弄到现时这个样子。郭做过两任商会长——民国十四年到十六年。

这里还要说到杂货店的店员制度,看他们阶级关系原来是那样的模糊。

杂货店的学徒三年出师后,照规矩要帮老板做一年。他在这一年的开头,就把他在学徒时期穿的那些破旧衣服不要了,通通换过新的,因为他现在有了些钱用,而且地位也不同了。帮工一年将要过去的时候,能干的,老板继续留他做;不能干的,老板便辞歇他,老板对他说:"我的店里不需要这么多人做了,明年你要另找生意。"他觅到了一个新的店家,他的地位越发高了一些,衣服也穿得越发好了一些,薪俸(不叫工钱)也逐年加多起来。他的社会名称再也不是"徒弟"了,而是令人尊敬的"先生"。他在帮做的那一年中,老板给他的薪俸不是取讲定数目的形式,也没有"薪俸"的名目,只是老板要给他做各色冬夏衣服。再则他如果回家去讨老婆呢,那老板除送他十多块的盘费外(他家在远乡的),还要送他十元以上的礼物,像京果呀、海味呀等等,使他回家好做酒席。他不讨老婆而只是回家去看看父母呢,如果他是远乡人,就以"盘费"的名义送给他一些钱,盘费数目少也要拿十多元,多的到二十四五元。如果是近边人,那末径直送他十几块到二十几块钱。帮做一年之后，正式有了薪俸，头一年四五十元，第二年五十多元至六十元。做得好，店里长钱，他的薪俸便逐年增加。光绪年间生意好时，先生的薪俸最高有到一百二十元的，但现在因为生意零落，最高薪俸不过八十元了。忠实可靠而又精明能干的先生，老板把生意完全交给他做，自己回到家里去住也是有的；赚了钱分红利给先生，赚得多分三成，赚得少两成，再少也要分一成。像郭怡和的老板郭友梅回到万安去住家，把生意交给一位可靠的姓高的先生做，就是一例。靠不住的先生，是不能把生意交给他做的，因为他讲嫖赌，"打斧头"、"打雷公"（"打斧头"、"打雷公"，都谓"吃油饼"〔13〕）。

（4）油

油是本城第三门生意，从门岭、安远两方面来，销在城区及篁乡，三标也有点把子（点把子即一点子）。只一家油行，刘福兴，一百大洋领了一张"帖"，就算本钱。代客买卖，经过一担油收行佣两毛子。十一二月是顶大门生意，每个大圩（逢一为大圩）有一百担，两个月六百担；小圩（逢四、七）三几十担，两个月四百担。一月到十月很淡，每圩不过三几担，通共不过三百担。全年约一千三百担，抽行佣约二百六十元。因为他领了帖，由他卖独家，什么人都只能从他那里买油。帖从南昌省政府领来，要县政府用公事去，付足领帖钱，才有帖子发下来。一百块领帖费之外，还要五块钱手续费。一张帖八年有效，过了八年成为废纸，又要领过新帖。要领帖的不止油行，还有盐行、豆行和牛行。

（5）豆

也只一个行，没有店，城隍庙公地上买卖。何子贞是个公安局长，近来做警察队长，寻乌的反动首领。他在民国十六年领了张帖子开豆行。生意也是十一二月顶大门，两个月有八百担。全年约共一千担，一担（一担五斗，一斗十升）豆子抽行佣两升，每担豆价七元五毛（每升一毛半），约计抽去百分之四，每年可抽行佣三百元。何子贞是本城人，住在东门外，小时很苦，平远中学毕业，河南矿务学校读了两年，回来当小学教师，当了八九年，古柏、潘丽都是他的学生。民国十六年清党前后，古、潘等领导的"合作社派"，和何子贞领导的"新寻派"发生冲突。民国十六年四月打一仗。民国十七年，三二五暴动把何子贞赶跑。四月，何子贞恢复势力，大出头，大罚革命派的款子，后来又做公安局长、警察队长，渐渐发了些财，在近郊买了田地。他在民国十四年以前，即没有与合作社派冲突以前，是代表商业资本势力的，起始组织"留粤学友会"，开办平民义学，时在民国十年。民国十四年六月，合作社派在县城开大会，革命派势力长起来，何便与封建豪绅妥协，并且取得了对封建派的领导地位，成为寻乌最恶劣的反动首领。这次红军到寻乌，他才率领警察队（靖卫团[14]）逃往项山。

（6）屠坊

只有三个案，摆在街边，没有屠店。三个案是刘癞二、陈老二、刘世渭。刘癞二从前有百把元本，现在了了（了了即没有了）。陈老二、刘世渭也完全没有本钱，因为买猪不必要现钱，猪杀了后收了钱再付猪价，有信用便行。平均每天杀两个猪，每猪一百斤，每年杀猪七万二千斤。拿现时说，买猪进来每斤二毛半，卖肉出去每斤二毛八，每斤赚三分，全年可赚二千一百六十元，是个不恶的生意。但要出很多的屠宰税，从前三家每月出税百元，每年一千二百元。近因生意较淡，只出一千元，每家也要出三百多元。因为三家包缴屠宰税,所以三家人以外什么人也不能杀猪卖,除非自己吃便罢。红军入城后,由三案增加到七八案,销路大增。税又不要,赚了一个就是一个,屠户人人欢喜。肉价,红军未来前每斤三毛二,现在每斤二毛八。

(7)酒

陈贵和、高元利、元利栈、周裕昌、刘双盛、凌文盛、彭同孚这七家是较大的酒店,范广昌、邝洪盛、骆得利是小酒店。周裕昌(吉安人)、高元利(吉安人)、刘双盛(本地人)、陈贵和四家是最大的,本钱都不出百元。凌文盛(本地人)、元利栈(吉安人)、彭同孚每家不过四五十元。以上七家都是卖糯米做的甜酒,叫做水酒,因为色黄,也叫黄酒。这是农民和城市贫民一般喜欢喝的,因它味醇,也吃不坏人,又较便宜的原故。分为"双酒"、"单酒"(只城里这样称呼,乡下不说双单而说"好""淡"),双酒酒娘多。卖酒以壶算不以斤算。双酒十八个铜板一壶,是黄酒中最好的,普通人家请客才吃;但也有自己一日三餐吃的,那些酒鬼们每餐喝一点,他就不吃饭也做得。单酒十个铜板一壶,口渴了,贫民买了当茶吃。双酒生意比单酒大。范广昌、邝洪盛、骆得利三家均本城人,本钱都不过十把块钱,卖的都是白酒。还有周裕昌卖的也有白酒。这种酒用黏米做,味较黄酒烈,出卖不讲壶,零卖两个铜板一杯,趸卖一毛六分一斤。白酒生意比黄酒少,黄酒约九成,白酒约一成。不论黄白,凡属做酒生意,他的目的并不全在酒,拿了酒糟供猪(喂猪),是他更重要的目的。自己的猪吃不完,拿了发卖,两个铜板一小碗。黄酒店最好的时节(三月至八月口渴时节)每店每天能卖五块钱,平常时节(九月至二月)每天能卖两块钱。黄酒店每家每年可做一千零二十元生意,七家共计七千多块钱生意。白酒店热季半年,每天每家收一块钱,凉季半年,每天只得五毛子,每家全年二百七十元,四家共只有一千元上下。

酒税是非出不可的。看生意大小,大酒店每月约四毛,小酒店每月二毛,一毛五的也有。

(8)水货

水货店里的东西多得很呀,"山珍海错"就是它们的标语。水货商人的荣枯得失,亦是颇饶兴味的。下面先举出各样的品类,次观察他们的得失。

咸鱼　第一大门。桂花鱼、青鳞子、海乌头、海鲈、剥皮鱼、石头鱼、金瓜子、黄鱼、金线鱼、圆鲫子、大眼鲢、拿尾子(身大尾小)、鞋底鱼(即"并背罗食使",只有一侧有眼睛,要两鱼并走才能觅食,故普通指人互相倚靠做事谓之"并背罗食使",就是拿了这种鱼做比喻的)、角鱼子(头上有两个角),都是咸鱼类,一概从潮汕来。

海带　第二大门。有青带、海带两种。青带亦名赣带,最好,赣州来。海带少于青带,货较次,价钱较贱,梅县来。年销千多斤,两毛子一斤。

糖　也是水货店里出卖,第三大门。分为白糖、黄糖、冰糖、橘饼各种。白糖中有雪粉,看是好看,不甜,梅县来;有粗白,很甜,惠州来;有糜白,中庄货,惠州来。三种都是洋糖,一毛七八一斤。黄糖中有芋头糖,一团一团的,梅县来;有片糖,一片一片的,最好,惠州来;有散沙糖,掺有沙子,最差,惠州来。过去是黄糖便宜白糖贵,现在是黄糖贵白糖便宜。黄糖过去不过一毛六子一斤,现在涨到二毛四五了。过去白糖二毛六七子一斤,现在跌到一毛七八了。黄糖都是土糖,白糖都是洋糖。本城白糖每年销千多斤,黄糖销六七千斤(只冬季有来)。因为黄糖更甜,所以比白糖销得多。冰糖从梅县来,年仅销几十斤,两毛多子一斤,属洋糖。橘饼,梅县来,年销二三十斤,三毛子一斤。

以上各种糖中,以片糖销数为最大门,因为做米果要用它,过年时候不论城、乡、贫、富,家家都要做米果。

豆粉　第四大门。筠门岭来的多,他县来的也有。番薯做的,还是粉,没有成条子,做肉丸等用。年销几千斤,一毛五六子一斤。

猪皮　第五大门。普通席面用碗猪皮做假鱼肚。梅县来。年销千把斤,一毛子三两,每斤五毛半。

闽笋　从梅县、安远两条路来,"闽笋"是个名而已。第六大门。不但酒席用它,普通亦作粗菜吃,特别是割禾莳田时候。寻乌自己本有些笋子,三四月间农民挑了卖到梅县去,七八月后寻乌人要用,又零零碎碎从梅县买了来。年销五六百斤,二毛三四一斤。

鱿鱼　办酒席就要用,普通也要。第七大门。梅县来。年用三五百斤,每斤七八毛。

豆豉　年销三千斤内外,一毛四子一斤。寻乌人也会做,做了熬酱油,没出卖的。差不多家家要吃,放点油到里面蒸一碗吃得几餐,人家省吃省用,往往这样做。

面灰　即面粉,梅县来,洋面粉多。做包子,做饺子,做面条,做糕饼,都要用它。尤其是糕饼用面最多:蛋饼、提糖饼、冇饼("冇",当地读胖,意曰里面是空的)、五仁饼、猪油饼都是面做的。两毛子一斤,年用百包上下。

洋蜡　一块一块的白东西。二毛五六一斤,每年销四五百斤。

玉粉　又名西粉,番薯做成的,和豆粉不同就是它已造成了条子。梅县方面来。普通人都吃它。一毛子半斤左右,年销六七百斤。

以上十一门是比较用得多的,以下各门都用得少。

盖市　鱿鱼里的一种,即是最好的鱿鱼,请上客才用它。梅县来。用得不多,每年三两百块钱生意。普通的鱿鱼叫"洋鱿鱼"。

菜莆　就是芜菁,和萝卜相像,腌了的。走信丰来。每年销得三两百斤,端午过了才有卖,八月一过就没有来了。两毛子一斤,比西粉贵一点。

鱼翅　四毛子一两,用得很少,每年只要一二十斤。

海参　每年用三两百斤,比鱼翅生意大得多,每斤二元八九毛。

鱼肚　用三两百斤,价和海参差不多。普通席面用了海参必定要用鱼肚,便不用假鱼肚的猪皮了。

墨鱼　只用四五十斤,每斤价七八毛,同鱿鱼差不多。

珧柱　销二十斤上下,十二三毛一斤。

贡鱼干　仅销十斤八斤,每斤价二毛。过去可销七八十斤。

大虾　销七八十斤,每斤六毛。大虾并不是很大的虾,它的名字又叫"虾米",不比"潮虾"有四两一个的。

虾壳　极小的虾子压扁起来好像虾皮一样,叫做虾壳。销得百多斤。过年过节家家要镶豆腐——把豆腐挖一个口,把猪肉、鱼子、香菇连同虾壳,或更加入些蒜子和韭菜,剁成碎酱塞了进去,叫做镶豆腐。虾壳价每斤一毛多。

蜇皮　三毛子一斤,销不大,每年二三十斤。

淡菜　大的叫做"蚝豉",又叫"西利"。淡菜年销四五十斤,三毛多子一斤。西利本城没有卖。

天青鲋　一种海鱼,大的有扇子大一个。本城少卖。

以上盖市到天青鲋各种都是海菜,从潮汕来。

金针菜　即黄花,两毛子一斤,年销四五十斤。

云耳　销四五十斤,十毛子一斤,光绪年间每斤不过五毛子,涨了一个对倍。梅县来。

香菇　销百把斤。冬菇较好,两块零钱一斤。春菇较坏,一块二三毛一斤。本地出产。

冬菜　白菜制成罐头,过去走天津来,近来梅县也可以造了。销得百多罐,每罐四毛。

腐竹　豆腐皮卷成条子,两毛多钱一斤,销四五十斤。兴宁来。

豆腐霉　即腐乳,梅县来。豆腐浆、芋子、面粉三样东西做成,与普通人家用豆腐干做的不同。

胡椒　白胡椒,销十把斤,十二毛子一斤,光绪年间不过四毛钱一斤,贵了两倍。乌胡椒,销二三十斤,五六毛子一斤,光绪年间不过两毛多子一斤。都是外国来的。

榄豉　把生橄榄煮熟,去核发霉,即成榄豉,寻乌叫榄角,梅县叫榄豉。每年只销得十多斤,每斤价二毛多。

酱油　本地做的也有,门岭来的也有。小黄豆子蒸熟,晒得半干,摊开使它上霉,再拿了去煮。煮出来的水加进香料和盐,就成酱油;煮后的豆子就成豆豉,但这种豆豉是不好的。好豆豉是煮好没有滤去酱油的豆子。豆豉和酱油均以三、六、九月生意较大。豆豉每月销得二三百斤,年销三千多斤,每斤价一毛四。酱油每年销三几百斤,每斤价一毛半。

柿花　年销百把块钱,小的三个铜板一个,大的一毛子两个。

红枣黑枣　两样年销百零斤,黑枣四毛子一斤,红枣两毛子一斤。

龙眼　一年只销十把二十斤。有壳的三毛多子一斤。无壳的叫"元肉",十毛一斤,药店里才有。

荔枝　很少有卖。价和龙眼略同。

杨桃干　销得几十斤,四毛子一斤。

从柿花到杨桃干各种均从梅县来。

瓜仁　就是瓜子,信丰、门岭都有来,三毛零子一斤,销得二三百斤。

以上三十九种都是水货店的生意。此外,水货店还附带卖洋油和茶油。

水货店中的盛衰兴替,不可不一述其概要:

顺昌老店、顺昌兴记、卢权利、汤尧阶、荣春祥、骆接赐、张均益七家,是水货生意中大一点的。此外,还有卖水货的小摊子若干家。其中,顺昌老店和张均益是杂货店兼做水货。

顺昌兴记是顺昌老店的分支,水货生意中算最好的,有千把块本钱,每年向梅县缴得动两三百元。店主范祖先,本城人,家中二十多人吃饭,生意赚项仅敷缴用。

卢权利,算第二家水货店,梅县人,资本千多两千元。除水货外,还做桐油、茶叶、香菇、茶油各样,运往兴、梅做"行岗生意",他做的水货生意不如兴记,这一宗却是兴记所没有的。他也能在梅县缴得些些动,因为他是梅县人,生意颇红,缴千把八百都是没有问题的。他自己两公婆,请了两个先生(年薪各六十元),除缴用外,每年至少赚两三百元,财气好的年头,千把八百也要赚。

汤尧阶,蕉岭人,资本二千元,没有请先生,缴用以外,无钱赚。早几年开油盐行很赚钱,前年起蚀本,改做水货。

荣春祥,本地人,资本七八百元。家里有几十担谷田,七八人吃饭。不请先生。用度呢,生意赚了钱来开支,城外家中的谷子就储蓄起来,算水货店第一家好的。苏维埃成立,把他的田没收了一部分,不待说心里是呕气的。他小时很穷,帮土豪管账赚了些钱,买点田起家。

顺昌老店主人范兴甫,本城人,三四百元本,家里十多个人,请了个先生(薪水五六十元),水货生意仅能敷口。他的祖父范渊甫是个大地主,三个儿子,全家百四十多人,年收八百担谷。后来败下来,土地分散,范兴甫一家只有三四十担谷子的田了。现在苏维埃分田,他家还能分一点进去。但他的兄弟范老八却能收百多担谷,今年分田大部分要分出去。老八没有做生意。顺昌兴记是他共祖公的兄弟开的,有四五十担谷田,二十多个人吃,苏维埃分田有点分进去。前清末年到民国初元,他家兄弟共有老店、兴记、达记、茂记、钧记、鸿昌、禄丰等七家店子,做的绸缎、布匹、杂货、水货各色生意,招牌响得很,赣州缴得动四五千元,和那时的郭怡和不相上下。民国十一年起渐次衰败,到民国十四年便只剩下老店和兴记两家了。主要的原因是市场变动了——洋货市场代替了土货市场,即梅县生意代替了赣州生意,寻乌南半县不需要赣州土货的供给了。这个原因,是和郭怡和失败同样的。其次是因为子弟很多,生长在那些封建经济的家庭里(大地主和初期商业资本的家庭里),大嫖大赌,大吃大着,"练腔调"(闹阔气),把个家门了了。那时候(民国十年以前),寻乌的城东小学(一些地主凑股子办的,五块钱一股)是个有名的"毕业公司"。全县地主子弟练腔调无出息的,拿了钱去这个公司里坐三年,得张文凭,就大摆其架子,用他们的名片上"城东小学毕业生"几个字,回到家里骗祖宗。什么叫做骗祖宗呢?第一是刚毕业的时候,祠堂里头照例赏给毕业生一些钱,叫做"抢花红";第二是每年和那些秀才举人有功名的平分学谷;第三是每年祭祖完毕和有功名的分胙肉。范家的少爷们竟有六七十个进了这个毕业公司。他们毕业后,在他们的大小公堂中,除开抢花红得谷子外,单分胙肉一门,每年得一百斤。

骆接赐,本城人,二三百元本,四个人吃饭,没有请先生,蒸烧酒,卖水货,除开销外,能赚一头二百块钱(即一二百元),算是一家好的。他从前好嫖,讨了个老婆不嫖了(用去五百多块钱讨来的),老实勤快,酒糟又可供猪,所以年好一年,家里有十多担谷田。

张均益,做水货又做杂货,一头二百元本,其余是借来的。没有请先生,指挥他的儿子做生意,每年颇有些赚头。他是本地人,五六年前是个挑夫,帮寻乌城的商人挑了米子或者香菇去梅县,从梅县挑了布子及咸鱼回到寻乌。他自己挑东西,同时又当夫头。这种夫头的职务是能够赚钱的。寻乌商人拿了钱给他去办货,寻乌城的老板和梅县的老板两头都给酒钱与他,因此他就慢慢地发起财来。

摆摊子的水货生意,每家不过几十元本,多的不过一百元,他们的货是从本城大水货店和过往小贩那里买来。这种摆摊子的,往往能因勤苦精干发起财来。本城由摆摊子起家开店的有许多家,潘登记、何祥盛、罗义盛、刘恒泰、范老四都是。他们有家,但没有开张门面的店,一、四、七挑着担子赶本城的圩,三、六、九又挑着担子赶吉潭的圩,这样子挣得几个钱来。

(9)药材

本城就是百和堂、杨庆仁、新德生、田仁和、王普泰、黄裕兴、福春堂等七个药店。

百和堂是第一家,主人池某,潮州人。他本来是篁乡人,姓刘。小时因家穷,父母把他卖给潮州池姓药商。后来他到寻乌开药材店,本钱千元内外,就当起老板来。广东商人有句俗话:"不怕扯,只怕绝。"那些没有儿子的人,一定要买个儿子传代,就是为了"怕绝"呢。也有为了劳动力需要的理由而买儿子的。普通买了来,聪明能干的把他做儿;蠢笨的呢,就把他做"奴古"[15]。百和堂主人自己是买来的,他因生子不育,又买来一个儿子,随后他自己也生了两个儿子、两个女娃子,连他的老婆共七个人吃饭。又带三个徒弟。有些钱赚。药材生意是很有利的,用秤称了进来,用戥子戥了出去。分粗药嫩料两类,粗药(水药)是治病的,一般人都要吃;嫩料是补品,只土豪才买得起。嫩料有价钱讲,粗药听药商话价。七家药店中,只百和堂、杨庆仁、王普泰三家有嫩料。

杨庆仁,樟树人,过去有本五六百元,去年被他儿子赌掉几百块,现只二三百元了。

王普泰,也是樟树人,百元左右本钱,和寻乌劣绅何子贞及天主堂陈神父(梅县人)勾结。陈神父借给他四百元,此外还向土娼来凤子借了两百元,除药店外再开了一间洋货店。来凤子的钱是从哪里来的呢? 她跟了赖世璜[16]部下一个连长,去年回到寻乌,带来了三百块造孽钱。王普泰想方法巴结来凤子借了这笔钱。钱借到了,王普泰送了许多礼物给来凤子,花露水呀,汗巾呀,等等。

新德生,主人姓杜,也是樟树人,四五百元本。田仁和、黄裕兴、福春堂都是樟树老表,都是一百元本。

每年药材生意,百和堂值三千元,庆仁堂八百元,新德生、田仁和各六百元,王普泰四百元,黄裕兴、福春堂各三百元,共六千元。

王普泰是参加反动组织的,反动派会议他必到场,虽然他表面上没有做什么官。杂货店的陈志成,水货店的宝华祥,火店的同来安,都是以商人干与政治。苏维埃势力进城,四家都被没收。

(10)黄烟

城里有两家制造黄烟的店子。一家叫黄裕丰,上杭人,在寻乌开店开了两代,先前有本三千元,兼卖纸张杂货,赚了万多块钱,拿回上杭买了田,现在本城店里还有本钱千多元。另一家叫做涌泉号,也是自己制黄烟,安远人,三五百元本,前年才开张。

黄裕丰请了两个工人,一个刨烟,一个打包。涌泉号请了一个工人。工人年薪六十元。吃老板的饭,这一点与杂货药材店的“先生”差不多。不同的是工人平日无肉吃、无酒喝,只初一、十五才打牙祭,先生则平日有吃,因此没有特别的打牙祭。吃饭也有些不同,先生经常地同老板共桌吃,工人则人少时和老板共桌,假如多了几个工人呢,老板便同先生做一桌,工人另外做一桌。这些都表示先生的身份比工人高。工人普通不唤工人,唤做"师父"。

杂货店、水货店的黄烟,多是从这种制黄烟的店子里买去的。

(11)裁缝

共有用机器的十三家,手工三家。刘芹英、黄嫂子、廖接芳、刘森河、刘师父、谢神保、范癞子、谢其龙、何祥古、谢师父、黄老五、黄上先都是用机器的,每家一架"车子"(即缝纫机)。每家的老板都同时是工人。每人带个徒弟,缝下子边,打下子扣绊。这种裁缝店的资本,就是买一架机器的本钱。机器第一等百二十多元,第二等七八十元,第三等三四十元(是别人用旧了的)。民国九年以前,寻乌没有缝纫机,一概手工做。民国九年有个兴宁人何师父,第一次弄来一架机器开店。他原先是在留车开店,民国九年搬到县城来。因他"剪刀很利"(寻乌人说裁缝偷布,不说他偷布,而说他剪刀很利),又好嫖,站不住,带着车子回兴宁去了。前年(一九二八)还只四架,去年增至十三架,内有几架是买了别人的旧车子。其中黄老五手艺顶好,生意顶大,勾结官厅及豪绅,包了好衣服做,因此赚钱买了田地。三二五暴动,他即表现反动,这次革命势力进城,他就跟反动派一路跑了。衣服式样,民国九年何师父创用机器,兴"上海装"(破胸、圆角、打边)。民国十二年,上海装不要了,行一种破胸、方角、大边装。去年起行"广州装"(七扣四袋而身很长),一小部分人喜欢穿这一种,但多数人还是大边装。从来的衣,一律是旧式的"大襟装",从兴新学起,开始有破胸新装,到了民国七八年,新装渐渐多起来。但直到去年,拿全县人口说,还是旧装的多,新装的少。近两年来,尤其是土地革命胜利后,新装日渐加多,特别以青年为普遍。青年学生,不待说老早是新装,青年农民、青年工人,大多数也是新装了,除非是很穷无钱做衣服的才仍然是旧装。在青年群众中,特别是鞋子起了个显著的变化。去年夏季,南半县抗租得了胜利,冬季又分了田,农村中三十岁以下的青年人,十分之七以上都穿起胶底鞋和运动鞋来(这种鞋的底是从广州运到兴宁,兴宁做成鞋子,每双十毛左右)。赤卫队和苏维埃办事人,不但一概是新式衣和新式鞋,他们还要佩个电筒,系条围巾,有些还要穿薄毛羽的夹褂子裤。

城里手工缝衣店至今还剩三家。

手工与车子的比较是:手工做一件的时间,车子差不多可以做三件。工价的比较:每套短衣裤手工做七毛,机器做六毛。货色的比较:车子做的好于手工做的。机器哪得不驱逐手工?

全县重要圩场吉潭、澄江、石排下、车头、牛斗光、留车、篁乡(采用机器比任何一处早)、公平、荒塘肚、岑峰等十处,都有缝纫机,因此全县人口中已有百分之三十废除手工、采用机器做衣了,特别寻乌的南半县机器化的速度更发快。

(12)伞

彭万合、李祥仁两家造纸伞。彭万合是武平人,在寻乌城开伞店,开了三代一百多年了。初来寻乌时只有一二百元做本,做伞逐渐赚了钱,到前年(一九二八)三二五暴动前,连田产共有千多两千块钱资本了。店主彭老五子,他的父亲彭盛祥十多年前在寻乌南门外田背地方买了六十担谷田,起了一栋新屋。他家兄弟老三、老七在田背住家。他自己在城内做伞生意。田背的田租给农民耕种,每年收租十分之五。他家本有七个兄弟,死了四个,还有三个兄弟、六个儿子、侄子,一个母亲,三个妇人,五个媳妇,共十八个人吃饭。儿子在初等学堂读书。他们三兄弟中,他是做伞的,三十岁了。请了两个工人。他的兄弟老七子,二十多岁,曾在革命派办的中山中学读过二十几天书,就碰着三二五暴动,反动派加上他"暴徒"的罪名,没收他田背的家产,烧掉他田背的房屋。老三、老七都在城东学校毕业,不过老三读的是在"毕业公司"时代的城东学校,老七时城东学校却已经是改造过的,即革命的中山学校派办理的时候了。因此老七于城东学校毕业后,也就进了中山学校,加入"暴徒"队伍里。老三自城东毕业后,就在武平当小学教员,现在老七也跑到武平去了。老五的店子现在只有四五十元资本了。他父亲彭盛祥时代(光绪年间)纸伞还很盛行,那时候社会用的伞有了三成洋伞,还有七成是用纸伞。民国到今,恰好斟了一个方向:洋伞占去七成,纸伞只有三成。不论城乡,不论工农商学,凡属"后生家"和"嫩妇女子",差不多一概打着洋伞了。洋伞是从梅县和兴宁来,因此彭盛祥时代南半县的留车、牛斗光要到县城彭店来买纸伞,现在却通通往梅县、兴宁买洋伞去了。从前彭万合每年要造出三千把纸伞发卖,现在每年不过只造得千二三百把了。从前(光绪年间)彭店雇工六七人,于今只雇两个人了。伞价从前每把二毛五,于今四毛五。

李祥仁是个南康老表,四十多岁,伞工出身,民国初年当了老板。四五十元本,每年出伞二千左右,请了两个工,一个削骨子,一个褙纸,他自己上油。

洋伞有羽绸伞、洋布伞两种。羽绸伞通是日本货,中国不能做。洋布伞的洋布和铁骨也是外国来的,中国人把它绷起来,加上一个伞把子。羽绸伞每把价一块大几(谓一块五毛以上),洋布伞每把一块二三。纸伞、洋布伞、羽绸伞的销行比例是:纸伞、洋布伞各百分之三十,羽绸伞百分之四十。

伞业现在没有人学徒弟了。拿寻乌城来说,不但现在,近十年来就没有人喜欢学做伞了。它的原因不外:一、伞业的前途是没有希望的;二、伞店的学徒比杂货店的学徒要辛苦,学做伞十三四岁才去学得,要煮一店人的饭,又要买菜,又要扫地,又要捡拾作坊里一切拉拉杂杂的东西。

(13)木器

从前只有一家,胡东林,赣州人,四五百元做生意,开了二十多年,制造各种木器出售,如台、凳、椅、桌、床铺、脚盆、衣架、水桶、柜子、面盆、尿桶、托盘、招牌、匾额(酬神、祝寿、颂德等用)、对联、书箱、衣箱、壁橱,学校用的黑板及其他用具,送礼用的扛盒和撑格,等等。

木器店算这一家大,他的木器不但销在城区,而且销往各区各县。但他店里的那些木器主要不是供给工农贫民,而是供给地主阶级、中等商人和富农的,因为他的那些东西工农贫民要不了,除非为了嫁女才向他买些小衣箱、小柜子之类。他家很苦,在赣州。二十年前他从赣州来寻乌帮人家做木工,积了点子钱开个小木店,慢慢发展,盛时请过四五个工,赚了千把块钱,付了一半去赣州,剩下四五百元做生意。一九二八年起始没有好多生意了,只留了一个工人,他自己做,儿子帮一点,仅仅敷口。衰败下来的原因,完全在于土地革命。北半县没有革命,也受了革命的影响。地主阶级和其他有钱人也不做寿了,也不做热闹喜事了,酬神和歌颂功德也停止了,学校也大半关门了,他的生意哪能不衰败下来呢?

他的木器的样式,凡供给封建地主的一概是旧式,但也有一部分是采取进步样范的,那就是学校和教堂的用具。他和福音堂的包牧师有来往。南门外福音堂和教会医院的建筑,木材部分和木器,是由他承包做的。

他的亲戚薛某,去年邀了十个人打了一个"月月标"的会,每人五块钱,共五十元起本,开个小小木货店在城隍庙侧边,不请工,两父子做,一年蚀了本,奄奄无生气了。

工农贫民要用的木器乃是圩场上供给的。每逢一、四、七圩期,便板子呀,提桶呀,水桶呀,脚盆呀,饭甑呀,饭盆呀,饭勺呀,水勺呀,锅盖呀,倾盆呀(覆菜碗、覆锅头的盆子),砧头呀,菜板呀(切菜用,圆的叫砧头,方的叫菜板),洗碗盆呀,禾篮呀(盛了割下来的禾挑往禾坪里去打的),谷斗呀(打禾用),砻盘呀(推子),楼梯呀,等等东西,都由那些住在山肚里"做圆木的"匠人们挑了来卖。并不是每次圩期都有那一切东西,是依了时节和需要而向圩场上供给的。砻盘一种要定做。风车要上杭师父才能造。全县有十来个上杭师父,每年由上杭来一二次。水车一门,本县农民百家中只有一具,因本县陂圳多,很少遇到干旱,用不着水车这种东西。

南门外还有两家棺材店,每家都只有四十元本,造的都是贫民用的"火料子"(又叫"火板子")。地主、资本家乃至稍微有几个钱的佃农和工人,普通都是自己请木匠做棺材。只有极穷人家,或是"抖紧"时候(急用时候),才会买这种火料子。失了东西或被人损坏了东西的人,常常是这样破口大骂:"爱割爱绝的！爱绝人毛的！火板子夹的！火料子装的！"（"爱割"的"割"，消灭的意思。）这就是形容火料子这种棺材是不名誉的人才用它的。有钱人家自己请木匠做棺材，这种木匠除本地人外，一部分是上杭人，就是那些造风车的师父们，他们兼着造棺材。

（14）火店

有刘万利、合昌隆、刘鸿兴、温得利、潘发利、潘金利、汤日恒、同来安、曾记涛、九嫂子、大只四嫂子、古流芳、刘奀二（兼卖白酒）、古裕昌等十多家。火店里的客人以挑担子的为最多，占去百分之八十。卖牛的，背包袱子的（背着包袱子向着别地找生活去），四乡到城里来打官司的，往赣州读书的，变把戏的，卖膏药的，算八字的，和尚化缘的，行医的，看风水的，唱叫化歌的（即唱莲花落的），共占百分之二十。那百分之八十的挑担子客人中，大多数是鸡鸭客子，少数是挑烟皮客子（烟皮即烟叶）。

开火店不要多的资本，只须几条旧被窝，几床粗席子，买点米买点柴火，就可开张。店屋租钱要在几个月后才交付。

开火店赚钱，靠赚那些撑伞子的和穿长衫子的。他们来了，把点好东西给他们吃，把点好床铺给他们睡，要走了给他们重重地敲一下子。挑担子的及其他穷人来了，火钱（即歇钱）饭钱都要轻些。吃饭照碗数算，比长衫客子照餐数算，便宜得多，每碗半毛（会吃的一碗又一个零碗就够，不会吃的半碗也够）。吃酒的一壶水酒等于一碗饭价。火钱每夜三个铜壳子（即铜板），因为要点一盏灯火，还要烧水洗身，故要火钱。冷天盖被窝，另拿被窝钱，每人两个铜壳子。火店卖酒饭的利润，每十毛本赚四毛。真的讲起来，开火店的赚钱，还是靠畜猪子，因为火店的糠、饭汤和零饭，是经常有的。

火店的对头是警察和衙门口的差人,因为警察、差人要盘查,常常借了盘查为难客子,弄客子的东西,如像借了查烟土,一转眼把客子的银钱偷去了。若当戒严时候,还要因对答不妥当受那无妄的飞灾。以此客子怕上城里的火店,天还没黑,就在黄垇、河岭、长举、新寨等离城三里到十里的地方歇下来,火店的生意大受影响。

火店中,同来安店是反动的。店主陈登祺,出身却是贫农,家在留车,穷得没饭吃,因为他会两手打,便在留车一带乡下教打。民国七八年他到县城当法警,民国十四年就开了同来安店,兼做油行。他因与官厅勾结,又跟留车劣绅陈吐凤要好,三二五暴动时保护县长谢寅出险,为谢所赏识,政权恢复,被提拔为靖卫队长。他率领队兵到双桥一带掳人勒款,焚烧革命群众房屋。谢县长走了,他回到火店里。这回苏维埃没收了他的房屋。

(15)豆腐

以不满三千人的寻乌城,却有豆腐店三十多家。寻乌城里吃饭十餐有九餐要吃豆腐。吃豆腐原因,一是价廉,二是方便。寻乌的农村中也是很喜欢吃豆腐的,不如寻乌城这样厉害,却也占了食品的一半。

两升半豆子做一桌豆腐,豆子两升半的价钱是五毛,豆腐一桌的价钱是六毛半,赚一毛半。所谓"一桌豆腐",就是大豆腐干四十六块,零卖每毛子七块,三个铜壳一块。若是小豆腐干,则每桌九十二块,每毛十四块,三个铜壳两块。豆腐有水豆腐、煎豆腐、豆腐干、薄干子四种。水豆腐销最多,次煎豆腐,次豆腐干;薄干子最少,因为只有人家做好事才用它。开豆腐店赚钱,主要还是拿豆腐渣畜猪子。因为每天普通只能销一桌豆腐,特别情况才能销两桌,每天只能赚毛半子到三毛子。畜猪子每年可畜两道"猪妈带子",每道可出三四十元。若畜肉猪,每店每年可畜四个,约四百斤,出得一百元。但畜肉猪供米要多,还不如畜猪子划得来。

豆腐生意都是"居家生意",就是一边磨豆腐,一边又耕田。

磨豆腐不是容易事。常言一句:"快学难精。"又云:"蒸酒磨豆腐,唔敢称师父。"

(16)理发

全城理发店八家。民国元年以前器具都是旧式的,装式则一律是辫子。民国元年起,开始用洋剪(挥剪和毛剪),样式一概和尚头,没有别的。民国二年开始兴"东洋装",器具还没有大镜子,也没有化学梳和轻铁梳子。民国六七年,兴"平头装"、"陆军装",还是没有大镜子等。民国十年加上赣州来的"博士装",寻乌学生到赣州读书传来这种新样。民国十二年开始有了宽八九寸、长尺二三的大镜子,又将一尺长四个脚的"单凳子"换了有靠背的藤椅子,并且开始输入了轻铁梳。这些新式器具都是从梅县来的。民国十五六年大革命时,开始输入化学梳。东洋装的名目消灭了,博士装也差不多没有了,但原来在学生和商人中盛行的平头装和陆军装,却在青年工农贫民群众中普遍地盛行起来。"文装"、"花旗装"、"圆头装"(梅县人讥笑这种装叫"暹罗柚")这三种,却是新添的花样,盛行于小资产学生群众(这个群众是接受资本主义文化反对地主文化的)之中。文装亦名"西装",花旗装就是美国装,它的来源是从南洋传到梅县,由梅县传到寻乌的。现在县城及别的大市镇中,剃光头的可以说完全没有了。乡村农民中,还有一大部分是剃光头。在整个人口中,那种剃平头、陆军头等等新样子的,还只是一个小部分,这一个小部分又全数属于青年群众。

理发价,剃光头、挥光头都一毛,挥各种新装一毛半,修面只半毛。

开理发店要四五十元本,师父普通请两个,少的一个,至多三个。工价以半年计至少三四十元,普通五六十元,最多八十元。生意好的理发店,每天每人可以做一块钱生意,普通是一个老板两个工人,平均每天能进三元,每年能进千元内外。开销工钱百多元,其余都归老板,再开销伙食(以四个人计每人七十五元)、店租(三十元左右)和器具的消耗(百元以内),可赚四百元内外(老板自己的工钱在内)。这一笔钱的消耗呢? 就是老板的嫖和赌。

剃头和裁缝,不论工人、老板,很少有把赚项储蓄起来发财的,原因是这两种人多半聪明伶俐、好嫖好赌、好吃好着。为什么这两种人是这样的呢? 大概由于他们社会地位的卑下。前清时候,社会上看剃头工是属于"下九流"的。别的地方,缝工的社会地位也很卑下。缝工虽有老婆,但他们仍是好嫖。剃头工则十个有八个没老婆。这种没老婆的人并不觉得苦楚,他们倒在嫖的上面表现十分快活。

"下九流"是对"上九流"而言。下九流是:一削(削脚趾),二拍(拍背),三吹(吹鼓手),四打(打烟铳),五采茶(男女合唱采茶戏),六唱戏,七差人,八剃头,九娼妓。上九流是:一流举子二流医,三流问卜四堪舆[17],五流丹青[18]六流匠,七僧八道九琴棋。

（17）打铁

三家打铁店,叶师父、杨师父、李师父。杨师父安远人,叶、李均于都人,每家资本五十元内外。打的是篾刀,柴刀,斧头,锄头,铁锤(即耙头),耘田耙,耙(大耙,牛拖的),鲢鲤刨,梭镖(寻乌土话"炮子",梅县叫"挑笔子",东江叫"尖串"),刀麻(菜刀),锅铲(炒菜用),铲子(刨锅头用),火钳,火铲,钩环(挑水用),铁勺(舀米舀油用),木匠用各种铁器(各种刨铁、各种凿子、斜铲、铁锤、凳头钳、角罗钻、割刀),铁尺(做衫压布用),绵刀子(裁缝用),马刀,关刀,双刀(卡子刀),小拐子(小把),铁钉,门镡(上门用)铁箍。除马刀、关刀、双刀外,余均家常用具,销向城厢附近。打铁器和打铁方法,一概旧式。

铁是城区南厢的黄沙水,双桥区的铁锤水、石塅坑,南八区的车头、横径、大陂角六处地方所产,每处都有炉,铸铁,又铸锅头、犁头、犁壁(犁锏)。铸出的铁不但销在本县,大部分还是销往惠州、石龙,也有销往门岭的。锅头除销本地外,约有半数销往会昌及赣州,还有一小部销往潮汕。犁头、犁壁销在本县。每个炉子要挑响炭的(响炭即木炭,铸铁、铸锅都用它,挑的约二十人),烧炭的(用木烧响炭,每窑三人,五窑炭供一铁炉,共十五人),运砂的(铁砂从山崩下,农民挑运卖与打炉子的,这种工人不便统计),以及炉厂内的工人(高炉铸生铁十人,炒炉铸熟铁十二人,铸锅头十二人,火夫一人,坐柜和行走三人),共计一炉铸铁需二百人上下。每个炉子单铸铁要资本千元,单铸锅头也是千元,铸铁兼铸锅头则需二千元,大宗开支是砂子和响炭,其次是工人的伙食、工钱。炉厂有独家开的,也有合股开的。工人的工钱,师父(工头)每天十二毛,工人三毛,伙食吃老板的。

坐柜每年七十元。师父和工人以日计,做一天算一天,坐柜以年计。还有神福、红包和来往盘缠,都是老板对工人的缴费。师父地位很高,待遇不好他就弄鬼,生意就要蚀本。师父会做的每年可得工资五百元。每间炉厂每年能生产四千元,六个厂二万四千元。民国以前没有洋铁来或来得少,工价又便宜,寻乌的铸铁生意比现在大,会做的炉厂每年能生产二万元以上。前清时虽只有两间炉厂,却共能生产四万余元。现在炉数加了,每间炉厂的产量却减少了,主要原因是工钱贵(工钱贵是因外来工业品贵)和洋铁侵入。

铁价现在比三十年前(光绪二十五六年)贵两倍,那时生铁每担(四十斤左右)最贵不过十一毛,现在却是三十二毛了,即需八分钱买一斤生铁。三斤生铁打成一斤熟铁,价五毛。

本城三个打铁店,两个于都人,一个安远人。乡下打行炉的通通是于都人。于都铁工很多,三千七八百座炉子出门,高炉每座四个人打,矮炉三个人打,共有铁工一万三千左右。他们打铁在江西,而且打到福建、广东,打到南洋去的也有。

(18)爆竹

一间爆竹店,钟老板,会昌人,几十块钱本,开了六七年。自己及请的一个师父共两个人做,每年做得四五百元生意。老习惯大年初一那天大放其爆竹,寻乌的小小商店每家也要放两块钱。今年初一反动政府宣布戒严,不准放爆竹,不但年初一,平日也不准放,爆竹生意因此大减。南半县农民暴动区域彻底破除迷信,也不要爆竹了。因此不但本城钟老板的爆竹生意减少了,从前梅县和门岭两方输入寻乌的爆竹,近来也停止了。

（19）打首饰

寻乌的妇女们也和别的封建经济没有彻底破坏的地方一样,不论工农商贾,不论贫富,一律戴起头上和手上的装饰品,除大地主妇女有金首饰外,一概是银子的。每个女人都有插头发银簪子和银耳环子,这两样无论怎么穷的女子都是要的。手钏和戒指也是稍微有碗饭吃的女人就有。银也是个名,实际是洋铁皮上面涂一点银,有些是铜上面涂一点银。打这种首饰的店子本城有七家之多,每家只要几十元做本。他们的首饰,一部分是人家来定做的,一部分是用个小匣子装着背往四乡去卖的。七家首饰店中,有四家是一个老板、一个工人、一个徒弟三个人做事,一家是四个人做,一家是两个人做,另一家只一个人做。学徒制度与理发业差不多,不过工作更苦些,穿的衣服也更烂一些。

（20）打洋铁

一家,刘俊记,兴宁人。前年来本城开店,以前无所谓洋铁。三几十块钱本,一个老婆、一个徒弟和他自己三个人。材料是洋油瓶,做的是小洋铁灯呀(不[19]灯),盛洋油的壶子呀,盛茶油的壶子呀,舀油的勺子呀,烧茶吃的壶呀,洋油透子呀(滤子),酒透子呀,盛茶叶的瓶子呀,各种小盒子呀等等日用必需品。所以,这样一个洋铁店乃社会需要的。生意也很赚钱,三个毛子一只洋油瓶,从本城、吉潭、三标、澄江、牛斗光等处杂货店里收了来,做成洋铁器以六个毛子卖出去。此次红军进城,刘俊记不知何故跟着反动派跑了。

（21）修钟表

也是一家,叶公昌,梅县人,除工具外,十把块本钱,专门修

222

理钟表。全县除本城一家外,牛斗光还有一家。两家都是前年(一九二八)开的。寻乌全县有十二万人,百分之二的有了钟表,共有钟或表二千四百个,所以需要一两家修理钟表的店子。

(22)圩场生意

寻乌城还是个店铺生意和圩场生意并行着的城子。以寻乌情形说,圩场生意代表半自然经济,店铺生意代表商品经济。店铺生意与圩场生意的比例是:店铺占百分之七十,圩场占百分之三十,可见商品经济势力超过自然经济很远了。

圩场生意的要项如下:

第一是米。米生意全在一、四、七圩期做,店铺不做这门生意。米不但是本城许多人要的(本城人口中农民部分自己有米),而且运到广东去。梅县人或大柘人挑来一担盐,兑一担米回去,叫做"盐上米下",因此米生意比寻乌城一切生意大。寻乌城的大宗生意是第一米,第二盐(年十万元以上),第三布匹、洋货(十万元),第四豆(二万余元)。米价,光绪二十六年每担(一百七十二斤)四元,民国元年五元,民国十六年旱灾有过十六元,本年红军未到八元五毛,既到七元。

第二是柴火。木炭、水炭子、片柴、把子柴、蔴萁,从四乡挑来"赴圩"。木炭(响炭)价,光绪二十六年每百斤五毛,民国元年到十七年每百斤八毛到十二毛,去年因雨多每百斤涨到二十二毛,现每百斤十六毛。片柴价,光绪二十六年每担(七十斤)一毛七八,民国元年二毛二三,民国十年到十六年四毛,民国十六年到现在五毛到六毛。

第三猪肉。前头店铺生意中已讲了的三个案子,其实应该讲在圩场生意里面,因为是圩场上的生意。

223

第四猪子。细猪子（两个月的）和猪条子（三四个月的）都没有行，都在圩场上买卖，每圩约三十个，每月九圩共二百七十个上下。现细猪子每斤三毛，猪条子二毛，大肉猪二毛五。为什么猪条最便宜呢？因为猪条子是四五十斤一个，不是很没有钱用的人不肯拿了出卖的，但迫得拿了出卖时，人家就卡他的价钱了，他也只得忍痛丢手。

第五鸡鸭。本地四乡来圩上零卖的，为数不多，平常每圩鸡鸭两门十把二十只，也有时一只都没人要的，这证明了寻乌城之苦。过年过节每圩可销百多只。价钱，鸡每斤四毛半，鸭三毛。

第六竹木器。木器在圩场出卖的部分已在前面店铺生意中木器项下附带讲过了。现在讲竹器，谷箩、谷笪（笪读达，即晒簟）、畚箕（挑灰粪下田的）、鸡鸭笼、猪笼、篮子、橐子（盛米果等零碎东西的）、磨栏（即栏盘）、糠筛、簸箕、睡床（睡椅）、撮箕、竹椅、灶捞（捞箕）、筷子、扫把、洗锅把、掇耳子（即鸢箕，比畚箕小）、角箩（小孩子装米果吃的小箩子）、篓（即鱼篮，摘茶子[20]也可用）、河子（即"得鱼忘筌"[21]之筌，别处曰篆）、茶篮、笠麻（斗篷）、菜篮、晒篮等等竹器，通通在圩场上卖。

第七小菜。芥菜、芹菜、苋菜、藠头、脉子、芥蓝菜、蒜子、苦瓜、冬瓜、南瓜（丝瓜）、节瓜、甜瓜、黄瓜、西瓜、番莆（南瓜）、茄子（广东人叫吊菜）、凤菜（又叫空心菜，别地叫蕹菜）、芋子、莆子、萝卜、韭菜、葱子、茼蒿菜、白菜、菜头（芥菜头）、当机（即刀豆）、辣椒、雪豆、彭皮豆（扁豆）、豆角、八月角（八月豆）、老虎豆、树豆子、青豆芽、黄豆芽、马齿、黄芽白，以上各种小菜都由附近乡村供给本城居民。

第八鱼。有鲩、鲢、鳙、虾子、鲤、鲫、黄鳝、泥鳅、虾蟆、虾公、元鱼（脚鱼）、河鱼子、"抢"等等。普通市上卖的只有鲩、鲢、鲤、鲫、黄鳝、泥鳅、虾蟆数种，其余各种不经见。鲩每斤二毛半，黄鳝每毛十两，泥鳅每毛一斤，虾蟆每毛七两。"抢"是少有的大鱼，寻乌城去年曾卖过一个四十斤的，别的地方有七八十斤的，由惠州一带循河上来，个把人淹死在水里，正好做了它的食品。

第九糖。粉、糍粑、那子（粉皮）、板子（软板子、铁练板、铁勺板、豆子板、油果、糖板子、鱼子板、苎叶板、番薯板、印子板各种）。圩期到了，他们就来了，特别是"会景"的时候（迎故事或打醮的时候）来的更多。一两块钱本钱。

第十水果。李子最多，荸荠次之。此外，枇杷、柚子、杨梅、柿子、桃子、桔子、柑子各有一些。水果不是很小的生意。

（23）娼妓

二千七百人的小城市里，"老货"、"嫩货"有三四十家，什么昌娇呀，月娥呀，钟四妹呀，谢三妹呀，黄昭坤呀，戊秀呀，润凤呀，大观兰呀，小观兰呀，昭娥呀，来昭呀，玉淑呀，五凤呀，亦娥呀，都是这个苦群众里的著名人物。除大观兰、亦娥两个外，都是人们所谓"嫩货"，润凤、戊秀、月娥、五凤、昭坤五个更加著名。

科举未废、文武两考盛行的时候，也有现时这样多的娼妓。科举既废，逐渐减少，光绪三十年左右只有十几名了。往后又渐加多，到现在又恢复科举时代的盛况。南半县革命向北发展，同时红军开抵澄江，娼妓们许多跑下乡去了。她们中间传说，"红军见草不留，扫把都要过斩"，所以她们吓得跑了。

本城娼妓三标人多。寻乌人有句俗话，"三标的货，项山的糯"，就是说的三标女子美丽的意思。

十年之前商业兴盛的时代,商人嫖娼的多,豪绅次之,豪绅子弟(所谓少爷)很少插足。十年以来换了一个地位:豪绅嫖娼的最多,少爷次之,商人嫖的最少了。商人为什么嫖的少了? 因为他们的生意不行时了。豪绅为什么嫖的多? 他们包了官司打,就以妓家为歇店,长年长月住在妓家,过年过节才回家一转。他们的嫖钱哪里来的? 打官司,乡下人拿出一百元,他给乡下人使用二十元,八十元揣在自己的荷包里,这样子得到供给娼妓的费用。少爷们为什么从前没有到城里嫖的,近来有很多嫖的了?"毕业公司"等类的学校兴起来了,少爷们脱离那温暖的家庭走到城里来读书,觉得好生寂寞,娼妓家中少爷们的足迹就多起来了。

(24)同善社[22]

约当光绪二十七八年时,赣州一个绸缎店恒孚号的熊老板(南昌人)到寻乌来开办同善社,他就是所谓天恩先生。那时的善长古鹤甫是个秀才,住在城里,家务也不很好。后来善长改了潘明典,是个拔贡,有千元上下家资,现做九江地方法院书记。郭友梅是光绪二十七八年进的同善社,那时候有社员百把八九十个,以后还进了好多,最盛时本城同善社大概有二百多人。同善社的发源在四川,由那个四川的同善社发出公事到各省开办同善社,各省的政府准许后再向各县开同善社。赣州府的天恩先生是得了南昌省的公事的。他来到寻乌,首先拜会县知事,知事赞成了,出了保护告示,同善社就可以大大地开起来。入社是要经过神明的批准的,一个筒子放些纸坨子,有的写个"准"字,有的就是白纸。同善社的神明叫做达摩祖师,介绍人引导要进同善社的,走到神明面前磕头祈祷之后,伸只手到筒子里拈那纸坨,拈个"准",便进同善社,拈个白,不能进去。有个屠夫三次都是拈个白的,有个土豪四次都拈个白的,"莫说无神也有神哪"。林虎[23]到过寻乌城,好大一个头,二十八九岁,威武得很。许崇智[24]也曾到过这里。林虎部下营连长有七八个进了同善社,在这里扎了一个多月。进同善社要入社费一元,以后随时捐钱,也不勉强。南昌同善社、四川同善社都有公事来要捐钱,公事上说:"捐了钱,二天到那里去了,簿子上有名字,就可吃得饭哪。"郭友梅捐过南昌三元,四川五元。寻乌社二百多人中有三四十个是女子。他们的成分商人百分之五十,地主百分之二十,农民百分之三十。但所谓农民没有贫农,都是"有碗饭吃的","不求人的"。民国七八年省政府来公事要停办同善社,停了一两年。随后唐生智[25]有公事来,说"善菩萨,可以信得,不要取消它",又办起来。民国十二三年政府又来公事要停,才停止到今。

每天早中晚三次静坐,叫作"做工夫"。做工夫的,两天内不能和女人睡觉,睡了就不灵验。同善社有秘密,做到五层工夫,天恩先生才有秘密讲,郭友梅还只两层工夫,未曾听得什么秘密。四川有个九层工夫的天恩先生到过赣州府,那里同善社每人出两块钱接天恩先生的风。方本仁[26]也到了。同善社每年做两次"龙华会",社员都到,见人出两毛钱,向祖师磕头,奏鼓乐,吃斋菜。

进了同善社,得些朋友,可以做官。

寻乌县长曾有三个进了同善社,他们和社员们一样到同善社磕头。

（25）人口成分和他们在政治上的地位

寻乌这个城,把它的人口成分剖解起来,才知它还完全是一个农业手工业城市。全城近二千七百人的各业比例如下:

职　　业	人　口　数	百　分　比
农　　民	一,六二〇	六〇
手工业者	二九七	一一
游　　民	二七〇	一〇
娼　　妓	一六二	六
商　　人	一三五	五
政府机关	一〇〇	四
地　　主	七八	三
宗 教 徒	二二	一弱
共　　计	二,六八四	一〇〇

看这个表,农民和小手工业者共占百分之七十一,便知这个城市还是以农业手工业为主体,向附城一带耕田的和开小作坊做手工的占着住民的最大多数。所谓手工业者,包括各业手工工人和手工业主,商店的店员也算在内。所谓手工业,就是缝纫店、黄烟店、酒店、伞店、爆竹店、理发店、木器店、豆腐店、首饰店、洋铁店、修钟表店、屠坊店这一些。所谓宗教徒是耶稣教十人,天主教三人,斋公六人,和尚三人,共二十二人。本城纯粹地主十二家,共约七十八人。商人兼地主五家,算在商人里面。商人是指盐行、杂货布匹店、油行、豆行、水货店、药材店、火店等,共计一百三十五人。娼妓是三十余家,三十几个妓女,却养活一百六十二人。不工不农不商,专门靠赌博敲诈、为统治者当走狗吃饭的流氓,他们的人数竟超过商人一倍,和手工业者几乎同

等。若把游民和娼妓合计,便等于商人和手工业者的合计,这表示失业群众之多是怎样的可惊。所谓政府机关一百人,是指新的县苏维埃、城区苏维埃两个机关(四十人),加上县苏赤卫队(六十人),不是指的旧政府。但是旧政府机关人数也是与新政府人数差不多的。说到这个群众中的领袖部分,即那旧社会的指导阶级,自然不是那总数占百分之八十七的农民、工人、游民和娼妓,他们是被统治者,统治者是那仅仅占人口百分之十三的地主、商人和耶稣教天主教传教士等。商人的商会虽没有多大权力,商人群众中却有几个人参加那统治全县的县政府。不过那几个人也不是完全代表商业资产阶级说话,他们是接受地主的领导,帮着做些事。这也是因为寻乌城商业不但是很小而且是逐年衰落的原故。

商人而能向政界话事的:第一个算何子贞,豆行老板,用个假名出张帖子拿给别人去开。他自己一面教书,一面当公安局长,又当警察队长,又当国民党委员。他父亲承包牛岗税,剥削牛商。他初回寻乌表现的是资产阶级意识,颇有新派之称,后来便与地主妥协了。现逃。第二个是黄光甫,水货店宝华祥的老板,商会的文牍,能到衙门话事。现逃,店没收。第三是火店老板陈登祺,初当法警,升靖卫队长,跑衙门。现逃。第四是杂货店主陈志成,虽没做官,却事事与反动派同谋,有会必与。现逃,店没收。

十二家收租的地主,列举如下:

何德新　从前收租五六百石,现收百石,七八个人,仅够开销。乡人和衙门有交涉时要请他话事。他儿子何挺拔,平远中学毕业,新寻派中坚分子。

229

何成治　收三百多石,人少,有三百石出卖,是城内第一个大地主。何成治死,寡妇当家,买个儿子不能话事。

刘佛荣　收二百多石,人少,有谷出卖,寻乌城第二个大地主。"水浸牛皮——很吝",不与外事。

刘段轩　只收几石谷。中山派,与何子贞打官司打穷了。他的儿子还在赣州班房里。他的儿子是赣州第四中学毕业,新的城东小学校长。

范老八　百多石,有多余。他哥哥开顺昌老店,他在家收租,不走衙门。此次派款三百元。农民没收了他。

范家声　百多石,有多,十五六岁,中山学生,被何子贞罚款。此次又被苏维埃派款一千元。

张三玉　百多石,有多,寡妇管家,不出面。

邝四嫂　几十石,有多,一个儿子,一个孙子,不反动。

吴老四　已死,留个寡妇,一个儿子,一个孙子,百多石租,有多,不话事。吴老四光绪年间坐县署征收柜,全县钱粮由他过手。死了四年。

范明才　先前开杂货店,歇了十多年了,收八十石,稍有多。民国初年当保卫团总,是劣绅,好嫖,好赌,现跑了。

何祥盛　摆摊子出身,做水货生意发财,三二五暴动被罚款,生意关门。他儿子何家常,买来的,梅县东山中学毕业,三二五暴动领袖之一,共产党员,过番去了(往南洋叫"过番"),现到福建。

何学才　何子贞之父,县衙刑房科写口供,后做堪舆,承包牛岗税,买了几十石谷田,是个大劣绅。

以上十二家是纯粹地主(两家中地主,十家小地主)。其中何德新、范明才、何学才三人是积极反动分子,刘段轩、范家声两人是同情革命的,何祥盛的儿子何家常是共产党员,其余六家是所谓"只顾发财不管闲事"的。

下面五家是商人而兼地主:

钟汇通　寻城第一家盐行,二百二十石租,有百石余剩,跑衙门,话事情。

骆晋丰　分成四家,共六七千元。老二最富,有二百五六十石租,老实,不话事。老大死了,十多石租,糊口不够。老三有三四十石,糊口而已。老四(前商会会长,同善社主任教员)也只几十石,仅糊口。

荣春祥　几十石租,全部储蓄着,做生意吃饭,不话事。

温荣记　八十石,全存着,做生意吃饭。第三个儿子温锡纯与新寻派勾结。

林笔利　水货生意,百多石,稍有多,不管闲事。

以上五家均商人而兼地主。其中钟汇通与温荣记是反动派,余都是所谓"不话事"的。五家中钟汇通、骆晋丰两家是中地主,余三家是小地主。

第四章　寻乌的旧有土地关系

本章目录

(一)农村人口成分

(二)旧有田地分配

（三）公共地主

    A. 祖宗地主

    B. 神道地主

    C. 政治地主

（四）个人地主

    A. 大地主

    B. 中地主

    C. 大中地主对于生产的态度

    D. 大中地主的政治思想

    E. 小地主

（五）富农

（六）贫农

（七）山林制度

（八）剥削状况

    A. 地租剥削

      1. 见面分割制

      2. 量租制

      3. "禾头根下毛饭吃"

      4. 批田

      5. 批头、田信、田东饭

      6. 谷纳、钱纳

      7. 铁租、非铁租

      8. "要衫裤着去捞"

      9. 劳役

      10. 土地买卖

   B. 高利剥削

     1. 钱利

     2. 谷利

     3. 油利

     4. 卖奶子

     5. 打会

   C. 税捐剥削

     1. 钱粮

     2. 烟酒印花税

     3. 屠宰税

     4. 护商捐

     5. 牛捐

     6. 赌博捐

     7. 财政局总收入

     8. 派款借款

（九）寻乌的文化

（一）农村人口成分

大地主（收租五百石以上的）	百分之零点零四五
中地主（收租五百石以下二百石以上的）	百分之零点四
小地主（收租二百石以下的）	百分之三
破落户	百分之一
新发户	百分之二
富农（有余钱剩米放债的）	百分之四

中农（够食不欠债的）	百分之一十八点二五五
贫农（不够食欠债的）	百分之七十
手工工人（各种工匠，船夫， 专门脚夫）	百分之三
游民（无业的）	百分之一
雇农（长工及专门做零工的）	百分之零点三

（二）旧有田地分配

公田	百分之四十
地主	百分之三十
农民	百分之三十

（三）公共地主

A. 祖宗地主

寻乌公田多，成了各区普遍现象。各种公会多得很，祠堂里的公会如什么"公"什么"公"，差不多凡属死人，只要是有"后"的，而他的后又是有钱的，他的所谓后者必定从他们的家产中各家抽出一份替他立个公。这种凑份子立公的办法是什么姓都普遍采用的。凑成的份子一概是田地，不用现钱。再则那什么公还在时，他自己就留出田产立起公来，这一种比前一种更多。公田一经成立，就年年收租。租除祭祖用费外，大概总是有多余的，便把它积蓄起来。积蓄的方式不是拿谷积蓄，而是拿钱积蓄，就是每年把多余的谷子粜给贫民，把钱积起来。积得若干年成一笔大款，便购买田地。如此下去，这一公的田地就渐渐地增多起来。但这积蓄增多的在全部款子中只占去一部分，还有一部分是由他的子孙均分了去。多半是子孙穷苦的多才主张分的,子孙富足的多呢,那便不主张分了。分是在什么时候呢?又是怎样一种分法呢?就是当那过年过节时候从祠堂里分谷分肉。男子都有分,女子没有分(有些族上寡妇有分),每人分得几斗谷、几斤肉。这种谷叫"红丁谷"。肉有四个项目:一是"胙肉",从前是秀才、举人有功名的人分的,后头加上"毕业生"。二是"房股肉",每房一份。三是"老人肉",七十以上的人每人一份。四是"丁肉",每个男子一份。分的次序:先分胙肉,次老人肉,因为这两种人是可贵重的,每人大概分一斤。次房股肉,每股十斤八斤的有,十多二十斤的也有,整的分出去,再零分与房众。为什么要分房股肉呢?这是一种斗争,房下人少的要分房股肉,房下人多的反对分房股肉,主张分丁肉。但结果各地多半是照了人数少的房份的意见分了房股肉。为什么少数对多数胜利呢?因为这种公的产业,原是各房都有平均的权利的。次分丁肉,不是每个公都有分,多数公是没有丁肉分的,这是因为公款不多,或是人太多了的原故。有少数公堂谷肉不是平分而是轮分,名义叫做"轮收",又叫"管头",轮流替祖宗收租的意思。租收了,每年开支一小部分在祖宗的祭祀上,大部分落在管头的荷包里,这并不算"吃油饼",因为这样做正是公堂经济存在的根本原因。为什么呢?当他那个祖宗还没有死,把家产分拆给儿子们的时候,为了怕他的子孙日后把分得的一点田产变卖了弄得没有饭吃,就从田产中挖出一部分不分,作为公田,永不变卖。一面有了他死后的祭费,一面呢,他的穷困的子孙便得了周济了,这叫做"留出后路"。他的子孙也很赞成这种办法,因为这就是为自己留出后路。凡那祖宗生前没有立起会的,祖宗死后,子孙们只要稍为富裕也必定为他立会,出名叫做祀祖,其实是为了自己。所以轮流收租名则是轮流替祖宗收租,实则是轮流替自己收租。在这个意义之下,那些贫苦子孙往往闹着要分公田,同时富裕部分的子孙却反对分公田,成为一种氏族内部的阶级斗争。那些穷苦人闹着要分公田也不是要分了田去耕种,他们是要分了田去变卖,得钱还高利债或买明天的早饭米。在这种情形上面,看得出贫农群众因为他们苦得没有米煮,便把什么"祭扫"呀、"慎终追远"呀等等封建思想逐渐地不要了,他们的生活迫着他们要不了这些宝贝了。

总计祖宗方面的土地,占全部土地的百分之二十四,占全部公田的百分之六十。

B. 神道地主

神道地主即神、坛、社、庙、寺、观六种。"神"是指的各种各色的神,许多都有会,如赵公会、观音会、关爷会、大神会、真君会、婆太会、赖爷会、公王会、伯公会、文昌会等等,都是没有庙的。还有一种醮会,祈神之用,也属这一类。在上述的各种神内有一部分是立了"坛"的。坛是立起一块石头,有的几块石头垒成一个小屋,那里面藏着好灵验的神呀,因此叫做坛。不论神、坛,凡有会都有公田,出钱弄这种神会的通通是富农地主。神会的产业百分之九十五是田地,百分之五是谷子和钱。这种田、谷、钱,叫做"会底"。目的:一是为神,因为神能保佑他们人畜清泰,财丁兴旺;二是吃东西,神诞那一天吃一顿,过年过节还有肉分,但要斗了份子的才有吃有分。斗过份子后来穷了的,有顶退份子的办法,譬如每份是五块钱会底,人家就出五块钱给他"顶"了去,他就算是"退"出了会。"社"是与"神坛"有别的一种"社坛",每个村子有一个,即使那个村子只有三家人,也有个社坛。为什么要社坛?保佑禾苗没有虫子食、牛猪六畜不至于遭瘟,保佑人们得到康健。每个社都有会,二月起,十月止,每月都开会,会期普通是初二,有些地方是十六。开会那天,同社的人每家来一个,不分贫富,一概有份,杀猪买酒,大吃一顿。吃过之后,开堂议事,作陂开圳呀,禁六畜伤害禾苗呀,禁胡乱砍伐山林竹木呀,条规不一,议论纷纷,也没有什么主席,也不要什么记录。虽然乱讲一顿,却有一种自然的秩序。就是当那所谓"老前辈"或所谓"更懂事的"讲得"更公道"的时候,大家都说他的话"讲得好",就是这样子成了决议。这种社是群众的,虽然也信神,却与地主富农的神坛完全两样。这种社的会议是农民作主,不是豪绅作主,也不完全是富农作主,是大家来而"更公道"的人的话为大家所信仰,这个人就作了无形的主席。社坛有公堂的最少,大多数是每月初二开会(要敬神)时候大家斗钱,每人每次二毛、三毛至四毛,不来吃的不出。再讲到"庙"。庙是有屋子,而屋子里面有菩萨的。庙有个庙祝,土名叫做"庙老",是个老头子,服侍菩萨,招扶香灯。庙多少有庙田,也有无田的庙。有庙田的,庙老吃庙田的租,无庙田的,庙老伙食从群众中捐钱谷。庙有城隍庙、关帝庙、三官庙、三圣宫、赖老庙、龙王庙、关岳庙、杨公庙、东岳庙、江东庙等等。庙的性质,是所谓"有功德于民则祀之"的意思。神坛是地主需要的,社坛是农民需要的,庙是地主、农民共同需要的。庙的田产很少,租入不够香纸费及庙老用,所以不是严重剥削所在。"寺"则完全不同,它是和尚的巢穴,是剥削厉害的地方。寺产都是大地主"施"出的,施了田的大地主,叫做"施主"。大地主为什么施田地给和尚

237

呢？因为佛教是大地主阶级利用的宗教，大地主为了"修子修孙修自己"，所以施田给和尚。五福庵、回龙寺、正觉寺、观音阁、东笔山、大悲阁、鹅湖庵、西竹山、天台山、狮子岩、三角嵊、角公岩、法华庵、西华山、南阳山、梵慧寺、甘露寺、九龙山，都是城区附近的和尚寺。道士斋公的叫做"观"，则有云盖嵊、大山里、川塘坑等等。观的田产的来源和剥削的状况，与寺无二样。

总计神道方面（神、坛、社、庙、寺、观）的土地，占全部土地的百分之八，占全部公田的百分之二十。

C. 政治地主

又分二类，一是考棚、宾兴、孔庙、学租一类属于教育性质的，一是桥会、路会、粮会一类属于社会公益性质的。

县城的考棚田收得六百五十石租，经手的豪绅"吃油饼"吃去一百八十石，交出四百七十石与考棚。考棚田的来历是前清时候修建考棚，大地主捐了许多谷子，建筑余款，置买田地，作为考棚年修经费。起个"尚义祠"，把那捐款大地主的姓名写在木主上，捐多的主高，捐少的主矮。

宾兴田的来历也是地主捐起的，田散在全县各堡，多数仍由原主管理，年交收获之五成与县城宾兴祠。宾兴祠在各堡设有分局掌管田产。田产的用途是作为乡试、会试的路费及中了举人、进士的奖赏（主要还是作为乡试路费和乡试奖赏），奖赏的别名叫做"花红"。县宾兴祠年可收千五六百石谷租。乡试（省考）每三年一次，逢"子"、"午"、"卯"、"酉"举行。每届寻乌试考的一百多人，每人路费二十四元，中了举的有花红百多元。宾兴祠内有百几十块木主，写的都是出捐的豪绅们的名字。科举废后，凡在赣州第二师范毕业的，每人发参观费三十元，使他们好往江浙一带参观。此外,往外国留学的也曾津贴过一回,一个留学日本的给了三百六十元。县城办简易师范及高等小学,即是用的宾兴祠的经费。

建筑学官也是地主捐钱,因此也如尚义祠、宾兴祠一样,起了一个"好义祠",纪念那般捐主。后头祀孔经费又捐了千多元,是款子不是田地。

学租是各姓地主捐集,为奖励本姓考功名的子弟的,姓姓都有。如篁乡古姓有学租一百石,车头邝姓有二百多石,至少的也有几十石。此外城区有"薪水会",各区也有。各区普遍地有"文会",性质同是奖励取功名,但系一种地方形式,由几姓或一区集合起来的。还有篁乡古姓某地主(古柏的祖父)捐出一百石租起个"尊育堂",却是奖励全县读书人的,算是一个特别形式。

总计教育方面的土地,占全部土地的百分之四,占全部公田的百分之十。

至于公益性质的桥会、路会、粮会的土地,数亦不少。不但大桥、长桥有会,村落小桥也往往有会。有会就有田,都是地主、商人捐起的,目的是修理桥梁。起始钱少,逐年放债堆积起来成了大数,置买田地。每年十二月算数、敬桥神,名之曰"做桥会",捐主都来吃一餐,吃了之后还分猪肉,所以桥会实在是个剥削机关。桥会大的有八千元,田产每年收租五百石,那就是留车的浮桥。小的有二三石租的,乃是很小的小桥。

路会不多,会田也少,全县不过十大几个(十五个以上叫十大几个)路会,每个路会不过收七八石谷。为什么桥会发达路会零落呢? 因为路烂了修补易,不修补也不至于完全不能走人,桥则不然。

粮会也少，全县不过几个，如篁乡的严姓，大田的梅姓，车头的邝姓，吉潭圳下的刘姓，各有一个，各有些田地。多的如车头邝姓粮会有五百石租的田，原是"军田"，现充粮会。粮会的作用是代替一族人完粮，抵制政府向族内各家追粮。各方敲榨，各人不利，故斗钱成立粮会，或由各小公出钱斗成。有了粮会，法警只找粮会一处，免得各家受害。没有粮会呢？法警来了，脚钱多过粮钱，逾限不完要算利息，利又非常之重，因此起个粮会。粮会起始钱也不多，也是逐年放利积起来的。

总计公益方面的土地，占全部土地的百分之四，占全部公田的百分之十。

（四）个人地主

A. 大地主

以上说了公共地主部分的土地，再说个人地主部分的土地。个人地主土地在全部土地中占百分之三十，比公共地主土地要少。个人地主土地中又以小地主（收租不满二百石的）土地占大多数，中地主（收租二百石以上但不满五百石的）土地次之，大地主（收租五百石以上的）土地最少。

全县共有八个头等大地主，如城区的刘土垣，篁乡区的罗含章，南八区的谢杰、邝文荣，双桥区的梅洪馨，兼三区的潘明征（绰号"屎缸伯公"），澄江区的林朝官、王菊圆，收租都在千石以上。其中最大的算"屎缸伯公"，他是兼三区的项山堡人，连田地、房屋、山林、牲畜及他在吉潭圩上开的药店、杂货店，共计价值三十万元，田地收租一万石左右。他是全县豪绅的领袖。民国初年他的第三个儿子潘梦春(是个文理不通的脚色,没有考过科举,也没有进过学堂)做过县财政课长(国家财政)。民国六七年他的大儿子潘奕仁(是个秀才,粗通文理)做过三年县财政局长(地方财政,管理考棚、宾兴、牛捐、赌捐、护商捐等款)。民国十三四年潘梦春又做全县保卫团总公所长,统辖七区保卫团,全县实权都在他手里。他在总保卫团任内为了要钱用,同时北洋军阀邓如琢[27]部队到县要军饷,发了许多纸票,使用了几个月,被一个中地主叫赖翱虚的在省城一状告了他,才停止了。民国十五年国民党势力来,他就失势,但他立即和原来带资产阶级色彩的、这时已经和地主妥协了的新寻派结合,当上了国民党县党部委员。今年三月豪绅们把县长胡泽凡推倒,他就上台做县长,红军到来他才跑往武平。他有七十多支枪,被武平钟少奎收编去了。刘土垣算第二个大土豪,但不活动,是个中学毕业生,在县里没有权。谢杰,江西陆军学校毕业,做过赖世璜的师长。现在上海组织什么赣南钨矿会,争钨矿自办,加入改组派[28],组织"江西自救会",出版《自救日报》,反对蒋介石。对于"剿共",呼号甚力。王菊圆,赣州第四中学毕业生,澄江方面很有势力,和流氓很要好。他在澄江圩开三个店,做水货、杂货及鸦片烟贩卖生意,店的后楼开个鸦片烟馆,让流氓们去吃不要钱,因此取得一班流氓对他的拥护。他嫖人家的老婆,别人若不识高低也去嫖时,流氓们就要给那个人以厉害的打击,有受这种打击弄得倾家荡产的。

寻乌千石以下五百石以上的大地主有十二个。曹善成(西厢田背),收租五百石,祖父发的财,是个"老税户"[29]。丘树烈(西厢图合),收五百石,无大用。他的儿子是个工程师,南洋大学毕业,到英国打过一转,现在天津什么锅炉公司当工程师。曹愿森(东厢),收五百石,本城高小毕业,四十岁了,在东厢有权。黄甲宾(北厢长举),收七百石租,国民党员。何子贞想利用他,他不出来。现在投机,向农民表示好意,要枪交枪,要钱出钱。他说:"国民党没有用,出了钱不能保命,出到苏维埃还可保命。"谢善德(三标鸭子墓),五百石,读老书的,是个"山老鼠"〔30〕。王佛盛(水源坳背),五百石。儿子王维藩,北京朝阳大学毕业,国民党员,在外未归。蓝绍宗(澄江),五百石,蓝死了,寡妇当家。曹国栋(吉潭),六百石,从前称万户,造房子用掉一些,高小毕业,"屎缸伯公"之戚,与潘梦春合作。易展良(双桥区桂石下),五百石以上,开头反动,田快被分掉,又罚去千多元,穷了,不反动了。赖鹏池(双桥区丹溪),称万户,五百石以上,前清附生,老实得很,辫子还留着,但不反动。邝明经(南八区鸡子叫),六百石,他的第四个老弟当白军营长,反动,全家走尽。陈万保(廷岭),六百石,做猪贩,做烟土贩,开杂货店。他自己不反动,他的老弟是新寻派,和他共家,很反动。以上头等大地主八个,二等大地主十二个,共二十个,江西人所谓"万户"就是指的他们。为什么要把他们逐一列出来?为的要研究这个阶级的政治作用,不列出来便没有充实的例证。为的这个理由,我们还要把中地主列出来,只是小地主为数太多不便列举。地主阶级中为什么要分出中地主,因为中地主的政治作用不但和小地主大有分别,和大地主亦显然有分别。

B. 中地主

首先举城区。丘伟伍(西厢图合),收四百石,日本帝国大学皮革科毕业,在赣州贫民工厂做工程师半年,民国十一年回寻乌做教育局长,进国民党,新寻派领袖之一,为新寻派计划,是个厉害的东西,红军到寻乌,同谢嘉猷一路跑了。黄甲奎(北厢长举),收三百多石,平远中学毕业,寻乌国民党指导委员,新寻派分子(新寻学校教员),积极反动。骆松盛(北厢长举),收三百石,城内开骆晋丰杂货店,不积极反动。有个侄子是国民党员,高小毕业,说共产党的坏话。何挺拔(北门城外),收三百多石,平远中学毕业,国民党干事,新寻派主要人物,努力于反革命。刘佛荣(小东门外),收三百石,不反动,做医生。

三水区:雷昌响(三标长排),三百石,是个"山老鼠",无用。胡恩荣(三标圩),三百石,是个斋公,不问世事,专门要两个铜钱,在家里困觉。胡镜如(三标圩),二百石,赣州第四中学毕业,二十多岁,三标有名的土霸,参加县政权。凌鲁石(三标径石),三百多石,老秀才,做过多年财政局长,又做什么课长,又做考棚首士,一连干了十多年,赚了钱,在三标起了新房子,五十多岁。袁德和(水源袁屋,最反动地方),二百石左右,中学毕业,国民党员,反革命。此外,三水区还有中地主多人,记不清楚。

澄江区:蓝子乾,四百石,省立中学毕业,在澄江圩开蓝协泰杂货布匹店,反革命。谢嘉猷,三百石,高小毕业,四十多岁,做过十四军谢杰部下团长,寻乌团防总队长,改组派,把红军五十团第一营消灭的就是他,江西陆军学校毕业。凌希贤,三百石,中学毕业,新寻派,国民党员,澄江新圩开个店。

兼三区:陈玉横(吉潭),三百石,平远中学毕业,吉潭的土霸,新寻派主要人物,"屎缸伯公"的孙婿,很活动。刘太宗(吉潭圳下),四百石,赌博头子,流氓出身,赌博发财,民国五年还是"当乌"（做贼挖壁，夜间出门，叫做"当乌"）。潘金棣（项山），二百多石，梅县师范毕业，新寻派，国民党积极分子，吉潭靖卫团总。潘明瑞（项山），四百石，"屎缸伯公"亲属，吉潭圩上开了两间杂货水货店，项山反动首领。潘观澜，虽是个百多石租的小地主，却是反动首领，潘丽死于他手。赣州高小毕业，做小学教员五六年，那时并不反动，三二五暴动前后就腐化反革命了。他的父亲是个赌博头子，以此发财。潘明典（项山坪地），百多石，前清拔贡，民国法政毕业，做过陆丰、会昌两县知事，又做本县教育局长数年，还担任许多别的事，有"身兼九长"之称。本是个中等地主，运动省议员用掉四千多元，还是落选。去年做南昌高等法院管狱所长，今年在九江做高等法院书记官，是个官僚主义者。说话很漂亮，字也写得好，样子也好看，又很规矩，像个孔夫子。潘景文（项山大坽），三百多石，前清秀才，老先生。潘国才（项山村），三百石，也是个老秀才。潘国卿（项山村），只有五六十石租，高小毕业，叶子崒土匪的秘书，反革命。刘翰元（剑溪），二百多石，不中用。

篁乡区：李其琅（篁乡圩），三百石，赌博出身，儿子李含辉高小毕业，反动派重要分子。刘玉接（篁乡圩），二百多石。儿子刘金燕，南昌心远中学读书，又进了沪江大学、上海大学各读过一下，过去接近合作社派。刘玉麟，刘玉接的弟，四百石，是个哑巴，四五个儿子均小学毕业；小儿子读过中学，参加三二五暴动，现反革命。赖寿成（红头岭），四百石，儿子赖世芳梅县东山中学读过书，反革命。赖翱虚（红头岭），四百石，秀才，上海理化专修科毕业，做过县立高小校长一年、教员五六年，运动省议员失败。两个儿子中学读书，其中一个又在北京师范毕业，接近合作社派,三二五暴动时新寻派向他进攻,现在两个均反革命。汪子渊(山子下),二百石,篁乡的反动首领,是个大劣绅,做过保卫团总,宾兴分局长。刘经曦(司城村),三百多石,梅县中学毕业,父亲在胡谦那里干事,被土匪打死了,不反动。刘荃兰(司城),二百石左右,高利贷起家,现在也不反动,儿子加入农协,因误会被农民乱枪打死。罗成添(溪尾),四百石,买半毫子黄烟都要同人讲价钱,是个守财奴,要钱不要命,他那村子整个的反革命。罗福寿(溪尾),前有三百石,分开了,反革命。罗佩慈(溪尾),二百石,做过于都县长,是个诡计多端的人。三二五暴动前大家还在秘密准备,他看出来了,在农村中散布改良欺骗主张说:"家里的谷子要赶快平价,不要钱,发与本姓的贫民,不然不得了。"是个反动首领,豪绅中很厉害的。罗禄寿(溪尾),二百石,儿子是新寻派,喜出风头。古乐三(塘背),两兄弟合计三百石。他哥子是个秀才,做过两任省议员。他自己在胡谦那里做过军需,陈炯明时代做过五华县的一个区长,全县反动首领之一,带三四十支枪,跟谢嘉猷跑了。古光瑞(塘背),二百多石,高小毕业,反动。古化南(塘背),二百石,是个老实人。古光禄(塘背),四百石,守财奴,顶好便宜,买小菜都要讲价。他儿子在梅县东山中学毕业,是个莫名其妙的家伙。(以上塘背各古,均古柏同屋人。)古有余(塘背),五百石,开纸行,又卖烟土,又开花会,纵赌。他是个守财奴,不问世事,专门要钱。因他是强房中的弱股,他的亲支大家欺负他,向他要五十就五十,要一百就一百。严锦绣(高头),过去唤万户,做屋做穷了,剩三四百石谷,开了间铺子在公平圩,子孙十几个,不问世事,发财为主,算得个"山老鼠"。严国兴(高头),百多石租的小地主,以做生意为主,公平圩开杂货店,同时贩纸,商家来往扯得通。贝岭、岩下的商人借钱给他,连同他自己的钱,共用掉六七千元,运动省议员,失败,现负债。篁乡区的反动首领之一。严锡柏(高头),二百多石,开了间杂货店在公平圩,不甚反动。(以上兼说了几个小地主,因为他们是著名脚色。)

双桥区:黄庆云(黄田),二百石,不反动。罗守汉(黄沙),二百石,不反动。赵尚钦(腴田),三百石,平远中学毕业,反动。谢友丰(腴田),二百石,不反动。陈德全(留车),二百石,在留车开盐行,反动,二十一纵队把他枪毙了。陈镜日(留车),二百石,不反动。儿子陈继光参加三二五暴动,梅县中学毕业,三二五暴动失败,跑往南洋。陈山牛(留车),赌博鬼,二百石谷,不反动。陈标记(留车族坑),过去是万户,分开三四家。陈标记死了,他的儿子"不子六"有三百石,在留车开水货店,反动首领。陈国才(留车族坑),二百石,梅县中学毕业,反动派。陈吐凤(留车族坑),二百多石,大劣绅,寻乌五虎将之一。"潘(明典)谢(虚左)陈(吐凤)彭(子经)邝(太澜),寻乌五虎将。""新寻"、"合作"两个新派起来后,老的五虎将就倒台了。陈及潘、彭、邝都是秀才,只谢是毕业生(寻乌简易师范)。廖洪贵(石碣),二百石,开个水货杂货糕饼店在枫山圩,不反动。刘俊福(圫坊),过去称万户,分开了,现有四百石。儿子刘鸿翔,赣南中学毕业,又在北京文化大学读过书,狗屁不通,却十分反动,双桥区反革命首领之一,现还在死守炮楼。刘石福,刘俊福的兄弟,二百多石,过去拿钱办过小学,现亦在炮楼中。刘元瑛(圫坊),二百多石,在炮楼中。刘作瑞(圫坊),四百石,三二十个人的大家庭,参加革命,把田分掉了。原因是早前和刘俊福争田买,又为了一个奸情案起衅,三二五暴动他家有人参加,失败,刘俊福诬告他,并勾结叶子峰土匪把他家烧掉了。现在他侄子刘国香做区苏维埃委员,刘日升做乡苏维埃委员,他自己在家不问事。他是梅县第五中学毕业生,老实得很,二十三四岁,比他侄子还年小,官司是他侄子的父亲即他的哥子主持着打的。刘宝华(石贝),三百石,儿子在县中山中学毕业,参加革命,做共产党区委书记。刘开香(石贝),二百石,高小毕业,不反动。汤思贤(下磜),三百石,梅县中学毕业,新寻派中坚分子,十分反动。汤立贤(下磜),二百石,黄埔生,做过靖卫队长,新寻派。汤佛淑(下磜),二百石,是个劣绅,人称土霸,小学教员讲习所毕业,新寻派走狗。曾超群(上磜),百多石[31],梅县中学毕业,不反动。曾锡麟(芳田),三百石,读老书的,放高利贷放得很厉害,他和他的侄子曾光华(小学毕业)反动到十二分,均在圻坊炮楼里被农民围困着。曾菊香(芳田),二百石,侄子曾产丰,高小毕业,是个共产党员,房子被叶子峰土匪烧掉了。曾海澜(伯公坳),过去是万户,最近分拆,他得二百石。参加三二五暴动,被曾锡麟告状用去千余元,叶匪又罚他,老弟被叶匪捉去罚款六百多元。现不反动。易颂周(桂石下),二百石,前清秀才,是个劣绅,与叶匪有勾结,现跑走了。何子文(丹溪),过去是万户,分开了,现在二百多石,反动不厉害。钟寡妇(丹溪),二百多石,反动派,跑了。赖荣俊(岑峰),二百多石,过去是小劣绅,现不反动。梅仁华(岑峰),二百石,不反动。梅调先(大田),秀才,三百石,反动派,逃走。赖文莲(大同),三百石,红军二十一纵队捉着罚了二千元,田分掉,现不反动。邝春龙(雁洋坪),二百石,高利贷起家,没收了,现不反动。邝世仰(雁洋坪),二百石,梅县师范毕业，国民党员，死反动。邝应绍（黄羌坪），二百石，不反动。邝兰春（黄羌坪），二百石，不反动。陈陶香古（族坑），三百石，寡妇管事，赌博起家，反革命。

南八区：刘篁先（龙图），三百石，反革命，枪决了。刘添运（龙图），三百石，反革命，杀了他一个儿子，屈服了。刘焕通（龙图），三百石，被红军罚款千余串，现不反动。刘世滴（龙图），二百石，前清秀才，反动派，全家逃走。刘振广（河角圩），二百石，第三个儿子反动，跑了，其他不反动。刘梅荣（河角圩），二百石，不反动。曾月辉（河角圩），二百石，不反动，寡妇管事。曾路福星（河角圩），二百石，有余钱，勾结叶匪，全家反动，跑了。陈二赖禾（鸡子叫），二百石，他自己和他的儿子、侄子被红军枪决，很反动。赵芷香（车头），二百石，老先生，过去有点子"劣"，不反动。赵赞杨二（车头），二百石，全家反动，跑到圫坊炮楼里去了。他是赌博鬼，祖父发的财。赵奕二（车头），二百石，老实，兼做生意，在车头开华兴店，今年第三次四县会攻时店被烧了，他的父亲被杀，不反动。赵应华（车头），二百石，过去是万户，分了一半给他四个儿子，余一半归他两公婆，"坐灶子"（把家分拆，自己留一份，叫"坐灶子"），不反动。他的余积是临时分给他子女比较多的儿子。温赞标（青龙），二百多石，高小毕业，不反动。钟文发（珠村），四百石，兼做盐米生意，祖父遗财，不反动。钟斑三（珠村），三百石，祖父遗业，他过去曾赌博，有时会做和事佬，不反动。钟继善（珠村），二百石，梅县中学读书，参加革命，在红军十一军五纵队工作。钟大面六（珠村圩），三百石，老税户，赌博，反动，全家走尽。钟咏柳（珠村圩），二百石，东洋留学生，做过武穴警察局长，在本县做过一等课员、承审员、实业局长,在谢杰部下亦干过事,南八区反动首领之一,逃到平远去了。彭子经(古坑岗),三百石,前清秀才,本县五虎将之一,清末做过湖南凤凰厅巡检,民国时代又在本县做过财政局事务员,收过赌款,最近在团防队做军需股,每次清乡都参加。一个儿子彭秉彝,梅县中学毕业,新寻派,国民党员,做过知耻小学校长。全家反动极了。黎祖德(古坑岗),过去是万户,做生意,做蚀了本,剩下三百石,全家反动,走了。彭宏云(下廖),二百石,不大反动,开个杂货店在下廖村。彭宏权,彭宏云老弟,二百石,反动,跑往平远。彭锦汉(下廖),二百石,兼做生意,开药材和杂货铺,死爱钱,不反动。韩佛仙(满坑),二百石,兼做生意,又耕田,老实人,但亦逃到平远去了。钟奕材(林田坝),三百石,高小毕业,祖父手里是万户,两家人分,过去不赞成革命,逃走,现自愿罚款,要求回家。钟丁四(林田坝),二百石,祖父遗业,子弟也有耕田的,不反动,"怕共产"。钟树芬(林田坝),二百石,他自己死了,老婆当家,罚款二百元,不反动。谢瑞琳(牛斗光),三百石,医生,不承认罚款,逃走。谢肇凡(牛斗光),二百石,新寻派,赣南中学毕业,做过保卫团总,最近做过靖卫团总,南八区革命胜利后,在反动县政府当秘书,是南八区反动首领之一。陈春荣(廷岭),二百石,本人老实,儿子高小毕业,当白军连长,反动,全家走平远。陈六记(牛斗光),三百石,在留车和牛斗光各开一个油盐米豆行,勾结叶匪,很反动,全家走了。陈忠俊(廷岭),二百石,本人老实,他的儿子过去做过保卫团总,不反动。谢佩钦(牛斗光之枫树岗),四百石,是个高利盘剥者,很多赌贩向他借钱,他的儿子在新寻学校读书,反动,逃走了。陈安如(廷岭),三百石,兼做猪牛贩,开火铺,罚了他的款,现在不见得反动。曾人升（莲坪），三百多石，自己会耕田，赌博发财，不交罚款，逃走。钟星奎（珠村龙虎坑），二百石，平远中学毕业，国民党做干事，南昌训政人员养成所毕业，新寻派的中坚分子，反动之极。

以上全县七区，共有中地主一百一十三个。

C. 大中地主对于生产的态度

收租二百石以上的中等地主，收租五百石以上的大地主，他们对于生产的态度是完全坐视不理。他们既不亲自劳动，又不组织生产，完全以收租坐视为目的。固然每个大中地主家里都多少耕了一点田，但他们的目的不在生产方法的改良和生产力的增进，不是靠此发财，而是为了人畜粪草堆积起来了弃之可惜，再则使雇工不致闲起，便择了自己土地中的最肥沃者耕上十多二十石谷，耕四五十石谷的可以说没有。这种地主家中普通都是请一个工人，只有"万户"以上的大地主而又人丁单薄的方才请两个工人。为使工人不致"闲嬲"（"嬲"，当地读廖，"东走西走"或"玩下子"的意思），除开做杂事外，便要他耕点田。

D. 大中地主的政治思想

大中地主的生活，依寻乌状况分为三种情形：第一种是新的，即接受资本主义影响多的。他们的生活比较奢华。他们看钱看得松，他们什么洋货也要买，衣服穿的是破胸装，头也要挥一个洋装。派遣子弟进学校也颇热心，或者自己就是中学等类学校毕业的。这种人在地主阶级中比较少，而且是在接近河流、接近市场的地点才有的，多半他本身就兼商人，澄江的王菊圆就是好例。第二种是半新不旧的。他们赞成一点"新"，但随即就批评"新"的坏处。他们也办学校，也做教育局长，但他们办的学校是专制腐败的。做教育局长是为了拿到一种权,可得到一些钱,而不是为了什么"开通民智,振兴教育"。但历来的教育局长多半是他们做,第一种人太新了是做不到手的。他们的生活介在节俭与奢华之间。他们人数在大中地主中占着大多数。守旧是地主的本性,这第二种人为什么也要半新不旧地随和时势一下子呢?完全为了争领导权。因为不如此则领导权就会完全被民权主义派即所谓"新学派"的人争取了去,所以他们有摇身一变的必要。却因他们的经济关系还是在一种封建剥削的状况中,所以他们仍充分表现地主性,那种革新只是表面的。城区的丘伟伍,兼三区的潘奕仁,澄江区的谢嘉猷,就是这个阶层的适例。第三种是完全封建思想封建生活的,他们的住地是在与河流及市场隔弯的山僻地方。他们始终希望恢复科举。他们完全是帝制派,他们欲以帝制主义来打倒民权主义,恢复他们的政治领导,挽回那江河日下的封建经济的崩溃形势。他们的生活很节制。他们至多挥个光头,有些仍是薙去额发一二寸。这种人在大中地主中依寻乌说是占着少数,双桥区(大田)的梅洪馨就是适例。大中地主阶级中新的占百分之十,半新的占百分之七十,全旧的占百分之二十。但所谓新的,是说他们走向资本主义化,不是说他们革命。大中地主阶级的全部都是反革命。还有一种情况要说明的,就是大中地主阶级的新旧,不仅是以地域的原因(河流与山地,近市与远市)而形成,还有以年龄的原因而形成的。一家之中,老年人多半守旧,少年人多半维新,中年人就多半半新不旧。这种年龄的原因即是时代的原因。老年人受旧制度熏染最深,同时他已行将就木,也无能力讲新,所以只得守旧。少年人受旧制度熏染浅,同时不维新没有出路,所以他们比较不顽固些。中年人则介在二者之间。举一个例,大地主"屎缸伯公"是很顽固的。他的儿子便主张办学堂,但办出来的学堂却是半新不旧。他的孙子则往广州,往上海,往北京,往英国,有六七个出外读书,研究所谓"新学"的。不过无论怎样研究新学,依然是彻底的反革命。"屎缸伯公"的孙子潘作琴在英国医科毕业回来,现在汕头行医,称汕头西医第二个好手,每天收入四五十元,每月能收千多元。他初回国时,寻乌教会医院出千二百元一年请他,不肯就,因为他在汕头的收入更要大。

E. 小地主

小地主(二百石租不满的)数目更多,以地主全数为一百,则大地主(租五百石以上)占百分之一,中地主(租二百石以上的)占百分之十九,小地主占百分之八十。大地主人数很少,在全县不显特别作用。中地主是全县权力的中心,他们的子弟许多是进中学校的,县政权如财政局、教育局、保卫团等也是他们抓到的多,特别是祠堂蒸尝费用[32]几乎全部在他们掌握之中,小地主及富农是很难过问的。但是小地主在地主阶级中是占着绝对大多数,而且显出下面的特点,即:(一)做小生意的多。他们开小杂货店,收买廉价农产物候价贵时卖出去,大概百个小地主中有十个是兼做这种小买卖的。中地主虽也有做生意的,而且他们一做生意就比小地主做得大,但他们做生意的成分比较很少,即中地主多半还在一种封建经济的领域中过生活,不如小地主商业化得厉害。(二)特别表现小地主商业化的,还有他们派遣子弟进学堂一事。小地主子弟进初等小学是全部,进高等小学也几乎是全部,至少十家有八家,进中学的亦十家有三家。

这个阶级接受新文化的形势是比哪一个阶级要快要普及。他们在全般政治生活中是受中地主阶级统治的,即是说他们是没有权的。他们革命的要求在初期革命运动中却表现很迫切,革命的活动亦很猛进,寻乌的合作社派(即中山中学派)的运动,就是代表这个阶级的运动,而和他们对抗的新寻派(即青年革命同志会派)的运动,却是代表中地主阶级的反革命运动。为什么小地主阶级接受资本主义文化即民权主义的革命文化如此之迅速普遍,他们的革命要求与活动如此迫切与猛进呢? 则完全是因为他们这阶级的大多数在经济上受资本主义侵蚀和政府机关(大中地主的)压榨(派款),破产得非常厉害的原故。由这两个阶层(小地主与大中地主)的斗争,引导到农民阶级与地主阶级的斗争,即代表中等地主而多少带了资本主义倾向的新寻派,日益与大地主妥协结成反革命战线,而代表小地主带着革命民权主义倾向的合作社派,日益接受无产阶级意识的指导,与贫民阶级结合起来,形成近来的土地革命斗争。

上面所说的小地主,不是说小地主的全部,只是说他们的一部分。普通所讲的小地主包含两个部分。一个部分是从所谓老税户传下来的,这一部分的来源多半是由大中地主的家产分拆,所谓"大份分小份",即由大中地主分成许多小地主。这部分的人数在整个地主阶级中占百分之三十二。依他们的经济地位又有三种分别:一是年有多余的,人数占地主阶级总数百分之零点九六,他们在斗争中是反革命的。平民合作社派中的刘鸿翔、赖世芳、刘瑞标就属于这个阶层。他们都是合作社社员,三二五暴动中以及失败后,就陆续表现反革命了。二是一年差过一年,须陆续变卖田地才能维持生活,时常显示着悲惨的前途的。这一部分人数很多,占地主阶级全数百分之二十二点四。他们很有革命的热情,寻乌平民合作社派人物的大部分都是属于这个阶层。如死去了的斗争领导者潘丽(共产党县委书记)、刘维炉(三二五暴动时革委会主席)、刘维锷(共产党区委委员)等,现在的斗争领导者古柏(共产党县委书记)、钟锡璆(红军营长)、黄余贵(共产党区委书记)等等,以及没有参加合作社后头参加革命的,如梅汝黄(红军大队政治委员)等,都是这个阶层里头的人。三是破产更厉害靠借债维持生活的。这一部分占地主全部百分之八点六四,他们也是革命的,有很多人参加现在寻乌的实际斗争。以上说所谓老税户破落下来的小地主,它的第二、第三部分一般说都是参加革命的。以合作社社员来说,有三十个中学生,一百个高小学生或小学教员,都是过去或现在参加革命的,都属于这两部分破落的小地主阶层,尤以第二部分为特别多。

普通所讲小地主,除上述老税户部分外,另有一个占地主全数百分之四十八的不小的阶层,那就是所谓"新发户子"。这一个阶层的来历,与从老税户破落下来的阶层恰好相反,是由农民力作致富升上来的,或由小商业致富来的。这个阶层是在一种"方新之气"的活动中。他们的经济情形是一面自己耕种(雇长工帮助的很少,雇零工帮助的很多),一面又把那弯远的瘦瘠的土地租与别人种而自己收取租谷。他们看钱看得很大,吝啬是他们的特性,发财是他们的中心思想,终日劳动是他们的工作。他们的粮食年有剩余,并且有许多不是把谷子出卖,而是把谷子加工做成米子,自己挑了去大圩市,甚至去平远的八尺等处发卖,以期多赚几个铜钱。他们又放很恶的高利贷,很多是"加五"（即百分之五十）的利息。放谷子出去，压迫贫民"上档量本，下档量利"（上档下档即夏收冬收）。他们又放"捡谷钱"和"捡油钱"。什么叫做捡谷钱？趁着青黄不接时候，以钱捡与农民，到了收获时候以谷还与债主，大概捡给两块钱，就要在收获时还一担谷，而那时谷价常常值得四块钱一担了，这是一种对倍利。捡油钱也是一样，多属对倍利。所有放高利贷，差不多全属这班新发户子。大地主、中地主放债也是放的加三利，加五利非常之少，捡谷钱、捡油钱可说没有。还有更凶的"月月加一"利，即见月还利百分之十，一年便对倍有过。这种借贷都要抵押品，并且要借一种"会"做面子，如"订同会"。还有"印子会"，是月月加一，利上起利，比订同会更厉害。这些都是大中地主所少做的。前清时候放恶利的比较少，民国以来放恶利的渐渐加多。"现在人心更贪了"，就是贫民对于高利贷者含有历史意义的评语。"今个人，人心较贪了咧"这个话，在寻乌贫民群众中到处都听见。这班新发户子看钱既看得大，更不肯花费钱米抛弃劳动送他们子弟去进学堂。所以他们中间很少有中学生，高小学生虽有一些，但比破落户阶层却少很多。至于破落户阶层为什么进学堂的多，就是因为他们看钱看得破些（因不是他经手赚来的），而且除了靠读书操本事一条路外，更没有别的路子可以振起家业，所以毕业生就多从这个阶层中涌了出来。上面所说那种所谓新发户子的小地主，在有些人的说法却不叫小地主，而叫它作富农，即所谓"半地主性的富农"。这种半地主性的富农，是农村中最恶劣的敌人阶级，在贫农眼中是没有什么理由不把它打倒的。

（五）富　农

　　另有一种比较富裕的农民,在普通说法叫他们作自耕农或中农的,实际仍是一种富农。前边所谓"半地主性的富农",则不叫作富农而叫他们作小地主。贫农群众便是作这样看法的。这种所谓比较富裕的自耕农或中农,许多人不主张在斗争中打击他们,理由是他们没有半地主性,他们的全部出产都是亲自劳动不是剥削他人来的。其实在贫农眼中,他们仍是一种特殊阶级。他们除不租田给人耕种外,一样是高利盘剥者,因为他们有钱余剩,他们有多余的土地。他们在自己农产物上面加工,如使谷子变成米子,自己挑了出卖。他们还做些小的囤买囤卖生意。他们供着猪子、猪条子或大肉猪。以上这些都是与半地主性的富农一致,而与自足的中农不相同的。因此,土地斗争一发展到群众的行动,便有大批的贫农唤着"平田"和"彻底废债"的口号,就是对付这种富农的。共产党如要阻止贫农的行动,那末贫农就非恨共产党不可了。因此可知,不但打倒半地主性的富农是没有疑义的,而且平富裕自耕农的田,废富裕自耕农的债,分富裕自耕农的谷,也是没有疑义的。必须这样才能争取广大的贫农群众。这是农村斗争的重要策略之一。只有富农路线的机会主义者,才会站在这个策略的反对方面。

（六）贫　农

——贫农中的四个阶层——

　　什么叫做贫农? 我们简单回答道:不够食的叫做贫农(不够食的原因是受剥削,那不待说)。但这是一个普通的说法。

若从贫农里头再加剖解,便知贫农并不是一个经济地位完全相同的整一的阶级,他里头有四个不同的阶层。第一个是半自耕农。他们是不够食的,因为他们的土地不够使用。他们须从地主那里租来一部分土地,完了租去,自己又不够食了。但他们在贫农群众中则是最好的,因为他们不但有牛,有犁耙,多少有些活动本钱,而且有一个表现他们的特点的,就是他们自己有一部分土地。这个阶层占农村全人口百分之十点五,在贫农全数中则占百分之十五。第二个是佃农中之较好的。他们有牛,有犁耙,也多少有些活动本钱,但没有一点土地。他们的特点在于有牛,大多数有一条牛,极少数也有两条、三条牛的。他们比半自耕农穷,即比半自耕农更不够食,但比别部分贫农却要好些。这个阶层占农村全人口百分之四十二,占贫农人口百分之六十,是农村中一个最大的群众。第三个是佃农中之更穷困的。他们同样无土地,他们虽有犁耙,但多窳败,虽也有几个本钱,但是很少。他们还有一个主要的特点,就是他们不是每家有牛的,他们是几家共一条牛,或有一条牛,却不是他自己的,而是地主为了节省饲养费交给他饲养的,他只能在一定条件下使用一下子这条牛的劳力,寻乌所谓"只能定得一爪子"的就是指这种牛。这一个阶层之不够食的程度比上举两个阶层都厉害。他们占农村全人口百分之十点五,占贫农全人口百分之十五,是一个与半自耕农相等数量的群众。第四个是佃农中之最穷的。他们除没有土地之外,还没有一点本钱,借米借盐是常事。他们又没有一点牛力,农忙时节,候别人把田耕过了,然后同别人(那些亲戚家族们)借了牛来,或租了牛来,耕那数亩用重租租来的瘦田。他们虽然有犁,但没有耙,因为打一架铁耙要好些钱,他们力量不足办此。这一个阶层占农村全人口百分之七,占贫农全人口百分之十,是一个并不很小的群众。他们衫很烂,要讨来着。三餐饭两餐食杂粮(粟板呀,番薯片呀)。做米果卖,砍柴火卖,挑脚,就是他们添补生活的办法。

(七) 山林制度

寻乌的山地,多落在首先落脚的氏族手里,后到的氏族便没有山或少有山。因为先到的占领,所以也有小姓先占了山,大姓后到仍没有山。田与山的情形不同,田地转移很快,小地主和农民的田地,用典当的方法一年转移两次的都有,一年转移一次的就更多了。至于卖绝,也是常有的。山地则因其生产力小,通常一姓的山(一姓住在一村),都管在公堂之手,周围五六里以内,用的公禁公采制度。所谓"公禁"者,不但禁止买卖,而且绝对地禁止自由采伐。除非死了人,"倒条把子树,搭墓棚",才得许可。为公共利益使用,如作陂,开圳,修桥梁,那是可以的。除此以外,只有定期开山,蔝萁三年两开,树木两年一开。由"禁长"召集本村同姓人等到场议定开山日期。到期,每家出一工,到山采伐,所得蔝萁或树卡(开树木山又叫落卡,即砍树枝)共同分配。也有按山林生产情况分成若干小块,召集公众到场拈阄,然后按所分地段各自去采的。以上是家族主义的山林"共产"制度。还有地方主义的山林"共产"制度。多半以村为单位,由村内各姓人等公举禁长。严禁私采,定期开山等等,都与家族"共产"的山林一样。禁长三个起码,多的到十多个,依村落大小山林广狭而定,以五六个为最普通。禁长均由选举,任期不定,有一年换两回的,有四五年不换的,全看他尽职不尽职。凡做禁长的都要铁面无私,公公道道。"不管你天皇老爷的奶子,捉到了你偷树子,偷蔬菜,均要罚的。"南八区龙图乡有个禁长,捉到了一个偷树子的女子,那个女子对他说:"我倒条子树子搭下子亭子,不要罚我,我同你龙图人都是亲亲戚戚,为什么你就这样没有情呢?"那个禁长回答她道:"不要说你这个卖板子(米果)的昭凤妈,今天就是我的舅婆也要罚,要晓得我刘世烈狂是铁面无私的。"若是禁长不能维持,大家又乱砍乱伐不顾公益的时候,就要"暖禁"(唤起大家注意,恢复从前规矩,叫做"暖禁"。疏忽神明,重新致敬,叫做"暖神"或曰"暖福")。禁长们每年召开禁山会议一次,一切关于禁山的规矩都是由这种会定出来的。禁山会临时召集的多,也有"有底子"的。开禁山会的那天,不但禁长们到,而且那个范围内每家都到一人,每人自带酒饭,另外出一毛子或半毛子买菜,并买敬"伯公"("伯公"就是杨大伯公,什么地方都有,每个树头下,田塍下,山坳上,什么地方都有他)的香纸。以上两种这是说的"共产主义"的公山。还有"资本主义"的私山,乃是香菇山、茶子山、茶叶山、竹山、杉山等,生产品能变卖,出息较大的。这些山原来也都是公山,渐次落在有钱人手里,大概是大地主占一半,小地主(新发户子)及富农占一半。因为开这种山不是有资本的不能开,特别是开香菇山、茶叶山,要大地主,其余则多是资本主义化的小地主及富农。寻乌的山地约作如下的分配:一姓公山占百分之十五,一乡公山占百分之五,私山占百分之十,离人家远开发不到任其荒废的所谓"荒山",则占了百分之七十。成为荒山的原因,有些是人少山多用不着它,有些则是姓界限制,虽有他姓欲利用的,亦被山主拒绝,只好让其荒废。这种被姓界限制欲开发而无从的情形,到处都有。土地革命之后,这种姓界便消灭了。

(八) 剥削状况

A. 地租剥削

1. 见面分割制

见面分割与量租,两种同是寻乌县的收租制度。见面分割是禾熟时地主与农民同往禾田,农民把谷子打下和地主对分,双方各半,地主部分要农民送到他家里。有些地方分割之先,由地主先取一担,这一担不在对分数内,这种多半是肥田。地主的理由是:此田我买来时多费了田价,你佃户耕了省了粪草,若不先取一担,你占便宜太多。但这种办法是很少的,百家之中不过一家。另有一种,是农民先取出些谷子,叫做"撮谷种",数量是在全数租谷中撮出一撮箕。理由是:秧子打在别人田内,不在你这个地主的田内,打了秧子的那块田,早子[33]没有收,别家地主要受损失,为了补偿佃户亦即补偿别家地主的损失,所以要先撮出一撮箕。当地主自己或派人到场监视分割时,要吃有猪肉有鱼(有些还有鸭子)的午餐。午餐过了,禾分割好了,农民挑了租谷伴同地主或其雇工送去地主家中时,还要加上两个鸡蛋,放在谷子上面一同挑了去,每天都是如此。农民和地主感情好的,送上七八个蛋的也有。

2. 量租制

量租制是"早六番四"。平远是对分。为什么要"早六番四"呢?因为早子价较贵,收获量也更多,交租六成才不便宜了佃农;番子[34]价较贱,收获也较少,故交四成。表面上看,早六番四两档扯平,还是五成,实则不然。地主常得五成六,农民只得四成四。因为早子收获量虽多,每十担中地主现已得去六担,农民只剩了四担了。番子则收获量每十担中往往要比早子少二担,只有八担,交去四担租,自己只得四担,合起早子的四担共得八担。地主却共得十担。成为四点四成与五点六成之比。

大暑(旧历六月)割禾,立秋(旧历七月)量租,地主通知农民把租送来。不见送来时,地主自己打个洋遮子,亲自跑到农民家里去催。再不送来,就派工去取。取又取不着,就调了他的田。有些恶地主呢,就告农民的状,捉了农民去坐班房,不过这种恶地主不多就是。原来见面分割占全县百分之四十,量租占百分之六十。近来见面分割的加多,量租的减少,各占百分之五十左右。为什么见面分割的加多起来呢?因为佃户穷的日多,常常一割下禾就没有谷子,地主怕农民收后不量,所以见面分割加多起来。同时农民为怕调田与吃官司,也宁愿见面分割。

3.“禾头根下毛饭吃”

“禾头根下毛(没有)饭吃”,说的是刚打下禾交过租就没有饭吃了,这种情形寻乌简直占百分之四十。为什么禾头根下毛饭吃呢?譬如耕了二十担谷田的,量去了十一担多租,剩下八担多。去年过年和今年青黄不接毛饭吃时借过地主谷子两三担,加上加五利,又要还去三担多至四担多。打禾了,要买好东西招扶地主。禾打过了,买上一点油盐,舂上一点米子,立秋刚到,一切都完。这就叫做“禾头根下毛饭吃”,又叫做“一年耕到又阿嗬”。南半县土地斗争中,农民、小孩子普遍地唱了一只歌,那歌唱道:

月光光，

光灼灼。

埃跌苦，

你快乐。

食也毛好食，

着也毛好着。

年年项起做，

总住烂屋壳。

暗婧女子毛钱讨，

害埃穷人样得老。

暗好学堂埃毛份，

有眼当个瞎眼棍。

天呀天，

越思越想越可怜。

事业毛钱做，

年年总耕田。

六月割也就，

田东做贼头。

袋子一大捆，

擎把过街溜。

吗个都唔问，

问谷曾晒就？

穷人一话毛，

放出下马头。

句句讲恶话，

俨然税户头。

唔奈何,

量了一箩又一箩,

量了田租量利谷,

一年耕到又阿嗬!

又阿嗬,

会伤心,

穷兄穷弟爱同心,

穷姊穷妹爱团结,

团结起来当红军,

当到红军杀敌人!

注[35]:"埃",我。"毛",没有。"项起做",继续做。"暗婧女子",再漂亮女子。"样得老",怎样得老。"暗好学堂",再好学堂。"割也就",刚割完。"做贼头",很恶之意,如贼头一样恶。"袋子一大捆",用去收租的。"过街溜",洋伞。"吗个都唔问",什么都不问。"放出下马头",打官腔。"税户头",大地主。"阿嗬",没有了之意。"爱同心",要同心。

4. 批田

寻乌地主把田批与农民通通要写"赁字",没有不写的。五年一小批,七年一大批,是全县普通的赁期。这是东佃间的"规矩",也就是不成文的法律。只有那种恶地主才敢借故破坏这种法律,三四年或七八年调换佃户。赁字上面写明的是:(一)田眼,写明田的所在及界址。(二)租额,写明见面分割制还是量租制。(三)租的质量,写明要"过风精燥",不得少欠升斗,如违转批别人。(四)田信,写明每年或每两年交一只鸡公。这种赁字,哪怕少到三担谷田都要写一张。因为若不写赁字,一则怕农民不照额交租,打起官司来无凭据,二则怕年深日久农民吞没地主的田地。赁字只农民写交地主,地主不写交农民。

下面是赁字的一个例:

"立赁耕字人邝世明,今来赁到凌贱贵兄手内禾田一处,土名铁寮坝,禾田一大丘,计租六桶。当日三面言定,每年合纳租谷六桶,限至秋冬二次,早六番四,送至家中,过风精燥,交量明白,不得缺少。如有缺少,任田主另批别佃,不敢生端异说。恐口无凭,立赁字为照。

每年信鸡一只。

见人　罗长盛

代笔　谢雨霖

民国十六年十一月二十四日　立赁耕字人　邝世明"

5. 批头、田信、田东饭

批头分"批头钱"、"批头鸡公"二者。批头钱,每石租普通单批(五年一批叫单批)一毛,双批(十年一批叫双批)二毛,也有三毛的如篁乡等处,均批田时交清。批头鸡公不论批田多少总是一只,也是批田时交。单批转到双批,即五年转到十年,批头钱、批头鸡公一样照交。南半县双批多,如篁乡、双桥两区完全没有单批,就是一份田耕几十年的现在也还有,只很少。地主将田批出去后不久卖了与别人时,退还批头钱一部分与农民。北半县单批多,地主卖田时不退批头钱。

田信鸡每年一只,赁字上写明是"鸡公",因为鸡公(阉鸡)比鸡婆较大,但农民还是送鸡婆的多。赁字上虽说了每年一只,但农民往往两年才送一只。送的时候在冬收后或过年时节。不见送来时,地主常常自己去催。"田信鸡公送了来啊!""唔曾畜到。先生! 等我后圩买到来。"或者说:"毛啊,先生! 今年子总要免下子。"

双桥区有田东饭,每年请地主吃一次。别区很少。

6. 谷纳、钱纳

送租,全县说来百分之八十送谷子,百分之二十折钱。公堂、神会、庙宇、桥会的租,约有一半是交钱的,因为公堂、神会等佃农亦多半有份,因此佃农常常要照当时市价折钱送去,而把谷子留下备自己食用。这种人多半是兼做小生意的或有猪鸡出卖的,才能得到钱。那些豪绅把持的公堂、神会,为了有利他们的侵蚀(候谷价高时钱卖得多),便强迫农民交谷上仓,农民亦无可奈何。同一理由,地主田租总是交谷而不准农民交钱,只有离田庄很远的地主才有准许折钱的。

7. 铁租、非铁租

非铁租占全县百分之八十,水旱天灾,面议减少,但每石租只减少一斗到二斗。遇大灾害收成大减时,请了地主来看过了,冇谷("冇",当地音胖,冇谷,无米之谷)也要分一点去。铁租是在赁字上载明"半荒无减",在全县占百分之二十。但实际上农民实行得少,仍然是请了地主看过,精冇照分(精谷就是好谷)。

8. "要衫裤着去捞"

许多的农民把租交过,把债还清,就没有饭吃了。地主们收了那些租不肯出卖。过年了,农民急于得点谷子,地主把谷放出一部分,但不是卖而是借。因为借谷的利息是半年加五(早前的利率是"钱加三谷加四",近来谷息加四的少了,大多数都是加五),比卖的味道更多。地主卖谷是要到四五月间青黄不接时候,那时价钱抬得更高,但他还要三歪四摆。

农民走到地主家里向地主道:"先生,食了朝?"

地主:"唔,系哟!"

农民然后慢慢地话到籴谷:"您的谷,埃来籴两斗子。"

地主:"毛……啊! 自己都唔够食。"

农民:"好哩哪! 您都毛谷,河坝里水都毛流! 搭帮下子,让斗子给埃,等稳就要做到来食啊![36]"

地主:"好,你十分话紧了,埃的口食谷都让点子把你,你肯不肯出这多价钱呢?"

农民:"先生,莫这样贵,算减点子给埃!"

价钱如了地主的意了,然后把谷子粜与农民。

有个传遍全县的故事:篁乡地主刘福郎,是个著名刻薄的人,青黄不接时候,他把冇谷掺进精谷里发粜。有一天,有个农民到他家里籴谷子,他叫他的媳妇和女儿道:"要衫裤子着就要去捞!"农民们把他这句话传了出去,就成了全县闻名的大笑话。为什么这句话会成笑话呢? 因为寻乌习惯,女子偷人叫"捞",把冇谷掺进精谷去也叫做"捞"。他当着农民不好明说把冇谷掺进精谷,一个不留心,对他的媳妇和女儿说出那句好笑的话来,就成了流传至今的典故。

9. 劳役

劳役制度全县都没有了。地主有紧急事如婚丧等类,也常常求佃户替他做事。地主带耕一点田地,农忙时候,也常常求佃户替他做工。但通通是出工钱的。

10. 土地买卖

据知事公署粮柜上当雇员的刘亮凡说,民国十四年全县把田出卖的有六百家(买田的不足六百家,因为有一家买几契田的),以全县三万家计(十二万人,每四人为一家),每五十家中有一家破产。至于典当,更多于卖绝,每百家有五家把田典出(典进的每百家有二家,因一家有典进几契田的)。即是寻乌近年每年有百分之二的人家破产,有百分之五的人家半破产。

田价:坑田每石租十七元到二十元,塅田每石租三十元到四十元。普通坑田二十元,塅田三十元。典当坑田每石租典价普通十五元,塅田普通二十元到二十五元。

典当分为"过手"、"不过手"。过手,是田主收了典主的典价之后,把田交了给典主,典主收了田或自己耕或佃给别人耕,都由他作主,田主不能过问。过手之后,典主也没有租送给田主了,田主除了保留收回权之外,简直和卖绝一样,因为主权的大半已在典主手里了。不过手,由典主将典价交与田主,而田仍由田主耕种,每年量租给典主,租率是照普通田租一样,每一石谷田交一石谷租(两档共)。譬如塅田典价每石租二十元,田主得了二十元,交出一石租,每石谷价普通四元,利率是年二分。为什么典田利率低于社会借钱利率呢(普通借钱年利三分起码)?因为一般富农(新发户子们)的心理,高利放债不如低利典田靠得住,"把钱放到泥里头"是很稳当的。富农们为什么不买田而去典田呢?因为农民和地主的破产是逐渐的不是突然的,"先典后买",成了普遍现象。但"田就姓大,一典就卖",也是普遍现象,故买田与典田仅仅相差一间。过手不过手二者,过手的占

267

百分之九十,不过手的占百分之十。不过手的多半是包租(铁租),但也有法律上过手,而由原主向典主书立赁字成为东佃关系仍耕着这份田地的。这是于债主(典主)债户(田主)关系之外,再加一层东佃关系。

不过手典当的田,有些是偷典的。就是那些"嫖赌食着"的少爷们,当他们赌输了或者没有嫖钱了,欠了暗帐,不得开交的时候,便瞒了他的父亲把田秘密典给那些强房大姓的富农或地主之手,等到他的父亲死了,然后把田过手。为什么要典给强房大姓呢?因为只有强房大姓才不怕事,秘密发觉了,他就公开起来,也不怕他的父亲不依。

典田不过手,也是典主对田主的一种重利盘剥的机会。因为田主每年交租交不清时,典主就对那未清部分行起息来,年年加多,最后非把这份田完全卖给典主不可。这种欠租利息是三分以上的高利贷,而不是二分的典价利息。

B. 高利剥削

1. 钱利

钱利三分起码,也是普通利,占百分之七十,加四利占百分之十,加五利占百分之二十。通通要抵押,有田地的拿田地抵押,无田地的拿房屋、拿牛猪、拿木梓抵押,都要在"借字"上写明。大地主、中地主、公堂、新发户子(发财的小地主及富农)都有钱借。其中以借额论,中地主占百分之五十,新发户子占百分之三十,大地主及公堂占百分之二十。以起数论,新发户子最多,占百分之七十五,中地主占百分之二十,大地主及公堂占百分之五。以借债人论,加五利(年利五分,每百元利五十元)、加一利(月利一分,每百元年利百二十元)差不多通通是贫农借的。加三利(月利三厘,每百元年利三十六元)也有,但极少。以贫农借额作一百,加三利占百分之二十,加五利占百分之七十,加一利占百分之十。贫农的借主多半是新发户子,三元五元,十元八元,零零碎碎,利上起利。抵押品贫农无田可指,多半指房子,指牛猪。借主时时想吞并贫农的房屋牛猪,或他很小的一块田,或一个园子,察到贫农要钱用,就借给他,还不起,就没收抵押品。也有中等地主借这种吞蚀贫农的小份子债的,古柏的祖父古有尧就是一个例。他曾经用这种借贷法吞并贫农三个菜园子、两个房子。今天借一元,明天借两元,逐渐成一大注,便有资格吞并一个菜园子了。他常常处心积虑,用这种乘人之危、零碎借债的方法去谋人的财产。他于地方的事、公堂的事一切不管,因为这些事颇妨碍于他个人的发财。他算得个典型的重利盘剥者。

加三利,多半是富农向富农借的,借债的用途是做米贩、做猪贩或者往市上开家小商店。为什么富农向富农借得到加三利,贫农只借得到加五、加一利呢?有两个原因:一是"趸"。普通总是二百元、三百元一借,还了来,作得用,不像贫农之三元五元一借,零碎得很,还了来,也不能作个什么用。二是靠得住。富农有田契作抵押,他的经营又是生利的、有希望的,不像贫农之财产很少,借钱多半是为消费或转还别人债务,很不可靠。

中等地主的钱多半是借给那些小地主中之破落户及正在走向破产路上的农民,他的目的也是在于吞并土地。

大地主及公堂的钱很少借给人家的,因为大地主的目的在享乐而不在增殖资本,做八十酒呀,起大房子呀,留了钱做这些用,送子弟读书也要用钱(这不是他的重要目的)。一小部分商业化的大地主,拿了钱去做生意。因此,也就无钱借与别人。那些有多钱余剩的,没有工商业可以大注地投资,零零碎碎借给小地主及农民,既借不得几多,又不甚可靠,他就宁可挖窖埋藏,不贪这点利息。加以军阀捐派频繁,看见多钱出借之家,就这也要捐,那也要派,闹得不得下地。陈炯明部下林虎、刘志陆[37],在篁乡向大中地主、公堂、神会派了万多元,派过两三次,因此更发使他们把钱藏起来。

2. 谷利

谷利比钱利重得多,乃富农及殷实中小地主剥削贫农的一种最毒辣的方法。十二月、三月两个期间借的最多。贫农为了过年,故十二月要借谷;为了莳田,故三月要借谷。不论十二月借,三月借,均六月早子收割时候要还他,利息均是加五,即借一石还一石半(三箩)。这种六个月乃至三个月算去百分之五十的利息的制度,乃是高利贷中很厉害的。

贫农六月收下早子,还去租谷和借谷,吃到八月就没有谷子了,又要跟地主富农借谷。八月借谷一石,十月打番子时候还他,加二利,要还一石二斗。若贫农十月还不起,只得同债主说:"埃今年毛有还了,明年早子收了再还。"债主就说:"也可以的,本利加算起来才行。借给你的那一石本,算加五利是五斗,那利息二斗利上起利也要加五,就是一斗,你明年六月总共还我一石八斗。"(本一石,加利二斗,又加利五斗,又加利一斗,共一石八斗。)那末从今年六月到明年六月一个对年,共是加八利。假若他明年六月又还不起,那末从一石八斗再行加五起算。假如那个农民到了那年番子时又还不起,转到次年六月,再转到次年八月,如此转下去,一年转两回,转到十年就成了一个十分惊人的数目。

3. 油利

油利是所有借贷关系中的最恶劣者。所谓"对加油",寻乌南半县有茶子山的地方都有的,北半县没有茶子山,所以没有对加油。什么叫做对加油呢? 借一斤,还两斤,借两斤,还四斤,借四斤,还八斤,这样叫做对加油。什么期限呢? 九月打油时候为标准,九月以前一年之内不论什么时候借的,一概对加利。

油山[38]是地主或富农的,租给贫农耕种,地主富农收油租,二十斤油收十斤,六十斤油收三十斤,计收百分之五十。地主富农收了这些油租,大概百分之九十是挑赴市场发卖,百分之十是用对加利借给贫农。但他借时,往往说这油是他儿子或他媳妇的私家油。有些呢,也确是他儿子、媳妇的私家油,富农家里的媳妇们和他还没有当家的儿子们常常有私油。它的来历是,当摘茶子的时候将过了,茶子树下的零茶子遗落没有拾的,他们就拾起,打出油来作为他们的私财,他们就有资格放高利贷。

"先生,借点钱给埃!"

"毛!"

"借点谷给埃!"

"毛!"

"毛有吃了,总要借点子!"

"油就有,埃奶子的。"

贫农目的不是借油,因为油利太贵了,但因为地主富农钱谷都不肯借,迫着只得借油,借了油去变卖成钱,再籴谷子吃饭。

也有借油吃的。贫农们打禾子,没有油吃,提个壶子跑到地主富农家里借一壶油,六月借油九月还,一壶还了两壶去。贫农家里没有秤,有些贫农的老婆、媳妇也不识秤,借一壶还两壶,她们是容易记得的。

4. 卖奶子

上面第二节里所说十年拖欠的话是假设的,事实上债主很少准许农民一笔账拖到十年之久。他总是压迫农民很快还清,还清一次,再借二次,因为他怕农民欠久了靠不住。通常情形是准许农民还本欠息,息上加息,推算下去,也只三年五年打止,不准太欠久了。债主怎样强迫农民还债呢? 打禾了,债主挑了箩子走到农民的稻田里去,对农民说:"你的谷子还了我来!"农民无法,望着债主挑了谷去。既交了租,又还了债,"禾头根下毛饭吃",就是指的这种情形。许多的农民在这种情况之下扯着袖子揩眼泪呢!

"嫁姑娘卖奶子,都要还埃。"这是寻乌的习惯话。债主们对那种"可恶的顽皮农民"逼债,逼到九曲三河气愤不过的时候,往往是这样说的。读者们,这不是我过甚其词,故意描写寻乌剥削阶级的罪恶的话,所有我的调查都很谨慎,都没有过分的话。我就是历来疑心别人的记载上面写着"卖妻鬻子"的话未必确实的,所以我这回特别下细问了寻乌的农民,看到底有这种事情没有? 细问的结果,那天是三个人开调查会,他们三个村子里都有这种事。刘亮凡是城区富福山人,富福山离城十八里,那村子里共有三十七家人,分为刘、曹、陈、林、黄五姓,共有五家卖奶子(客籍叫儿子曰奶子)的,内三家都姓刘,是刘亮凡(城郊乡苏维埃主席)的亲房,名字叫做刘昌育、刘昌伦、刘昌纯,其他两家,一家叫林芳廷,一家叫陈良有。刘昌育(刘亮凡的胞叔)是小木工人,余四个都是佃农。刘昌育有四个奶子卖去三个,刘昌伦三个奶子卖去一个,刘昌纯两个奶子卖去一个,林芳廷三个奶子卖去两个,陈良有一个奶子卖去一半。五家都是因为破产到完全没有了,没法子,把奶子变卖得些钱,一面还清债主的账,一面自己吃饭。买主都是附近村庄里的本姓绅士和富农,绅士更多,富农次之。卖价每个百元(起码)到两百元(最多)。卖时两家在名义上不说"卖"而说"过继",但社会上一般都说"卖奶子"。要写张"过继帖",普通也叫作"身契"。过继帖上面写道:

"立过继帖人某某,今因家贫无奈,告借无门,人口嗷嗷,无力养育,情愿商请房族戚友将所生第几男过继于某宗兄为男,当得身价洋若干元。自过继之后,任凭养父教读婚配,倘有打骂等情,生父不得干涉。两方甘愿,并无勒迫,不敢生端异说。恐口无凭,立此过继帖一纸为据。

媒人某押

某押

某押

房族某押

某押

某押

戚友某押

某押

某押

父某押

母某押

兄某押

弟某押

某某代笔

某年某月某日立"

这种卖身契只有卖主写给买主,买主不写文件给卖主。所谓媒人即是中人,多的有四五个,都要"水扣钱",抽卖价的百分之五。房族戚友临场有多到十几个的,都要"画押钱",归买主出。亲房及强梁的(多半是绅士)画押钱要多,有十多元到二十元的,普通房族戚友画押钱每人一元以内。奶子的年龄有三四岁的,有七八岁的,有十三四岁的。买卖奶子,由媒人背了送到买主家。这时候奶子的父母总是痛哭流泪,甚至两夫妻打起架来,妻骂夫没有用,寻不到饭吃要卖奶子,旁人也多有替他们流泪的。刘昌育卖奶子,他的侄儿刘亮凡就是一个看不过意流了泪的。现在讲到调查会的第二个农友李大顺,看他供给的材料又是怎样?他是双桥区的黄沙村人,他那个村是个有人家四百户左右的大村,内中卖奶子而被他亲眼看见的有五家,每家卖出一个奶子。有一家是卖往广东平远县的八尺地方,李大顺在路上撞到这个背着小奶子的父亲往平远方向一路哭了去,这人撞到熟人脸上不好意思到十分。他为什么要把奶子卖往广东八尺呢?因为卖的价钱更高,一个奶子卖得二百多到三百元。不论卖到什么地方,四五岁的幼年奶子卖的价钱更高,因为容易"养得疼"(带得亲)。年龄大了,像八九岁的、十多岁的,反倒卖不

274

起价钱,因为不容易带得亲,并且容易跑掉。至于到调查会的第三个农友梅治平,他是双桥区蓝田村的农民,他村里也有卖奶子的事。他的叔父梅宏波穷得不得了,三个奶子一个过番(往南洋)去了,一个在家,一个卖往平远。附近暗径村,贫农梅传华七个奶子,卖出五个。那天调查会到的就是刘、李、梅三位,他们自己村子里出卖儿子的事,就有上述那么多起。三人中一个是北半县人(刘),两个是南半县人,那末全县的情形也不难推知了。据他们说,在他们所知道的地方,每百家人家有十家是卖过儿子的。刘亮凡说,他曾见过和听过卖儿子的事,在他家乡的附近共有上百的数目。

普通总是卖儿子,卖妻卖女的不经见。

听见人家卖了儿子了,债主就急急地到他家里去讨账。"卖了奶子还不还埃(我)吗!"债主很恶声地叫着。他为什么要这样子呢?因为这时候是他这笔债的生死关头,卖了奶子犹不还他,钱一用掉,永久没有还债的机会了,所以他就顾不得一切了。

旧的社会关系,就是吃人关系!

5. 打会

打会的目的是互相扶助,不是剥削。如为了娶媳妇,做生意,死了人要埋葬,还账等等,就邀集亲戚朋友打个会。但月子会、隔年会、四季会,因为标利很重,结果变成剥削农民。

打会的人(会头)不是全无资产的人,多半是中农阶级及小商人中间打会的多。富农不消打会,极贫的贫农想邀个会也邀不到,只有半自耕农,佃农中之有牛力、农具者,自耕农,市镇上较活动没有破产危险的小商人,他们邀会才有人来。

275

会有长年会、半年会、月子会、四季会、隔年会五种。

长年会是六个人,六年完满。除头会外,每人出洋十元,共五十元,交与头会。头会"没本盖利",三年加三(每年盖利十五元,共四十五元),两年加二半(每年盖利十二元五毛,共二十五元),一年加二(十元),共计六年头会要盖利八十元,本则"没收"去了。二会以后没本盖利制度与头会同,惟利息逐年减轻。如二会是二年加三(每年十五元,共三十元),二年加二半(每年十二元五毛,共二十五元),一年加二(十元),共盖利息六十五元。三会以后盖利更少。"头会卖脸皮,二会捡便宜",说的是头会虽得经济利益,但须低头求人才打成会,二会既不求人又得利益。

半年会采取标息制度,每半年标一次,人数八个起码,九个、十个、十一个以至二十多个都有。半年会不是没本盖利,而是每半年一了。(月子会、四季会、隔年会缺。)

C. 税捐剥削

1. 钱粮

(1)地丁　全县一千四百二十四两,每两还正税大洋三元,附税二角四分。它原本不是钱而是米,每石谷田完地丁米八勺(每十勺为一合,十合为一升),每升地丁米折成忙银六分四厘二,再照每两忙银折成大洋三元二角四分,约计每石谷田完大洋二分。相传从前安远典史杨霄远跑到北京皇帝老子那里,头上顶个盘子,盘子里面覆着许多酒杯子,表示安远、寻乌两县山多田少,手里拿着一篇奏文,上面写着"万顷山冈一线田"等等话头,请求减轻田赋,弄得那个皇帝大发脾气,说你那么个小官敢到我的面前上奏,我可不依,喝声推出斩首。然后拿了奏文一看,看到"万顷山冈一线田"的地方,却说"话还说得有理",就批准他的奏文。因此安、寻两县田赋较之他处为轻。至今两县地主富农当每年完粮时候,还要拿些香烛到杨霄远庙里祭他一番。两个县城都有杨公庙。

(2)官租 篁乡全区,三标区一部分,城区也有一点,名曰"官田"。政府收官租不收地丁,共计九百四十多两,较之地丁贵得八九倍,大概每石谷田要完小洋二毛。为什么有这种官田呢?明朝篁乡出了个"霸王",名叫叶楷,盘据篁乡多年,与明朝皇帝作对,皇帝用计把他剿平,把所有篁乡全区叶楷管辖地方的田地充公,名曰官田,禁止买卖,只能用佃户与佃户之间转移田地的名义,叫做"顶退"。三标官田的来历与篁乡相同,那里曾为叶楷部属占据过。城区的一点小的官田,则因那里的人曾经犯了皇帝老子的法,因此没收了他的田来。

(3)合计 地丁、官租二项,合计银二千三百六十余两,每两折三元二角四分大洋,也不过七千六百四十余元。由于沙冲水破,逃亡孤绝,贫苦拖欠几种原因,每年有两成收不到手,实际只能收六千一百十二元左右。

(4)苦甚 上述田赋数量,每年不过六千一百余元,而县署用款如行政经费、司法经费、监所经费、人犯囚粮、慈善经费各项,每年须用一万余元,以之抵充,不足远甚。故到寻乌做官的人,莫不觉得苦甚,便一意勾结豪绅,借种种事故压榨贫民。至于烟、酒、屠宰等税,直接归省政府,不与县署相干,县署能指挥的只有田赋一项。

(5)陋规 县署钱粮经征柜上有几种陋规:第一是银水,每块钱至少吃去半毛至多一毛。譬如市价每小洋十二毛折大洋一元,粮柜上却要收十二毛半,全年六千一百余元,每年可吃银水三百多元,这是粮柜上的第一个大剥削。经征主任没有薪水,专靠银水及其他陋规养他。第二是过割礼,又名割粮礼,民间买卖田地要交割粮礼,粮柜上每户要收过割礼二毛,全年约有六百户割粮,可得一百二十元。第三是填写礼,田地买卖不但要交割粮礼,而且要税契,就是要拿土契到粮柜上斢张官契(财政厅发下来的),将土契文字填写到官契之上,每张收填写礼二毛,全年所得总数与过割礼同。第四是券票礼,即粮票钱,每张小洋三分,全年约二千张,共六十元。以上四种陋规,除银水外,都是公共的。每个知事新到任,粮柜主任要孝敬二十元至三十元与他,名曰"点规",即是希望新任知事再点他做粮柜主任的意思。此外,还有过节礼(端午)、过年礼,不但要送知事,而且要送财政科长,知事送物,科长送钱(十元到二十元)。这些耗费都是出之于陋规。

(6)管钱粮的　寻乌县有三个管钱粮的,刘士辉、刘梅芳、黄少堂。民国以来就是他们管钱粮,他们挟着几本粮册做宝贝,勾结历任县知事把这个职务当做世袭。由三人中互推一人为主任,其余两人为户书。红军到城,三个都挟着粮册跑掉了。

2. 烟酒印花税

寻乌的烟酒印花税,每月小洋各六十元,共百二十元,一个商人承包,在北门内设个税局。除县城外,每月往澄江、吉潭、三标、石排下、留车、车头、牛斗光、珠村圩、荒塘肚、公平圩、篁乡圩、中和圩、岑峰圩、茅坪圩、龙岗圩、上坪圩等十六个圩场收税一次。每个小酒摊子卖酒,每个小杂货店卖黄烟,都要抽税。老实的,多敲他一点,调皮的,照章程收。每月一百二十元包税,实收可得二百元,赚八十元。税局要用局丁二名、火夫一名。包商多半是赣州人。

3. 屠宰税

也是包,每月八十元税额,实收百五十余元,赚七十余元。也设一个局,局丁一名,火夫一名。局丁不但招扶局长,还要帮他出外收税。百五十余元,城中即占四十八元八毛(三个肉案)。包商也是赣州人。只能收到圩场有定案的屠户,章程虽然说的乡下人家杀一个猪也要完税,实际收不到。

4. 护商捐

是一种地方捐,普通叫做"百货捐"。国民党经费、靖卫团经费都从此出,公安局没钱用也要拨一份给它。县百货捐总局归地方财政局管辖,县城北门外、吉潭圩、盘古隘,各设分局。油、盐、米、豆、鸡、鸭、牛、猪、羊、狗、水货、杂货、布匹,凡属路途过往货物,无论什么都要抽税,每件半毛起码,五毛为止。米果、水果、柴火、竹木器等附近乡下挑到圩场零碎发卖而非远途过往的东西,不收税。反过来说,一切远途过往的东西都要收税。南半县留车、牛斗光等处群众斗争发展,便无法设局收税。三个分局每月数额二千元以上,吉潭过去有一个月收过二千多元,北门外过去有一个月收过八百多元,盘古隘过去无局,谢嘉猷最近才设立。名字叫做"护商捐",实则商民恨得要死。

5. 牛捐

县城一处,每年一千七百多元,无局,由三四个股东承包,一人出面办理。四年来都是新寻派何子贞的老子何学才出面包办。一千七百多元捐额,实际则收二千三四百元,也是一笔地方捐,归财政局管理支配。

6. 赌博捐

名字叫做"公益捐",包括赌摊与花会,亦属地方经费,由财政局派征收员(何子韶做过两年)管理征收。县城一处每月收一千一百元,盛时每月收过一千八百余元。全县各圩同样要抽。前年每月全县收过三千多元,那时有刘士毅[39]派了一排人来县经办,名曰"防务捐",每月提去二千元。赣南各县都是如此。后赣南旅省同乡会向省政府告了刘士毅,他不得不撤销,但地方豪绅继续征收如故。这是地方豪绅与刘士毅斗争的一幕小史,许多县都有这种斗争。

7. 财政局总收入

财政局的收入是牛捐(年一千七百多元)、护商捐(年二万四千元)、考棚租(二千元左右)、宾兴租(以谷折钱计三千元左右)、孔庙租(三百元左右)等,共计年收三万元左右。其用途是,国民党县党部、靖卫队、财政局、建设局、教育局、清乡局、公安局、新寻学校(何子贞、何挺拔办的)、普化学校(在澄江,谢嘉猷、蓝玉卿办的)的开销,总而言之是豪绅及其走狗嫖赌、食着、鸦片烟的用费所从出。

8. 派款借款

省政府的赣省公债派过三千元,二五库券派过二千元,中央公债派过一千元左右,金融善后借款派过四千元,军阀过往,如林虎、刘志陆、李易标、黄任寰[40]、许崇智、赖世璜过了多回,前后派过四万多元。以上这些派借款项,由县署分摊到各区、各村、各圩,凡有一石谷田以上的,小商一百元资本以上的,均要派到。凡操到政权的豪绅地主大商,从县到乡各级机关的办事人,均不出钱,对他们的亲戚朋友也为之设法酌减。于是款子都派在那些老实的弱小的地主、富农、商人身上。还要加派手续费、夫马费、茶水费,如上头要派一千元,财政局就要派一千二百元,接下去区乡两级又各要加派,借此渔利。上面借了款去如公债等,间有还下来的,军队借款亦间有还来的,县城及各区保卫团豪绅们一把吞了下去,从不发还与借户。汪子渊当保卫团总时,吞没军队还来借款一千余元,惹起篁乡一带借户和他打官司,始终没有打得出一个铜板。

(九) 寻乌的文化

女子可以说全部不识字,全县女子识字的不过三百人。男子文化程度并不很低,南半县文化因交通与广东的影响比北半县更加发达。依全县人口说,约计如下:

不识字	百分之六十
识字	百分之四十
识字二百	百分之二十
能记账	百分之十五
能看三国	百分之五
能写信	百分之三点五
能做文章	百分之一
初小学生	百分之五(五千人)
高小学生	百分之八(八千人)
中学生	五百人
大学生	三十人
出洋学生	六人

秀才	四百人
举人	一人

（上列的百分数是每一项对于人口总数的比例。）

高小学生多于初小，是因为进高小的多由读蒙馆后直接进去的。全县初小每区不出十个，七区共七十个，每个以五十人计共三千五百人。此外半新不旧的初小，有其名无其实或者连招牌也没有挂的有八十个，学生约一千五百人。两项共五千人上下。

高小每区至少一个。双桥区经常有两个，有一时期（三二五暴动前）有过四个。南八区有二个，有一时期（三二五暴动前）有过三个。城区有二个（城内之城东学校及田背之曹仓学校）。篁乡有一时期（三二五暴动前）有三个。县城有三个（除城东）。全县经常有高小十三个，最盛时期（三二五暴动前中国大革命前后文化运动高潮时期）有十八个。普通每校有一百学生。前清光绪末年办起到最近，最老的有二十多年历史，共有学生一万左右，一万人中已经死掉了二千左右。高小学生大部分是小地主子弟，大地主与富农子弟各占小部分。

本县有四个中学，但都短命。项山大地主"屎缸伯公"办的知耻中学（项山小杭）办了一年，双桥地主们联合办的尚志中学（在垇坊）办了半年，澄江公立的普化中学（在澄江圩）办了两年，革命派办的中山中学（在县城）办了两个月，总共出了一百多个没有毕业的学生。中学生的大多数是在梅县、平远、赣州三处中学读书的（每处各一百名左右）。全部都是地主子弟，其中亦是小地主占大多数。

大学生中大多数出于大中地主阶级，小地主只占着五个。

刘维炉在广州中山大学读了一学期,刘维锷在北大读了二年,邝才诚在北京师大读了一年多,三个都是共产党员。二刘三二五暴动时被杀,邝任红军五十团参谋长,在澄江被谢嘉猷捉着割死。邝世芳在北京朝阳大学读四年,病死,思想是革命的。凌得路在北京文化大学读一年,到俄国留学,以不能供给饭费,在芬兰使馆教大使家塾,思想是革命的。五人都是由祠堂供给学费才进大学的。大地主出身的二十五个大学生(及专门学校学生)全部反动,主要如何子贞(河南矿务学校读了两年,寻乌靖卫队长)、赖世源(北京师大预科二年,在筼乡参加反革命)、刘鸿翔(北京文化大学读两年,在南八区领导反革命),三人均在寻乌,其余多在外头,属于蒋介石派。共大学生三十人,十分之八是读法科。

出洋学生六人中,潘作琴(英国医科毕业,在汕头行医)、丘凌云(到英国走过一回,其实不算留学,天津锅炉公司工程师)、丘伟伍(日本帝大毕业,新寻派中坚,随何子贞跑了)、古子平(从日本买了一张文凭回来,大嫖大赌,筼乡人,做过教育会长,此次在筼乡炮楼中被红军攻走)四人均大中地主出身。曾有澜(最先出外留学的,光绪年间去日本,法科毕业,在奉天、北京、湖北做法官,中山中学派曾捧他为假首领,三二五暴动失败房子被烧,现加入改组派)、邝摩汉(日本留学,自称马克思主义者,北京文化大学教务主任,与寻乌大地主谢杰在南京办汽车公司)二人出身不属大中地主。曾是小地主,官费留学日本。邝是贫农,高小毕业,进南昌宪兵学校,有个什么人赏识他,供给他钱去日本。

秀才生存者全县还有四百个,其中筼乡区塘背古姓一村六百人中占去十一个,是秀才最集中的地方。古柏的高祖七十岁,死时起个"圣旨"牌坊,中间写着"亲见七代",两边写着"眼见五廪贡"、"膝绕十二衿",说的就是那时候他的孙子同时有十二个秀才。塘背古姓的旧文化在全县是最盛的,他们在政治上也历来占着支配的地位。南八区车头乡二千人中有秀才九人,也算是很多的。南八区龙图乡一千四百人中有秀才二个,则算是少的。近数年来,秀才们大多数无所事事,在乡村中当"老太"(本姓农民呼尊长叫"老太",地方上人称他则曰"先生")。这班人多半是收租的小地主,一小部分教书(旧书,也有新书),又一小部分行医以为生。秀才都是地主阶级的产物,但也有极少数是从贫农阶级出身,受地主的栽培而读书进学的。寻乌唯一的现存举人古鹿苹,他的父亲是个雇农,苦得没有饭吃。他小时提个小篮子卖小口(糖子、荸荠、咸萝卜等等),后来读书,先生见他聪明,不收他的学费,以此读出头来。他做过两任县知事、两任省议员。他在乡间是个极顽滑的,什么人都同他好,他亦表面上赞成新派,同时又禁止他的女儿剪头发,限制她的婚姻自由。南半县土地斗争起来,他采取反对态度,这次红军进攻古姓炮楼,他又主张投降。

南半县土地斗争胜利,每个乡苏维埃至少办了一个列宁小学校,普通是每乡两个,特别地方(龙图、牛斗光)办了四个,每校学生四五十人。学校及学生数比旧时国民学校增多一倍。小孩子们说:"若不是土地革命我们没有书读。"高小因无经费也没有教员(革命知识分子忙于参加斗争去了),还没有办起来。

第五章　寻乌的土地斗争

本 章 目 录

（一）分配土地的方法

有几种分配土地的方法。主要的是照人口平分。全县只有百分之二十的地方没有分配土地。就已经分配了的说，照男女老少平分法去分配的占百分之八十。当土地斗争初起时没有成法可援，寻乌县革命委员会（县政府）提出了四个办法，要区乡苏维埃召集群众代表开会讨论，任凭选择一种。那四个办法是：一、照人口平分；二、照劳动力状况分配，劳动力多的多分，劳动力少的少分，即四岁以上、五十五岁以下为一劳动单位分全田，四岁以下、五十五岁以上分半田；三、照生活财源多寡分配，如做手艺的少分，无他职业的多分；四、照土地肥瘦分配，肥的少分，瘦的多分。施行结果，多数地方采取第一个办法。后头斗争发展，寻乌党就采取第一种办法作为主要办法，推行各区，得到了多数贫农群众的拥护。现在照这个办法来分配的土地，占全分配区域百分之八十。这百分之八十的地方，通通按照人口数目，不分男女老少，不分劳动能力有无大小，以人口除田地的总数去分配。

有些地方是四岁以下的不分；四岁以上直到老年，不会劳动的分五成或七成，其余分十成。行这种办法的有留车、枫山、上礤、大同四个乡，约有一万人口的地方。

有些地方是照人口平分之后，不会劳动的因为无力耕种退回田之一部分（退的数目多少不等，由本人自定）于苏维埃，由苏维埃补给有劳动力的人耕种。结果成为有劳动力的多分，无劳动力的少分，与县政府提出的第二种办法差不多。不同的是由农民自动地在分田之后退回一部分田地，而不是一开始就按劳动力标准分配。这样做的有龙图一个乡。还有黄沙乡也是退田,不过不是农民自动退田,而是政府于平分之后见着一些人得了田无力耕种,就命令他们退回一部分。要农民退田,他们也没有什么怨言;不过若硬要退肥田,而不准他们退瘦田,他们就不喜欢。龙图、黄沙两乡共有二千五百人。

此外,还有大田乡的自由耕种,愿耕多少就耕多少。这是因为大田乡经过白色大屠杀,杀死壮丁近百、老小数十,有几家全家被杀,又有二三十人当赤卫队,或往外县做革命工作去了,全乡原有八百人,现只六百人,有许多田无人耕种,同时全乡的牛一条不剩地都被反动派牵去了,所以只得任人取耕,全不限制,牛则从别乡土豪家牵来使用。

(二) 山林分配问题

全县对于山林,除牛斗光一个乡外,均没有分配,仍由原耕作人经营,名义上全归苏维埃公有,耕种人向苏维埃纳地税。为什么牛斗光的山林分了呢? 因为那乡人多田少,农民要求分山迫切。此外,许多地方的农民仍然迫切要求分山,如附城南门外、北门外一带的农民,因为山权在各大姓公堂手里,小姓农民没山种,他们就迫切要求分山。

(三) 池塘分配问题

所有权归苏维埃,使用权归农民,由池塘的邻近人家轮流管理,每年更换一家。全县都是这个办法。

287

（四）房屋分配问题

没有分，但准许屋少的或被反动派烧了屋的，搬进屋多的人家去住。双桥、南八两区被敌人烧屋很多，那些烧了屋的人都搬进附近地主富农家里去住，搬进中农贫农家里去住的也有。但有一个问题，就是屋主不欢喜新来的人在他家里生儿子。寻乌习惯，若别人在自己家里生了儿子，就认为他那一家的"精灵"会被那新来的人夺去，他家就要衰败了。从前双桥区的芳田乡有个进士叫曾行崧，他是在他的外祖家出生的，后来他中了进士，做了官，人们就说是夺了他外祖家的风水。这件事全县闻名。三二五暴动失败，留车暴动总指挥钟锡璆的老婆避难避到她的外祖家，她外祖恐怕她会生育，就赶快要她走。后头跑到龙川县的一个村子，在那里山上搭了个寮子才把儿子生下来。现在一般被工农占住的人家，虽然不敢公开反对别人在他家里生儿子，但心里是不满的。解决这个问题只有由现在这种"临时借住"改变到"据为己有"，就是把地主的房屋也完全照地主的田地一样加以分配。这亦是动摇封建基础争取贫农的一个策略。

（五）分配土地的区域标准

农民以两个理由反对用大的区域为单位分配土地，欢迎用小的区域为单位分配土地。一是怕把自己区域的土地分出去。为了这个，他们不但反对以区为单位分田，并且连乡为单位都不赞成。他们衷心愿意的还是以村为单位分田，使他们本村的田完全为本村所得。所以寻乌现在土地分配状况虽有百分之八十五是用乡为单位分的,但多数农民对于这一办法并不热烈拥护,而只是不积极反对就是。为什么他们不积极反对呢?则因一乡之中,村与村的土地数量虽有参差,并不怎样悬殊,照乡为单位分了,他们在经济上所受的损失为数甚为微小。至于那些村与村的土地数量相差很厉害的地方,或者是村的区域很大差不多等于别处一个乡的地方,他们就坚决反对以乡为单位,如城区的城郊乡(分为四村)、新寨乡(分为二村),南八区的珠村乡(分为六村)等处地方,均以村为单位分配。但这种地区不多,只占全县百分之十五。二是不赞成移民。不但是这区移到那区农民自己不赞成,就是这乡移到那乡也不赞成。"上屋搬下屋,都要一箩谷",说的是搬家要受损失。还有迷信风水,以为祖宗坟墓所在,抛去不利。农民相信风水是于他们的生产有利的。摸熟了的田头,住惯了的房屋,熟习了的人情,对于农民的确是有价值的财宝,抛了这些去弄个新地方,要受到许多不知不觉的损失。还有因为地理的原因,如车头地方交通便利,商业发达,那地方的农民不肯移到闭塞的小龙去(同一个区,相隔十多里),也同样是经济理由。那种以为农民的地方主义是由于农民的思想陈旧,即承认是心理的原因,不承认是经济的原因,是不对的。

(六) 城郊游民要求分田

城内农民分田最少,每人一石八斗,为全县分田最少的地区。原因是过去耕田的少,过去不耕田而现在要求分田的游民和娼妓很多,因此把田分得少了。娼妓有爱人的跟爱人跑了。没有爱人的无论如何要求分田,她们说:"没有生意了,不分田会饿死。"人们说她们不会耕,她们说:"我来学呀!"实在她们业已在耕田了。游民同娼妓大多数都是分了田的。那些分了田的游民都是比较有耕种能力的,如有儿子,有少数本钱的;娼妓则是有丈夫或儿子的,她们每家有三五口人,迫切要求分田,若不分给,她们就闹。在这种情形下,政府也就分了田给她们。但也有一部分不分的,就是纯粹的流氓或娼妓而完全没有耕种能力的。以城郊说,游民分了田的占百分之六十,毫无耕种能力不分田的占百分之四十。

(七) 每人得田数量及不足生活之补添

城郊最少,每人每档(一年收两季,每季为一档)一石八斗。城区四厢又多一点,每人每档三石多。双桥区最多,每人每档七石以上。龙图、河角圩每人每档七石。但大多数地方都是每人每档分五石。每人每天要食米一斤,一年三百六十斤,一百八十斤合一石,共米二石,即谷四石。分田石数都是水谷(即毛谷),每档分五石的,一年两档共十石。十石水谷能晒八石燥谷,食去四石,尚余四石。这四石谷年节做米果呀,蒸酒呀,去了二三石,剩下一二石,不敷衣服、油盐、社会交际(婚丧年节)的日常用度。那末他怎样补足呢? 便靠畜猪子、养鸡鸭、种小菜(指城市附近)、种甘蔗、栽竹木、种杂粮(番薯、芋子、包粟、豆子)以及兼做手工(做各种圆木和各种竹器,如锅盖、桶子、饭甑、脚盆、尿桶、水勺、竹椅子、斗篷、簸箕、米筛、畚箕、火笼、竹篮子等等东西。以上那些竹木器,农民兼做的多,专门竹木工做的少,农民甚至有兼做台、凳、椅、桌的),兼挑脚(挑米脚、挑盐脚、挑豆脚、挑油脚、挑杂货脚,都是帮助人家挑,挑米盐两脚的最多,余较少),兼做小买卖(贩油、盐、米、豆、猪、鸡以至米果等等),兼为资本家做工(采香菇、做纸工、采茶等)。上举各项,每人兼做一门或两门,用这种方法补足生活。全家生活,田收占三分之二,杂收占三分之一。

(八) 留公田问题

没有留公田。开会分田的时候,农民忙的是把田一概分完,没有提议政府要留出公田的。原因是人口稠密,土地稀少,农民分田仅够食用,有些食用还不够,哪里会赞成政府留出公田呢?

(九) 分配快慢

后起的北半县分配得很快,如城区从暴动占领县城到田地分配完毕,只有二十天时间。还有南八区的车头、龙图及三水区的上坪分配得更快,只要一天调查完结,两天算清,又一天宣布,此外的时间是照每人应得的数目实行抽多补少,确定每家田地的区划。这样,至快也需要一星期,因为实际的斗争就是在抽多补少里头。这种斗争是农民对地主富农的斗争,抽多的不愿抽肥,补少的不愿接瘦,要调配妥当,故需要相当时间。南半县的大部分(除车头、龙图)却分配得慢。去年二月起,双桥一带就有了武装斗争,但到十一月底县革命委员会成立,才开始发表册下去,做土地调查。调查费了一个月还没有调查清楚。原因是调查方法不对,调查表内容很复杂(人口、成分、文化程度、民族、年龄、土地所有权属谁、土地界址、面积数目、每年收成等等),不必调查的项目也列了进去,调查手续又很麻烦(县革委将调查表发往各乡,调查好了再送县革委审查),以致延长时日

291

不能分田。今年一月才变更方法,调查表只列简单几项(家长姓名、一家人口总数、能耕种的若干、不能耕种的若干、专做工商业的若干、耕田若干、应分田若干)。调查手续,由乡政府召集"分田大会",每家出一代表,讨论分田办法之后,当场调查(会场上摆设许多桌子,每个小村的代表们围绕一张桌子,众人口报,一人手录),送交乡政府核清,将人口总数除田的总数,得出每人应分数目,在通衢公布。从调查到公布,只需四天(调查一天,算清两天,公布一天)。剩下就是实际分配,即从第五天起每个乡政府同时派出指导员十多人,分往各村,踏看田地肥瘦,并验第一天调查场中是否实报无误。踏验明白,执行分配,抽多补少,确定界域。这种踏验、抽补工作较为麻烦,斗争亦多在其中,所以须费一星期内外的工夫。用这种方法从调查到分配完毕,至迟不过两星期即可办完。北半县后起地方,就是用的这种方法。

(十) 一个"平"字

各乡分田会议中,讨论的问题是,乡为单位还是村为单位呢? 人口标准分配还是劳动力标准分配呢? 鱼塘、园、坝怎样分配(山林、房屋二者,寻乌没有提出讨论)呢? 不准虚报,虚报的怎样处罚呢? 至于没收标准问题简直不消讨论,因为红旗子一打起,那就是没收土地的宣告,用不着再有什么文字形式的宣告了。简单的问题就是这一大片土地怎样分配。很明显的,以人口总数除土地总数的平田主义是最直捷了当,最得多数群众拥护的,少数不愿意的(地主与富农)在群众威胁之下,简直不敢放半句屁。所以一个"平"字就包括了没收、分配两个意义。

（十一）抵抗平田的人

双桥区枫山乡有个姓刘的小地主,霸耕自己的肥田不肯拿出去,拿出的只是些坏田。当群众强迫他拿出的时候,他愤然说:"遭人命也不拿!"乡政府不能解决。县政府派人到枫山,才把他压下去,肥田拿了出来。南八区牛斗光也有富农小地主不肯拿出好田。乡政府怕他们,不敢作主,县政府的人去召集群众大会,才强迫富农小地主照办。双桥区大田乡小地主梅元坤是被反动派烧了房子的,自以为有功于革命。当群众要分他的田的时候,他恶声说:"分田呀!头脑壳生硬下子来!"群众告知县政府,县政府要区政府去捉他。区政府负责人梅立三是个共产党员,因与梅元坤同族,把这件事弥缝下去。梅元坤否认说过那句话,田仍分出来,就此了事。还有双桥区荒塘肚乡政府负责人林某及徐溪乡政府负责人林某(他也是共产党员),分田时独得好田。群众说"办事人得好田,我们补来的是坏田",大为不满,斗争情绪因此低落。县政府把两人的好田撤回补给群众,群众才高兴了。以上几个例子,除梅元坤一家是反对没收他的田地外,其余都不是没收问题,而是肥瘦分配问题。所以没收富农与否,群众认为是不成问题的。群众中成为问题的,就是一个肥瘦分配的斗争,这是土地斗争的中心,也即是富农与贫农的斗争。

（十二）原耕总合分配

"以乡为单位",说的是人口单位,不是土地单位。土地是不能以区域限制的。甲乡的人在乙乡耕了田,乙乡的人也在甲乡耕了田,一乡的人在他的邻近各乡都有土地耕种关系。区与区的交界,县与县的交界,省与省的交界,农民都是互相交错地耕种土地。所以一乡的人拿了他们原在本乡及邻乡耕种着的土地,总合起来,平均分配,被认为是毫无疑义的。寻乌的土地分配也是这样。

（十三）暴动在莳田之后怎样处理土地

有三种处理法。第一种是寻乌北半县现在行的(南半县分田在莳田之先,无此问题),上档(又叫"旱子")归原耕,下档(又叫"番子")归新户。这种办法,富农不吃亏,但一切耕田少的贫农及不耕田的地主与流氓都不满意。特别是地主与流氓觉得没有办法。不能收租了,地主无法得谷。赌博废止,又没有钱借了,流氓失了吃饭的财源。第二种是新户帮钱给原耕,上档亦归新户得谷。这种办法又分帮多与帮少。帮钱多,原耕自然满意;帮钱少,原耕当然不满意。但贫农及流氓群众就纷纷议论,甚至有的说:"几多子家门都了了,你这几根子狗骨气力都唔掇?"意思是说几多大财东都破产了,你这一点点多余东西也舍不得吗? 寻乌法律上没有承认这种办法,农民却有自由行之者。像城区有那食不够的贫农帮一点钱给富农,要求富农让了上档的分出部分给他收割,颇有些人家是这样做。第三种是不论上下档谁分了谁就去收获,广东平远县有行之者。

（十四）非农民是否分田

流氓在县城方面,略有耕种能力的准许分田,毫无耕种能力的不分;在县城以外各区,因流氓人数少,一概分田。工、商、学无可靠收入的准许分田,县城及大市镇有可靠收入的不分,不足的酌量补足一部分。红军士兵和革命职业者,不但分田,而且苏维埃动员农民替他们耕种。地主在乡居住的准许分田。僧尼、道士、传教士要改变职业,即不做僧尼、道士、传教士了,方许分田,否则不分。算命及地理先生无规定,因为很少,大概都是分田的。南半县完全没有僧尼、道士、传教士、算命及地理先生等人了,他们一概改了职业。黄沙乡政府主席的父亲死了,请和尚做佛事,农民反对。寻乌本县很少"看地的",看地的多属于兴国人。和尚很少,全县不过百把人。耶稣、天主两教,县城一个耶稣堂二百多人,一个天主堂一百多人,篁乡一个耶稣堂一百多人,牛斗光一个耶稣堂七八十人,吉潭一个耶稣堂一百人左右,澄江一个耶稣堂七八十人左右,计耶稣堂五个七百人左右,天主堂一个百多人,共八百多人。耶稣堂属美国,过去县城有一个美国牧师,其余四处均中国人传教。天主堂属德国,有一个中国神甫。教徒成分,寡妇(内有贫农)及老年妇人(地主婆)占百分之三十,刁钻古怪的绅士及其家属占百分之三十,弱房小姓的农民占百分之二十(强房大姓的农民不入教),地主出身没有出路的青年知识分子占百分之十,其他百分之十。大概进教的不外两个部分:一部分是很坏的,一部分是很弱的。很坏的也不是流氓,而是那乡村中奸滑阴险想当霸王的,他们进教为了利用它达到自己的目的。另一种是受人压迫贪图保护的贫弱的人,他们的目的在于避祸。

(十五) 废债问题

分为债与账两项。债是废除二分利以上的高利贷。该欠商人的叫作账,民国十七年元旦以前的不还,以后的要还。因为寻乌所有的债,没有在二分以下的,所以二分以上的不还,实际上即是整个的不还。亲戚朋友之间讲人情借来不要利息的债务,群众仍归还,但这是非常之少的。欠商人的账多属富农阶级,中农稍有一点。贫农雇农是没有商人赊账的。

（十六）土地税

去年收了抗租所得税,每抗租一石,收税二斗,在双桥、南八两区实行了。今年二月县革委扩大会规定不分等第普遍收土地税百分之十,税率与抗租所得税相等。这是一种不分等第(不是累进的)的税法。五月县苏维埃大会采用赣西苏维埃颁布的累进税法。

（十七）土地斗争中的妇女

寻乌的女子与男子同为劳动的主力。严格说来,她们在耕种上尽的责任比男子还要多。犁田、耙田、挑粪草、挑谷米等项,虽因体力关系,多属男子担任,但帮挑粪草、帮担谷米、莳田、耘田、捡草、铲田塍田壁、倒田、割禾等项工作,均是男子作主,女子帮助;砻谷、踏碓、淋园、莳菜、砍柴割草、烧茶煮饭、挑水供猪、经管头牲(六畜叫头牲)、洗裙荡衫、补衫做鞋、扫地洗碗等项工作,则是女子作主,男子帮助。加以养育儿女是女子的专职,所以女子的劳苦实在比男子要厉害。她们的工作不成片段,这件未歇,那件又到。她们是男子经济(封建经济以至初期资本主义经济)的附属品。男子虽已脱离了农奴地位,女子却依然是男子的农奴或半农奴。她们没有政治地位,没有人身自由,她们的痛苦比一切人大。土地斗争发展,许多地方女子勇敢地参加斗争,这回四军二纵队打篁乡反动炮楼,篁乡的女子成群地挑柴去烧炮楼,又从反动地主家里抢了谷子出来。斗争胜利的地方她们立即有了个人的自觉。各处乡政府设立之初,所接离婚案子日必数起,多是女子提出来的。男子虽也有提出来的,却是很少。十个离婚案子,女子提出来的占九个,男子提出来的不过一个。男子在这个问题上却采取完全反对的态度,其中一小部分男子就消极起来了。"革命革割革绝,老婆都革掉了!"这就是他们无力禁阻离婚表示叹息的话。这一部分多是属于贫农。一大部分男子是非常强硬的。芳田赤卫队队长曾家勋原有一个老婆,后来又勾到人家一个女子。原有老婆要求离婚,他不肯,对她说:"我家是有进没出的,你要离婚就一驳壳打死你!"龙图的富农刘学盛,反对他的老婆离婚,对革委的主席说:"她要离婚,我就掳了渠。掳掉了渠,我死都愿!"("掳",当地读无,消灭的意思;"渠",当地读己,他的意思。)这一部分男子多半属于富农。政权机关对于这个问题的态度,有过四次变更。第一次是去年十一月农民代表大会的决议,没有明显地反对一夫多妻,承认原有老婆后有爱人而老婆不反对者无罪;主张有条件的离婚,而其条件并不甚苛,承认一方有疾病的,女子受压迫的,夫妻反目半年不同居的,男子出外一年无消息的,均准离婚;地主阶级毫无条件可离婚。同时在法律外,申明禁止捉奸。这个申明传播后,南半县各地发生很多的男女间纷扰,最显著的是龙图与河角圩两乡(属南八区)的青年男女群众,几乎发生械斗。原因是两乡的青年男子,一群一群地时常调戏对乡成群的青年妇女。两乡的青年妇女都组织了妇女协会,她们有了团结,对于她们自身艰苦的劳动便自由地放松了一些(她们成群上山去砍柴火,

比平素归家时间要晏)。同时和她们的男性青年朋友(对乡的)
恋爱的行为逐渐有了许多,在山上公然成群地"自由"起来。他
们两乡是同姓别房。到今年一月,因为发生捉奸的事,反对捉奸
的群众就去干涉,结果几乎弄成械斗。上述事情之外,有老婆又
新找一爱人的差不多每个乡村都有,老婆们就群起反对。政府
在这种情形之下,来了一条相反的法律。今年二月县革委会扩
大会,对"贞操问题"决议:"已结婚之男女,不准与另一男女发
生性交,私奸者严办。"同时对所谓"爱人"问题亦定了一条法
律:"反对一夫多妻、一妻多夫制度,原有夫或妇未经离婚,不得
另找爱人,过去有些错误的应即马上离去,只同一个结为夫
妇。"对离婚问题没有变更。这个决议发表后,纠纷停止了,一
致对付当时严重的时局,打破了敌人的"进剿"。五月二日占领
县城,同时红军第四军占领了反动的北半县,发动会昌、安远、平
远的群众。在这种形势之下,五月六日全县第一次苏维埃大会,
取消了二月会议的贞操决议,虽然没有明白地规定禁止捉奸,但
再不说什么"私奸者严办"了。此次对"爱人"问题采取了二月
会议的意见,对离婚问题与前二次会议无异。但大会闭幕不到
一个月,第三区苏维埃大会却大大变更了对"爱人"问题、离婚
问题的决议,他们的口号是"离婚结婚绝对自由",当然的结果,
不但禁止捉奸,而且什么爱人也可以带了。这个案子通过的地
区是寻乌全县斗争最久(一九二八年到今),又是资本主义最先
侵入的地区,时候则又在四军到来,会、安、寻、平四县斗争大大
发展的时候。当这个案子提出的时候,提案人的演说是:"四军
的人说了,有条件的离婚包含了封建思想。"这篇演说过后,案
子就马上通过了。城区是新起来的,建设政权不上一月,男女问

题已经闹得不亦乐乎。有一乡拒绝县政府派去的宣传员,他们说:"同志!你唔要来讲了,再讲埃村子里的女人会跑光了!"其实宣传员宣传的是"推翻封建势力"、"打土豪分田地",离婚结婚问题也是照着法律讲的,但一经发动,就如水之就下不可制止。城郊一乡跑了十几个妇人,她们的老公跑到乡苏维埃去哭诉。乡苏维埃在老公们的迫切要求之下出了一张告示,上面说道:"一般青年男女,误解自由,黑夜逃跑,纷纷找爱。原配未弃,新爱复来。似此养成,似驴非驴,似马非马,偷偷摸摸,不伦不类……。"这篇告示,明显地描画了成年老公们的呼声。不过这种"不伦不类"的潮流——民主制度代替封建制度的潮流,是到底无法制止的了。

妇女在土地斗争中是表现非常之喜欢的,因为可以解决她们没有人身自由的束缚。未结婚的青年群众中,差不多不论哪个阶级都拥护婚姻自由的口号。贫农阶级已结婚的成年男子,一般说来是反对离婚自由的,但他们反对的态度不是那种反革命性的顽强态度,他们只觉得老婆跑了不得下地。他们的叹声是:"革命革割革绝,老婆都革掉了!"他们跑到乡政府请求设个法子,他们也不敢打他们的老婆了,即使是十分呕气的事。富农小地主阶级的成年男子们就完全不同,那种"捂了渠","一驳壳打死你",都是他们反革命性的横蛮无理的表示。至于成年农民男子们为什么要反对离婚自由(结婚自由没有问题)呢?非常明显,他们是为了劳动力。

那末,农民男子是反对女子解放到底的吗?不是的,特别是贫农雇农阶级他们很快就会给予女子以完全的解放,在他们整个阶级解放完成了之后。他们之所以惧怕跑掉老婆,乃是在土地斗争尚未深入的时候——他们还没有充分看见推翻封建剥削以后的成果的时候所发生出来的一种思想。只要土地斗争一深入,他们对于婚姻问题的态度就要大大改变了。

根据人民出版社一九八二年出版的《毛泽东农村调查文集》刊印。

注　释

〔1〕宁冈调查,是毛泽东在一九二七年十一月做的。永新调查,是毛泽东在一九二八年春做的。

〔2〕蒋,指蒋介石。桂,指桂系军阀李宗仁、白崇禧。一九二九年初,蒋介石派遣其驻江西的第一集团军,李宗仁、白崇禧派遣其驻湖南的第四集团军,对井冈山革命根据地进行第三次"会剿"。

〔3〕陂头会议,又称二七会议,指一九三〇年二月上旬,毛泽东在江西省吉安县陂头主持召开的红四军前委,红五军、红六军军委和赣西特委的联席会议。会议确定赣西南党组织的主要任务是扩大苏维埃区域,深入土地革命和扩大工农武装。在土地问题上,否定了按劳动力分配土地的主张,肯定了按人口分配土地的办法。

〔4〕汀州会议,又称南阳会议,指一九三〇年六月毛泽东主持召开的红四军前委和闽西特委的联席会议。会址先在福建长汀县的南阳(现属上杭县),后移至汀州城。会议讨论了政治、军事、经济等问题。在土地分配问题上,除肯定原来规定的"抽多补少"原则外,又增加了"抽肥补瘦"的原则。

〔5〕县苏,即县苏维埃政府的简称。第二次国内革命战争时期,革

命根据地的工农民主政权通称苏维埃政府。

〔6〕陈炯明(一八七八——一九三三),广东海丰人。一九一一年参加辛亥革命,被推为广东副都督,后任都督。一九二〇年任广东省省长兼粤军总司令。一九二二年六月,勾结英帝国主义和直系军阀,背叛孙中山。一九二五年所部被广东革命军消灭。

〔7〕仁丰区,在一九三〇年五月寻乌县苏维埃政府成立后,曾改称篁乡区。

〔8〕三二五暴动,指一九二八年三月二十五日中共寻乌县委领导农民和青年学生举行的全县性革命暴动。

〔9〕茶油,也称木油,指用油茶树果仁榨的油,可供食用。

〔10〕当地称电池为电油。

〔11〕明钱,即铜钱。

〔12〕铜片和本文中的"铜板"、"铜壳子",都指铜元。

〔13〕"吃油饼",这里指明吃暗拿占便宜的行为。

〔14〕靖卫团,又称靖卫队,是一种反动的地方武装。

〔15〕"奴古",客家话,指男奴仆。

〔16〕赖世璜(一八八九——一九二七),江西石城人。曾任粤军第七军第一师师长、赣军第四师师长、国民党军第十四军军长等职。

〔17〕堪舆,和本文中的"地理先生"、"看地的",均指看住宅基地和坟地的迷信职业者,通常称为"风水先生"、"阴阳先生"。

〔18〕丹青,通常借指绘画。这里指画工。

〔19〕不(读 dǔn),方言,指形状短粗、矮胖。

〔20〕茶子,和本文中的"木梓",都指油茶树的果实。

〔21〕出自《庄子·外物》。原文是"得鱼而忘荃。"荃亦作筌,捕鱼

301

用的竹器。

〔22〕同善社,从先天道分化出来的一种会道门组织,清朝末年发源于四川省永川县,后在反动政府扶持下逐渐蔓延到许多省。

〔23〕林虎(一八八七——一九六〇),广西陆川人。一九一二年三月任江西陆军第一师第一旅旅长。一九二二年冬受陈炯明委托,到湖南联络赵恒惕,推行联省自治。一九二三年三月被北洋军阀政府任命为广东潮梅护军使兼粤军总指挥,一九二四年五月被任命为广东督办。

〔24〕许崇智(一八八七——一九六五),广东番禺人。曾任粤军第二军军长、粤军总司令等职。

〔25〕唐生智(一八八九——一九七〇),湖南东安人。一九二七年四月任国民革命军第一集团军第四方面军总指挥,不久改任第四集团军总司令。

〔26〕方本仁(一八八〇——一九五三),湖北黄冈(今黄州市)人。曾任北洋军阀赣南镇守使、赣粤边防督办和江西军务督办等职。

〔27〕邓如琢,安徽阜阳人。曾任北洋军阀陆军第九混成旅旅长、第一师师长等职。

〔28〕改组派,是国民党的一个派别。一九二八年底,汪精卫、陈公博、顾孟余等因不满蒋介石独揽权力,在上海成立中国国民党改组同志会,被称为改组派。

〔29〕"老税户",指祖辈父辈已经是地主的人家。

〔30〕"山老鼠",指住在山区,很少外出,不问世事的地主。

〔31〕这里指分家后曾超群所有的田亩数。分家前曾家兄弟二人共有谷田二百多石。

〔32〕蒸尝费用,即祭祀费用。

〔33〕早子,指一年两季稻的早稻。

〔34〕番子,指一年两季稻的晚稻。

〔35〕这个注是毛泽东加的。

〔36〕"等稳就要做到来食啊",意思是等米下锅。

〔37〕刘志陆(一八九〇——?),广东人。曾任广东潮梅镇守使、粤军第二军军长等职。

〔38〕油山,指种植油茶树的山地。

〔39〕刘士毅(一八八六——一九八二),江西南昌人。曾任国民党军江西独立第七师师长、第五师第十五旅旅长。

〔40〕李易标,曾任北洋军阀广惠护军使、粤军第四军军长等职。黄任寰,曾任粤军第一军第一师师长。

反 对 本 本 主 义 *

（一九三〇年五月）

毛 泽 东

一 没有调查，没有发言权 [1]

你对于某个问题没有调查，就停止你对于某个问题的发言权。这不太野蛮了吗？一点也不野蛮。你对那个问题的现实情况和历史情况既然没有调查，不知底里，对于那个问题的发言便一定是瞎说一顿。瞎说一顿之不能解决问题是大家明了的，那末，停止你的发言权有什么不公道呢？许多的同志都成天地闭着眼睛在那里瞎说，这是共产党员的耻辱，岂有共产党员而可以闭着眼睛瞎说一顿的吗？

要不得！

要不得！

　　＊　毛泽东的这篇文章是为了反对当时红军中的教条主义思想而写的。那时没有用"教条主义"这个名称，而叫它做"本本主义"。

注重调查！

反对瞎说！

二　调查就是解决问题

你对于那个问题不能解决吗？那末，你就去调查那个问题的现状和它的历史吧！你完完全全调查明白了，你对那个问题就有解决的办法了。一切结论产生于调查情况的末尾，而不是在它的先头。只有蠢人，才是他一个人，或者邀集一堆人，不作调查，而只是冥思苦索地"想办法"，"打主意"。须知这是一定不能想出什么好办法，打出什么好主意的。换一句话说，他一定要产生错办法和错主意。

许多巡视员，许多游击队的领导者，许多新接任的工作干部，喜欢一到就宣布政见，看到一点表面，一个枝节，就指手画脚地说这也不对，那也错误。这种纯主观地"瞎说一顿"，实在是最可恶没有的。他一定要弄坏事情，一定要失掉群众，一定不能解决问题。

许多做领导工作的人，遇到困难问题，只是叹气，不能解决。他恼火，请求调动工作，理由是"才力小，干不下"。这是懦夫讲的话。迈开你的两脚，到你的工作范围的各部分各地方去走走，学个孔夫子的"每事问"[2]，任凭什么才力小也能解决问题，因为你未出门时脑子是空的，归来时脑子已经不是空的了，已经载来了解决问题的各种必要材料，问题就是这样子解决了。一定要出门吗？也不一定，可以召集那些明了情况的人来开个调查会，把你所谓困难问题的"来源"找到手，"现状"弄明白，你的这个困难问题也就容易解决了。

调查就像"十月怀胎"，解决问题就像"一朝分娩"。调查就是解决问题。

三　反对本本主义

以为上了书的就是对的，文化落后的中国农民至今还存着这种心理。不谓共产党内讨论问题，也还有人开口闭口"拿本本来"。我们说上级领导机关的指示是正确的，决不单是因为它出于"上级领导机关"，而是因为它的内容是适合于斗争中客观和主观情势的，是斗争所需要的。不根据实际情况进行讨论和审察，一味盲目执行，这种单纯建立在"上级"观念上的形式主义的态度是很不对的。为什么党的策略路线总是不能深入群众，就是这种形式主义在那里作怪。盲目地表面上完全无异议地执行上级的指示，这不是真正在执行上级的指示，这是反对上级指示或者对上级指示怠工的最妙方法。

本本主义的社会科学研究法也同样是最危险的，甚至可能走上反革命的道路，中国有许多专门从书本上讨生活的从事社会科学研究的共产党员，不是一批一批地成了反革命吗？就是明显的证据。我们说马克思主义是对的，决不是因为马克思这个人是什么"先哲"，而是因为他的理论，在我们的实践中，在我们的斗争中，证明了是对的。我们的斗争需要马克思主义。我们欢迎这个理论，丝毫不存什么"先哲"一类的形式的甚至神秘的念头在里面。读过马克思主义"本本"的许多人，成了革命叛徒，那些不识字的工人常常能够很好地掌握马克思主义。马克思主义的"本本"是要学习的,但是必须同我国的实际情况相结合。我们需要"本本",但是一定要纠正脱离实际情况的本本主义。

怎样纠正这种本本主义? 只有向实际情况作调查。

四　离开实际调查就要产生唯心的阶级估量和唯心的工作指导,那末,它的结果,不是机会主义,便是盲动主义

你不相信这个结论吗? 事实要强迫你信。你试试离开实际调查去估量政治形势,去指导斗争工作,是不是空洞的唯心的呢? 这种空洞的唯心的政治估量和工作指导,是不是要产生机会主义错误,或者盲动主义错误呢? 一定要弄出错误。这并不是他在行动之前不留心计划,而是他于计划之前不留心了解社会实际情况,这是红军游击队里时常遇见的。那些李逵[3]式的官长,看见弟兄们犯事,就懵懵懂懂地乱处置一顿。结果,犯事人不服,闹出许多纠纷,领导者的威信也丧失干净,这不是红军里常见的吗?

必须洗刷唯心精神,防止一切机会主义盲动主义错误出观,才能完成争取群众战胜敌人的任务。必须努力作实际调查,才能洗刷唯心精神。

五　社会经济调查,是为了得到正确的阶级估量,接着定出正确的斗争策略

为什么要作社会经济调查? 我们就是这样回答。因此,作

为我们社会经济调查的对象的是社会的各阶级,而不是各种片断的社会现象。近来红军第四军的同志们一般的都注意调查工作了[4],但是很多人的调查方法是错误的。调查的结果就像挂了一篇狗肉账,像乡下人上街听了许多新奇故事,又像站在高山顶上观察人民城郭。这种调查用处不大,不能达到我们的主要目的。我们的主要目的,是要明了社会各阶级的政治经济情况。我们调查所要得到的结论,是各阶级现在的以及历史的盛衰荣辱的情况。举例来说,我们调查农民成分时,不但要知道自耕农[5],半自耕农[6],佃农,这些以租佃关系区别的各种农民的数目有多少,我们尤其要知道富农,中农,贫农,这些以阶级区别阶层区别的各种农民的数目有多少。我们调查商人成分,不但要知道粮食业、衣服业、药材业等行业的人数各有多少,尤其要调查小商人、中等商人、大商人各有多少。我们不仅要调查各业的情况,尤其要调查各业内部的阶级情况。我们不仅要调查各业之间的相互关系,尤其要调查各阶级之间的相互关系。我们调查工作的主要方法是解剖各种社会阶级,我们的终极目的是要明了各种阶级的相互关系,得到正确的阶级估量,然后定出我们正确的斗争策略,确定哪些阶级是革命斗争的主力,哪些阶级是我们应当争取的同盟者,哪些阶级是要打倒的。我们的目的完全在这里。

什么是调查时要注意的社会阶级? 下面那些就是:

工业无产阶级

手工业工人

雇农

贫农

城市贫民

游民

手工业者

小商人

中农

富农

地主阶级

商业资产阶级

工业资产阶级

这些阶级(有的是阶层)的状况,都是我们调查时要注意的。在我们暂时的工作区域中所没有的,只是工业无产阶级和工业资产阶级,其余都是经常碰见的。我们的斗争策略就是对这许多阶级阶层的策略。

我们从前的调查还有一个极大的缺点,就是偏于农村而不注意城市,以致许多同志对城市贫民和商业资产阶级这二者的策略始终模糊。斗争的发展使我们离开山头跑向平地了[7],我们的身子早已下山了,但是我们的思想依然还在山上。我们要了解农村,也要了解城市,否则将不能适应革命斗争的需要。

六　中国革命斗争的胜利要靠
中国同志了解中国情况

我们的斗争目的是要从民权主义转变到社会主义。我们的任务第一步是,争取工人阶级的大多数,发动农民群众和城市贫民,打倒地主阶级,打倒帝国主义,打倒国民党政权,完成民权主义革命。由这种斗争的发展,跟着就要执行社会主义革命的任务。这些伟大的革命任务的完成不是简单容易的,它全靠无产阶级政党的斗争策略的正确和坚决。倘若无产阶级政党的斗争策略是错误的,或者是动摇犹豫的,那末,革命就非走向暂时的失败不可。须知资产阶级政党也是天天在那里讨论斗争策略的,他们的问题是怎样在工人阶级中传播改良主义影响,使工人阶级受他们的欺骗,而脱离共产党的领导,怎样争取富农去消灭贫农的暴动,怎样组织流氓去镇压革命等等。在这样日益走向尖锐的短兵相接的阶级斗争的形势之下,无产阶级要取得胜利,就完全要靠他的政党——共产党的斗争策略的正确和坚决。共产党的正确而不动摇的斗争策略,决不是少数人坐在房子里能够产生的,它是要在群众的斗争过程中才能产生的,这就是说要在实际经验中才能产生。因此,我们需要时时了解社会情况,时时进行实际调查。那些具有一成不变的保守的形式的空洞乐观的头脑的同志们,以为现在的斗争策略已经是再好没有了,党的第六次全国代表大会的"本本"〔8〕保障了永久的胜利,只要遵守既定办法就无往而不胜利。这些想法是完全错误的,完全不是共产党人从斗争中创造新局面的思想路线,完全是一种保守路线。这种保守路线如不根本丢掉,将会给革命造成很大损失,也会害了这些同志自己。红军中显然有一部分同志是安于现状,不求甚解,空洞乐观,提倡所谓"无产阶级就是这样"的错误思想,饱食终日,坐在机关里面打瞌睡,从不肯伸只脚到社会群众中去调查调查。对人讲话一向是那几句老生常谈,使人厌听。我们要大声疾呼,唤醒这些同志:

速速改变保守思想!

换取共产党人的进步的斗争思想！

到斗争中去！

到群众中作实际调查去！

七　调查的技术

（1）要开调查会作讨论式的调查

只有这样才能近于正确,才能抽出结论。那种不开调查会,不作讨论式的调查,只凭一个人讲他的经验的方法,是容易犯错误的。那种只随便问一下子,不提出中心问题在会议席上经过辩论的方法,是不能抽出近于正确的结论的。

（2）调查会到些什么人？

要是能深切明了社会经济情况的人。以年龄说,老年人最好,因为他们有丰富的经验,不但懂得现状,而且明白因果。有斗争经验的青年人也要,因为他们有进步的思想,有锐利的观察。以职业说,工人也要,农民也要,商人也要,知识分子也要,有时兵士也要,流氓也要。自然,调查某个问题时,和那个问题无关的人不必在座,如调查商业时,工农学各业不必在座。

（3）开调查会人多好还是人少好？

看调查人的指挥能力。那种善于指挥的,可以多到十几个人或者二十几个人。人多有人多的好处,就是在做统计时（如征询贫农占农民总数的百分之几）,在做结论时（如征询土地分配平均分好还是差别分好）,能得到比较正确的回答。自然人多也有人多的坏处,指挥能力欠缺的人会无法使会场得到安静。究竟人多人少,要依调查人的情况决定。但是至少需要三人,不然会囿于见闻,不符合真实情况。

(4)要定调查纲目

纲目要事先准备,调查人按照纲目发问,会众口说。不明了的,有疑义的,提起辩论。所谓"调查纲目",要有大纲,还要有细目,如"商业"是个大纲,"布匹","粮食","杂货","药材"都是细目,布匹下再分"洋布","土布","绸缎"各项细目。

(5)要亲身出马

凡担负指导工作的人,从乡政府主席到全国中央政府主席,从大队长到总司令,从支部书记到总书记,一定都要亲身从事社会经济的实际调查,不能单靠书面报告,因为二者是两回事。

(6)要深入

初次从事调查工作的人,要作一两回深入的调查工作,就是要了解一处地方(例如一个农村、一个城市),或者一个问题(例如粮食问题、货币问题)的底里。深切地了解一处地方或者一个问题了,往后调查别处地方、别个问题,便容易找到门路了。

(7)要自己做记录

调查不但要自己当主席,适当地指挥调查会的到会人,而且要自己做记录,把调查的结果记下来。假手于人是不行的。

注　　释

〔1〕一九三一年四月二日毛泽东在《总政治部关于调查人口和土地状况的通知》中,对"没有调查,没有发言权"的论断作了补充和发展,提出"我们的口号是:一,不做调查没有发言权。二,不做正确的调查同样没有发言权。"

〔2〕见《论语·八佾》。原文是："子入太庙,每事问。"

〔3〕李逵是《水浒传》中的一个英雄人物。他朴直豪爽,对农民革命事业很忠诚,但是处事鲁莽。

〔4〕毛泽东历来重视调查工作,把进行社会调查作为领导工作的首要任务和决定政策的基础。在毛泽东的倡导下,红军第四军的调查工作逐渐地开展起来。毛泽东还把进行社会调查规定为工作制度,红军政治部制订了详细的调查表,包括群众斗争状况、反动派状况、经济生活情况和农村各阶级占有土地的情况等项目。红军每到一个地方,都首先要弄清当地的阶级关系状况,然后再提出切合群众需要的口号。

〔5〕这里是指中农。

〔6〕这里是指自己有一部分土地,同时租种一部分土地,或出卖一部分劳动力,或兼营小商的贫农。

〔7〕这里所说的山头指江西、湖南边界的井冈山地区,平地指江西南部、福建西部地区。一九二九年一月,毛泽东、朱德率领红军第四军的主力,自井冈山出发,向江西南部、福建西部进军,开辟赣南、闽西两大革命根据地。

〔8〕指一九二八年六月至七月召开的中国共产党第六次全国代表大会通过的各项决议案。一九二九年初,红军第四军前敌委员会曾经把这些决议案汇集印成单行本,发给红军和地方的党组织。

责任编辑：刘彦青

封面设计：徐　晖

责任校对：史伟伟

图书在版编目（CIP）数据

重读《寻乌调查》《反对本本主义》/杨信礼 著. —北京：人民出版社，
　2023.6（2025.5 重印）
ISBN 978－7－01－025755－6

Ⅰ.①重…　Ⅱ.①杨…　Ⅲ.①毛泽东著作研究　Ⅳ.①A841

中国国家版本馆 CIP 数据核字（2023）第 100655 号

重读《寻乌调查》《反对本本主义》
CHONGDU XUNWU DIAOCHA FANDUI BENBEN ZHUYI

杨信礼　著

人民出版社 出版发行
（100706　北京市东城区隆福寺街 99 号）

北京新华印刷有限公司印刷　新华书店经销

2023 年 6 月第 1 版　2025 年 5 月北京第 4 次印刷
开本：880 毫米×1230 毫米 1/32　印张：10
字数：213 千字

ISBN 978－7－01－025755－6　定价：35.00 元

邮购地址 100706　北京市东城区隆福寺街 99 号
人民东方图书销售中心　电话（010）65250042　65289539